文联版
http://www.clapnet.cn

中国艺术学文库·美术学文丛
LIBRARY OF CHINA ARTS · SERSERIES OF FINE ARTS

总主编 仲呈祥

身份、易代与陈洪绶艺术关系研究

廖媛雨 著

中国文联出版社
http://www.clapnet.cn

图书在版编目（CIP）数据

身份、易代与陈洪绶艺术关系研究／廖媛雨著 .--北京：中国文联出版社，2017.12
　ISBN 978-7-5190-2191-7

Ⅰ.①身… Ⅱ.①廖… Ⅲ.①陈洪绶（1598-1652）-人物研究 Ⅳ.①K825.72

中国版本图书馆CIP数据核字（2017）第319153号

身份、易代与陈洪绶艺术关系研究

著　　者：廖媛雨	
出版人：朱　庆	
终审人：奚耀华	复审人：曹艺凡
责任编辑：张兰芳	责任校对：刘成聪
封面设计：杰瑞设计	责任印刷：陈　晨

出版发行：中国文联出版社
地　　址：北京市朝阳区农展馆南里10号，100125
电　　话：010-85923069（咨询），85923000（编务），85923020（邮购）
传　　真：010-85923000（总编室），010-85923020（发行部）
网　　址：http://www.clapnet.cn　　http://www.claplus.cn
E - mail：clap@clapnet.cn　　zhanglf@clapnet.cn
印　　刷：中煤（北京）印务有限公司
装　　订：中煤（北京）印务有限公司
法律顾问：北京天驰君泰律师事务所徐波律师
本书如有破损、缺页、装订错误，请与本社联系调换

开　本：710×1000	1/16
字　数：270千字	印　张：17
版　次：2017年12月第1版	印　次：2017年12月第1次印刷
书　号：ISBN 978-7-5190-2191-7	
定　价：48.00元	

版权所有　　翻印必究

《中国艺术学文库》编辑委员会

顾 问
（按姓氏笔画）

于润洋　王文章　叶　朗
邹书林　张道一　靳尚谊

总主编

仲呈祥

《中国艺术学文库》总序

仲呈祥

在艺术教育的实践领域有着诸如中央音乐学院、中国音乐学院、中央美术学院、中国美术学院、北京电影学院、北京舞蹈学院等单科专业院校，有着诸如中国艺术研究院、南京艺术学院、山东艺术学院、吉林艺术学院、云南艺术学院等综合性艺术院校，有着诸如北京大学、北京师范大学、复旦大学、中国传媒大学等综合性大学。我称它们为高等艺术教育的"三支大军"。

而对于整个艺术学学科建设体系来说，除了上述"三支大军"外，尚有诸如《文艺研究》《艺术百家》等重要学术期刊，也有诸如中国文联出版社、中国电影出版社等重要专业出版社。如果说国务院学位委员会架设了中国艺术学学科建设的"中军帐"，那么这些学术期刊和专业出版社就是这些艺术教育"三支大军"的"检阅台"，这些"检阅台"往往展示了我国艺术教育实践的最新的理论成果。

在"艺术学"由从属于"文学"的一级学科升格为我国第13个学科门类3周年之际，中国文联出版社社长兼总编辑朱庆同志到任伊始立下宏愿，拟出版一套既具有时代内涵又具有历史意义的中国艺术学文库，以此集我国高等艺术教育成果之大观。这一出版构想先是得到了文化部原副部长、现中国艺术研究院院长王文章同志和新闻出版广电总局原副局长、现中国图书评论学会会长邬书林同志的大力支持，继而邀请我作为这套文库的总主编。编写这样一套由标志着我国当代较高审美思维水平的教授、博导、青年才俊等汇聚的文库，我本人及各分卷主编均深知责任重大，实有如履薄冰之感。原因有三：

一是因为此事意义深远。中华民族的文明史，其中重要一脉当为具有东方气派、民族风格的艺术史。习近平总书记深刻指出：中国特色社会主义植根于中华文化的沃土。而中华文化的重要组成部分，则是中国艺术。从孔子、老子、庄子到梁启超、王国维、蔡元培，再到朱光潜、宗白华等，都留下了丰富、独特的中华美学遗产；从公元前人类"文明轴心"时期，到秦汉、魏晋、唐宋、明清，从《文心雕龙》到《诗品》再到各领风骚的《诗论》《乐论》《画论》《书论》《印说》等，都记载着一部为人类审美思维做出独特贡献的中国艺术史。中国共产党人不是历史虚无主义者，也不是文化虚无主义者。中国共产党人始终是中国优秀传统文化和艺术的忠实继承者和弘扬者。因此，我们出版这样一套文库，就是为了在实现中华民族伟大复兴的中国梦的历史进程中弘扬优秀传统文化，并密切联系改革开放和现代化建设的伟大实践，以哲学精神为指引，以历史镜鉴为启迪，从而建设有中国特色的艺术学学科体系。艺术的方式把握世界是马克思深刻阐明的人类不可或缺的与经济的方式、政治的方式、历史的方式、哲学的方式、宗教的方式并列的把握世界的方式，因此艺术学理论建设和学科建设是人类自由而全面发展的必须。艺术学文库应运而生，实出必然。

二是因为丛书量大体周。就"量大"而言，我国艺术学门类下现拥有艺术学理论、音乐与舞蹈学、戏剧与影视学、美术学、设计学五个"一级学科"博士生导师数百名，即使出版他们每人一本自己最为得意的学术论著，也称得上是中国出版界的一大盛事，更不要说是搜罗博导、教授全部著作而成煌煌"艺藏"了。就"体周"而言，我国艺术学门类下每一个一级学科下又有多个自设的二级学科。要横到边纵到底，覆盖这些全部学科而网成经纬，就个人目力之所及、学力之所逮，实是断难完成。幸好，我的尊敬的师长、中国艺术学学科的重要奠基人于润洋先生、张道一先生、靳尚谊先生、叶朗先生和王文章、邬书林同志等愿意担任此丛书学术顾问。有了他们的指导，只要尽心尽力，此套文库的质量定将有所跃升。

三是因为唯恐挂一漏万。上述"三支大军"各有优势，互补生辉。例如，专科艺术院校对某一艺术门类本体和规律的研究较为深入，为中国特色艺术学学科建设打好了坚实的基础；综合性艺术院校的优势在于打通了艺术门类下的美术、音乐、舞蹈、戏剧、电影、设计等一级学科，且配备齐全，长于从艺术各个学科的相同处寻找普遍的规律；综合性大学的艺术教育依托于相对广阔的人文科学和自然科学背景，擅长从哲学思维的层面，提出高屋建瓴的贯通于各个艺术门类的艺术学的一些普遍规律。要充分发挥"三支大军"的学术优势而博采众长，实施"多彩、平等、包容"亟须功夫，倘有挂一漏万，岂不惶恐？

权且充序。

（仲呈祥，研究员、博士生导师。中央文史馆馆员、中国文艺评论家协会主席、国务院学位委员会艺术学科评议组召集人、教育部艺术教育委员会副主任。曾任中国文联副主席、国家广播电影电视总局副总编辑。）

目 录

薛永年　序一　　　　　　　　　　　1
邵　彦　序二　　　　　　　　　　　1

绪　论　　　　　　　　　　　　　　1
　　一　研究现状述评　　　　　　　1
　　二　研究特点与方法　　　　　　6

第一章　陈洪绶明亡前的身份与生活　8
　　第一节　"功名罔计焉"　　　　11
　　第二节　"饥来驱我上京华"　　19
　　第三节　"书画耻流传"　　　　37

第二章　文人画家　　　　　　　41
　　第一节　松江画派　　　　　　41
　　第二节　浙江画坛　　　　　　48

第三章　职业画家　　　　　　　67
　　第一节　多种风格　　　　　　68

第二节 尚"奇" 81
第三节 商业出版 106

第四章 陈洪绶明亡后身份的转变 131
第一节 仕途希望的彻底破灭 131
第二节 "画中甲子自春秋" 141
第三节 行乐图与遗民心态 158

第五章 开宗立派 169
第一节 画论与画品 169
第二节 晋唐风格 183

结 语 190

参考文献 192

附 录 200
图表1 陈洪绶版画《水浒叶子》中的水浒人物及赞语 200
图表2 王绍徽《东林点将录》中与水浒人物对应名单 202
图表3 陈洪绶交游简表 204
图表4 越中各大家族族谱简表 247
图表5 越中各大家族通婚关系表 252

后 记 253

CONTENTS

Xue Yongnian **Preface** I   1

Shao Yan **Preface** II   1

Introduction   1

   1. Commentary on the Research Status   1

   2. The Characteristic and Method of Research   6

**Chapter 1 Chen Hongshou's Identity and Life
before the Collapse of Ming Dynasty**   8

   1. Failing to Get the Official Rank   11

   2. It is Poverty that Forced Chen Hongshou to Travel to Peking   19

   3. Unwilling to Survive on Selling Paintings   37

Chapter 2 Literati Painter   41

   1. Songjiang Group   41

   2. Zhejiang Group   48

Chapter 3 Professional Painter   67

   1. Various Styles   68

2. Preference to the Unusual Subject ... 81
3. Commercial Publishing ... 106

Chapter 4   The Transformation of Chen Hongshou's Identity after the Collapse of Ming Dynasty ... 131

1. Loss the Possibility to Have an Official Career ... 131
2. To Find Calmness and to Realize Self-worth from Painting ... 141
3. Painting of Leisure and the Mentality as the Adherent of Ming Dynasty ... 158

Chapter 5   Creation of a Genre ... 169

1. Theory and Quality of Painting ... 169
2. The Style of Jin and Tang Dynasty ... 183

Summary ... 190

Reference Documentation ... 192

Appendix ... 200

1. The Characters and Praise Words of Chen Hongshou's Woodblock *Shuihu Yezi* ... 200
2. The Corresponding Name List in Wang Shaohui's *Heroes in Dongling* ... 202
3. The Simple Form about Chen Hongshou's Friends and Travelling Experience ... 204
4. The Pedigree of the Prominent Families in Yuezhong ... 247
5. The Marital Relations between the Major Families in Yuezhong ... 252

Epilogue ... 253

序一

文 / 薛永年

对于画史的研究,既离不开作品,也离不开文献,不仅要深入艺术本体,探讨艺术规律,研究艺术个性的形成,而且还应关注社会变化,以社会因素去解释不同时空下绘画共性的出现。这是因为,绘画的意涵、风格与世变存在着密切的关系,而把意涵、风格与世变联系在一起的纽带,有时是画家的身份及其身份意识。

廖媛雨副教授对陈洪绶的研究,即是如此。她的大学本科和研究生均在江西师大攻读,专业也都是中国画,尤偏重于人物画。但她长于理论思考,硕士论文《别样的风景——中国当代绘画的都市图景》能够研究新问题,提出不同流俗的见解,被评为优秀论文。随后留校任教,奉命教授美术史论。

为了拓展加深治学基础,提高艺术史研究水平,她考入中央美术学院人文学院攻读宋元明清美术史的博士学位。像很多出身画家的学者一样,她写作博士论文之初,是从艺术本体与画家成就入手的,选择了成就卓异并且影响深远的陈洪绶。

陈洪绶是中国画史上的大家。清代以来,学者如云,近当代研究,硕果累累。无论年谱的编纂与增订、作品的风格与辨伪、著述的版本与整理、画家的思想与画论、版画的创稿与流通等,都有专著与论文面世。继续研究陈洪绶,如何有所突破,面临很大的挑战。

在前人成果的基础上,廖媛雨下了很大功夫,尝试了多种研究途径。一开始她试图探讨陈画中的女性形象,同时思考陈氏艺术的奇异不群。在进一步的研究中,她深入到艺术观念、审美趣味、时代风尚与画家的社会交往,在社会关系的总和中,加深了对画家的认识。

终于，她找到了一个前人没有特别致力的新角度：从社会身份进行考察和阐释。不再仅仅着眼于艺术本身，而是把艺术与时代联系起来，把画家的生平思想与师友交游联系起来，把画家还原到历史原境中去，把时代的变迁、画家的审美趣味、艺术观念、学术思想、遗民意识与其生存状况和社会身份的变迁联系起来。

生活在晚明清初的陈洪绶，已不是纯粹的文人，也不是纯粹的职业画家。廖媛雨结合其创作活动，探讨他由依违于文人与职业画家之间，终为形势所迫成为职业画家的生涯变化。特别是入清之后，陈洪绶作为以一个遗民身份面世的职业画家，最终完成了自己独树一帜的艺术。

廖媛雨的研究有两个特点，一个是做个案，在个案研究中突出问题意识，既思考后期绘画史上文人与职业画家的复杂关系，又思考朝代鼎革之际遗民意识与文人职业画家的关系。二是研究问题，阐释美术发展遵循从事实引出结论的原则，做扎扎实实的基础研究，本书所附的涉及越中五大家族的交游简表，恰是家族考与交游考的浓缩。

现在，廖媛雨的博士论文，经过修订即将出版了，她希望我写上几句，作为昔日她的博士生导师，我颇感欣慰，于是略书所感聊为小引。

2015 年 12 月

薛永年，1941 年 11 月生，北京市人，美术史论家，书画鉴赏家。中央美术学院美术史系教授，博士生导师。中央文史馆馆员兼中央文史馆书画院副院长，中国美术家协会理事兼理论委员会主任，国家文物鉴定委员会委员，中国国家画院美术研究院副院长，中国艺术研究院鉴定研究室特聘书画鉴定委员，中国画学会副会长。获文化部优秀专家称号，享受政府津贴，被国家人事部评为国家级专家。著作有《书画史论丛稿》《横看成岭侧成峰》《江山代有才人出》《晋唐宋元卷轴画史》《扬州八怪与扬州商业》《华嵒研究》《王履》《中国现代美术理论批评文丛——薛永年卷》等，编有《扬州八怪考辨集》《王翚精品集》《昆仑堂藏画集》等。

序二

文/邵 彦

廖媛雨是我的学妹，从2007年跟从薛永年师攻读博士学位，到2012年以博士论文作为本书的雏形，又经仔细修改补充，今年将作为专著正式出版，十年辛苦不同寻常，首先是值得祝贺的喜事。她请我作一序言，我算不上研究陈洪绶的专家，只是近十年来多样（芜杂）的研究题目中有部分涉及陈洪绶，并不认为自己有资格评论她的专著，只是就相近的研究领域谈一些感受。

几年前我曾经接受一项关于陈洪绶的写作任务，犹豫是否要接受之际，媛雨慷慨地和我分享她数年来辛苦搜集的基本资料，给了我很大的帮助。后来在那项概览式的写作还未完成的状态下，我随性地转向了许多更为具体的研究，关注有关陈洪绶的文献资料和一些作品个案，并在2015—2016学术年度有机会赴美国大都会艺术博物馆对陈氏的早期风格进行一年的专门研究。这一转变，在很大程度上是因为我觉得关于陈洪绶的很多基础工作还有缺环，难以支撑我的概览式写作。初入陈洪绶研究领域的人往往会惊讶于前人对陈洪绶的研究成果之多，但很快就会发现其实还存在许多探讨的空间。媛雨的研究虽然囿于博士论文的要求，把很大部分精力放在论点的提炼和论证上，但她不辞辛苦，穷年累月，把同样大块的精力放在史实的清理和分析上，坚持论从史出。这种细致扎实的学风是首先值得赞扬的，也使她的成果在前人基础上有所突破，对后人继续工作具有实际的参考价值。

从历史学者的角度看来，研究陈洪绶的史料是较为丰富的。他有别集，有家谱，也有方志传记，还有同时代人所撰的画史和别集中相关记载，今人也为他编辑了质量较好的年谱。在美术史中，一个画家的史料完备性达到这种程度是比较难得的。在知名人物画家中，唐寅和陈洪绶是有别集传世的极少数例子。本书在史料方面搜集得比较完备，尤其是家谱史料的运用颇具特色，除了陈氏本族，与他有密切交游关系的几大家族，凡是留有清代到民初所修家谱存世的，都进行了细致的爬梳。对陈洪绶及其同时代人（尤其是张岱）诗文材料的运用也比较充分。通过这些史料的搜集整理，本书不但复原了陈洪绶细致的交游网络，也勾勒出他在明亡前、后的不同生活状态，从而为更准确地认识他的创作心态和风格特色打下了较为扎实的基础。

陈洪绶和顾恺之、吴道子、唐寅等前辈大师一样，为了扩张声誉的需要在生前就有意识地将自己传奇化，甚至神化。要将关于他的各种记载与对艺术家具体风格的认知、分析结合起来，是要花费一番工夫的。本书穿越陈洪绶身上的重重传奇色彩，牢牢抓住他的画家心态，从迫于生计到迫于政治环境，再到主动追求开宗立派的转变，紧紧抓住他的画论深加阐发，从而还原出一位身处中国艺术史的高峰时期（明末清初），但又是较为边缘的地域（浙江北部－中部）和领域（主要是人物画）以及社会阶层（没落官宦家庭，较贫穷的诸生）的艺术家，是如何认识、开发和利用、改造传统，融会贯通为己所用的。本书通过内在理论思想与外在生存境遇两方面的交互作用，所挖掘出的这位画家形象已经超越陈洪绶个案的意义，正如作者自己所说，可以从中窥出一批非中心场域内艺术家的奋斗和成长轨迹。

陈洪绶和许多声誉卓著的前辈大师一样，生前就"海内赖以举火者数千家"，赝品仿作不断涌现，从目前的存世作品来看，真伪鉴定的任务非常艰巨。这是每一个陈洪绶研究者面临的巨大障碍。在这方面，媛雨继承了师门的优良传统，将书画鉴定与美术史研究结合起来，对作为史料的书画作品精研细审，剔除了大批伪作和可疑作品，使她的立论建立在比较可靠的作品基础之上。不过，这项工作还需要长期的持续开展。在现有的印刷条件下，大部分画册印刷效果与原作之间仍存在很大差别，通过画册即可否定的作品姑置不论，画册效果尚好甚至长期被很多人深信不疑的作品，经过目鉴和研究也会暴露许多问题。由于陈洪绶的传世作品高度分散，大量寓目是非常困难的，这也是陈洪绶研究需要不断努力进展下去的一个方向。

以上所述，皆与个案研究的具体经验密切相关，而与学科发展及理论视野貌似无关。但是，从史料出发，满足对史实真相的追寻，一直是历史学最本体、最基础的冲动。虽然研究主体的立场、观点和方法不可避免地会影响甚至扭曲最后获得的"真相"，然而"真相"永远是相对的，且具有主观色彩，但这不足以使理论与方法浮现到前台，从"导演"变身为主演。"理论色彩"不甚明显的传统研究就像好好讲故事的传统戏剧，会让观众轻松入戏。在当前的美术史，尤其是绘画史中，这样的研究是不嫌多的。媛雨走的是一条艰难的路，但这样的路却有可能通向最长远的地方。奉书短序，祝媛雨在学术之路上坚忍精进，再创佳绩。

2016 年 8 月

邵彦，女，浙江杭州人，1993 年和 1996 年分别毕业于中国美术学院美术史论系、中央美术学院美术史系，获学士、硕士学位，2004 年于中央美术学院获博士学位。长期致力于中国绘画史、书画鉴定的教学和研究。1996 年至今在中央美术学院任教，现为人文学院副教授。2015—2016 年任纽约大都会艺术博物馆亚洲部高级访问学者。曾在《故宫博物院院刊》《文物》《美术研究》等刊物上发表论文。

绪 论

一、研究现状述评

陈洪绶（1598—1652），一名胥岸，字章侯，幼名莲子，号洪绶，又号小净名。明亡后自号僧悔、悔僧、云门僧、九品莲台主者、悔迟、老迟、弗迟等。就目前存世于世界各地的陈洪绶作品来看，他在短暂的55年生命里创作了大量的绘画作品。① 形制上有卷、轴、册页、版画；题材上有仕女、佛像、肖像、高士、山水、花鸟等。其所创人物风格"高古奇骇，俱非耳目近玩"②，所画仕女风格"妆束古雅，眉目端凝，得吴、曹笔法"③，山水花鸟被认为是"花鸟草虫，无不精妙，惟山水另出机轴"④。陈洪绶因其人物画与仕女画的独创性，在中国绘画史上占有重要地位。由于陈洪绶对于绘画史的重要贡献，目前关于他的研究成果非常丰富。

改革开放以前，大陆学界与港台及海外学界的交流不多，关于陈洪绶的研究，各地学者多独立进行。在国内，黄涌泉自20世纪50年代开始着手整理和研究陈洪绶的作品，1958年编著了《陈老莲版画选集》，⑤ 并著有《陈洪绶》⑥ 一书介绍陈洪绶的作品风格；1960年又出版《陈洪绶年谱》⑦ 一书对陈洪绶的生平、交游、创作等作了综合研究，取得了突破性的进展。20世纪60年代，日本学者古原宏伸《陈洪绶试论》一文对陈洪绶的艺术

---

① ［美］翁万戈编著：《陈洪绶》，上海人民美术出版社1997年版。《南陈北崔——故宫博物院上海博物馆藏陈洪绶崔子忠书画集》，上海书画出版社2008年版。翁万戈在《陈洪绶》中对陈洪绶的作品有详细的著录，本书研究以此著录为主要依据。
② ［清］周亮工：《读画录》，吴敢点校：《陈洪绶集》，浙江古籍出版社1994年版，第599页。
③ ［清］孔尚任：《金享簿》，吴敢点校：《陈洪绶集》，浙江古籍出版社1994年版，第619页。
④ ［清］徐沁：《明画录》，吴敢点校：《陈洪绶集》，浙江古籍出版社1994年版，第607页。
⑤ 黄涌泉编：《陈老莲版画选集》，中国古典艺术出版社1957年版。
⑥ 黄涌泉：《陈洪绶》，上海人民美术出版社1958年版。
⑦ 黄涌泉编著：《陈洪绶年谱》，人民美术出版社1960年版。

成就作了综合性论述。1977年，中国台北故宫博物院主持的晚明变形主义画家作品展，将陈洪绶与丁云鹏、吴彬、蓝瑛、崔子忠等四人同时定义为明清之际的变形主义画家。①1979年，美国学者高居翰在《气势撼人——十七世纪中国绘画中的自然与风格》②一书中的《陈洪绶：人像写照与其他》，重点讨论了陈洪绶人物肖像画的创作内涵。

改革开放以后，国内外学术交流日益频繁，关于陈洪绶的研究也在各个方面有了突破性的进展。对陈洪绶绘画创作和艺术思想的研究主要集中在以下四个方面。

（一）对基本图像资料的综合性研究。美籍华人收藏家翁万戈于1997年出版的《陈洪绶》，是关于陈洪绶书画论文研究的套书，收入了国内外各大博物馆及私人藏家所藏陈洪绶的大部分作品，此书的图片编排按照年代排序，文字部分对收入的每一幅陈洪绶作品作了说明，同时对陈洪绶生平、书画艺术成就、诗文成就予以详尽论述。此书在很大程度上还原了陈洪绶的生平事迹，也解决了陈洪绶大量存世作品的断代以及真伪问题。③2012年陈传席主编了《陈洪绶全集》，④收入的作品与翁万戈《陈洪绶》一书中的作品大同小异，在图片编排上，此书对作品的题跋、印章作了详细的著录，其中对部分作品的名称、题跋的识读及作品的断代与翁氏持不同意见，两书可互为参考。

（二）对陈氏生平、交游及其著述的专门整理与研究。1987年Anne Burkus（安璞）的博士论文《宝纶堂集》⑤，根据陈洪绶的《宝纶堂集》以及陈于朝的《苧萝山稿》，叙述了陈洪绶各个时期的生活状态。1994年吴敢点校《陈洪绶集》，收集了以光绪重刻本为底本的陈洪绶诗集《宝纶堂集》、易学专著《筮仪象解》及《宝纶堂集》未收的诗文及各家评述，所收材料较为全面。⑥2004年，裘沙的《陈洪绶研究——时代、思想和插图

---

① 国立故宫博物院编纂：《晚明变形主义画家作品展》，中国台北国立故宫博物院1977年版。
② ［美］高居翰：《气势撼人——十七世纪中国绘画中的自然与风格》，台湾石头出版股份有限公司1982年版。
③ ［美］翁万戈编著：《陈洪绶》，上海人民美术出版社1997年版。
④ 陈传席主编：《陈洪绶全集》，天津人民美术出版社2012年版。
⑤ ［美］Anne Burkus（安璞），*The Artefacts of Biography in Chen Hongshou's Pao-Lun-t'ang chi*, University of California, Berkeley, 1987.
⑥ 吴敢点校：《陈洪绶集》，浙江古籍出版社1994年版。

创作》以12篇独立的论文对陈洪绶的生平作了考证，并勘误了黄涌泉的《陈洪绶年表》。①吕晓《陈洪绶的〈陶渊明故事图〉——兼论陈洪绶与周亮工的交往》②论述了陈洪绶与周亮工的交游。凌利中的《陈洪绶琐考》③专门考证了与陈洪绶交往的多个友人。④2005年，郭立暄《〈楚辞述注〉与来圣源之世家》一文，讨论了《楚辞述注》的版本问题，考察了《楚辞述注》的撰者来钦之及书眉上来氏子弟、诸友朋的批注，对陈洪绶与萧山来氏家族的关系进行了考证。⑤2012年，李兰的《陈洪绶〈雅集图〉卷考》通过对《雅集图》中的人物生平与人物布局的考证分析，认为此图当是画家陈洪绶应陶渻之请，为纪念其祖父陶允嘉而作的"雅集图"，并推断此图描绘的是陶允嘉在京城结交社会名流，谈禅论佛的雅集活动。⑥2015年吴斌发表《陈洪绶是节义之士？》一文，通过《宣文君授经图》上的题跋，对陈洪绶的姑母及其夫家骆氏家族作了考证；他还通过分析《枫桥骆氏宗谱》中陈洪绶为骆绍所写传记的言语，认为陈洪绶并非节义之士。⑦刘晞仪发表了《陈洪绶"失节"问题和民本思想》（上、下）两文，认为吴斌发现的新史料与考证令人欣喜，同时认为从传统的忠君思想来考量陈洪绶确有失节之虞，但从晚明民本思想勃兴的大环境观之，应视对民生的关怀超乎盲目的忠君。⑧沈津《陈老莲的〈宝纶堂集〉》介绍了哈佛燕京图

---

① 裘沙：《陈洪绶研究——时代、思想和插图艺术》，人民美术出版社2004年版。
② 吕晓：《陈洪绶的〈陶渊明故事图〉——兼论陈洪绶与周亮工的交往》，《荣宝斋》2004年第5期。
③ 凌利中：《陈洪绶琐考》，《上海文博论丛》2008年第12期。
④ 吴敢点校：《陈洪绶集》，浙江古籍出版社1994年版。
⑤ 郭立暄：《〈楚辞述注〉与来圣源之世家》，《图书馆杂志》2005年第2期。
⑥ 李兰：《陈洪绶〈雅集图〉卷考》，《上海博物馆集刊》2012年第12期。笔者于2013年8月在《美苑》发表《陈洪绶〈雅集图卷〉考》一文，也同样考证了此图中每个人物的交游情况，认为画中之九人有些是极为要好的友人，有些又并不熟络，有些还未曾谋面，但陈洪绶与陶渻却将他们汇聚同处，可能有三种意图：一是为纪念陶渻祖父陶允嘉而专门创作的，当包含纪念其北京交游活动之意。第二，此图是对以袁氏兄弟、陶望龄、黄辉等人为代表的晚明谈禅文化风尚的一种纪念。第三，画中有越中绍's陶氏三人，加上杭州之黄静虚，浙江人士有四人之多，而黄静虚的出现正契合了袁宏道游历杭州与越中一带时的活动。米万钟则与越中诸文人在北京交往甚密。因此又可将此图视为对浙江文人与全国文人相互交游的一种文化纪念。
⑦ 吴斌：《陈洪绶是节义之士？》，《武英书画》2015年第146期。(《武英书画》微信公众号）
⑧ 刘晞仪：《陈洪绶"失节"问题和民本思想》，《武英书画》2015年第153期、第154期。(《武英书画》微信公众号）原题为《民心吊诡：试论明清易代之际的一个异象与民本思想》，刊于香港城市大学中国文化中心编《九州学林》2008年总第6卷第1期，第107—130页。

书馆所藏康熙刻本《宝纶堂集》之基本情况，指出康熙刻本收入诗较吴敢本多出约二百五十首，具有重要价值。①2011年，董捷《燕云读书札记》一文比较了藏于南开大学及哈佛燕京图书馆的清康熙刻本《宝纶堂集》的异同，指出南大本与哈佛本是比光绪活字本更加可靠的文献。②邵彦《陈洪绶〈宝纶堂集〉的版本关系——以哈佛藏本为中心》一文就目前发现的陈洪绶《宝纶堂集》康熙本二种、光绪本一种，清理其内容，推测其版本关系，辨析各本优劣，尤其就哈佛大学藏康熙刻本之性质、成因勾勒了较为清晰的脉络。③

（三）对绘画作品与风格的研究。冯幼衡《陈洪绶的仕女画——晚明女性内涵的反思与新境》④一文探讨了陈洪绶所塑造的女性是传授知识的教育者、女性隐逸者、女性高士，这些形象都是传统仕女画前所未见的新猷。2000年Tamara Heimarck Bentley的博士论文《真实性新解：陈洪绶的人物作品、真实情感和晚明市场》⑤，通过分析陈洪绶的人物画及版画作品，专门探讨陈洪绶的创作与晚明文化、商业的关系。小林宏光的《陈洪绶版画创作研究》⑥通过逐一讨论归在陈洪绶名下的7套版画作品，对陈洪绶版画作品的风格特点进行了总结。许文美在《论陈洪绶版画〈张深之正北西厢秘本〉中的仕女形象》⑦中指出《张本西厢》版画结合了折子戏的演出形式，运用近景取景方式，人物画借鉴了昆剧身段表演的视觉原则，同时还运用了唐代的仿古画风。

（四）关于艺术思想及创作理论的研究。1997年，Hsing-li Tsai 的博士

---

① 沈津：《陈老莲的〈宝纶堂集〉》，沈津：《书丛老蠹鱼》，中华书局2011年版。
② 董捷：《燕云读书札记——晚明版画史文献新证二则》，《新美术》2011年第4期。
③ 邵彦：《陈洪绶〈宝纶堂集〉的版本关系——以哈佛藏本为中心》，《美苑》2014年第12期，《美苑》2015年第1期。
④ 冯幼衡：《陈洪绶的仕女画——晚明女性内涵的反思与新境》，《故宫学术季刊》2009年第27卷第2期。
⑤ ［美］Tamara Heimarck Bentley, *Authenticity in a New Key: Chen Hongshou's Figurative Oeuvre, "Authentic Emotion," and the Late Ming Market*, Ph.D.diss., University of Michigan, 2000.
⑥ ［日］小林宏光：《陈洪绶版画创作研究》，《朵云》第68集，上海书画出版2009年版，第75—109页。
⑦ 许文美：《论陈洪绶版画〈张深之正北西厢秘本〉中的仕女形象》，《朵云》第68集，上海书画出版社2009年版，第110—135页。

论文《陈洪绶的雅集图：晚明画家的净土宗宣言》①专门研究了上海博物馆所藏的陈洪绶《雅集图卷》及陈洪绶画作中的净土宗思想。朱良志的《陈洪绶的"高古"》②一文专门探讨了陈洪绶绘画风格中"高古"境界的独特内涵。朱良志《无生法忍与陈洪绶的高古画境》认为陈洪绶的高古画境是在禅宗思想影响下出现的独特创造。③邱稚亘《〈杨升庵簪花图轴〉在陈洪绶簪花人物画中的定位》④与林宜蓉《理想的顿挫与现世的抉择——陈洪绶"狂士画家"生命形态之开展》⑤专门探讨了陈洪绶的复杂而矛盾的心态。王正华在《女人、物品与感官欲望：陈洪绶晚期人物画中江南文化的呈现》⑥一文中结合晚明关于女人与物品的著作，就书写与消费的层次对陈洪绶晚期人物画的内涵作了探讨。王正华《从陈洪绶的〈画论〉看晚明浙江画坛》⑦提出了以陈洪绶为中心而扩及17世纪前半期浙江绘画网络及区域竞争的一种画史理解。陈传席在《中国绘画美学史》一书中专门从美学的角度探讨了陈洪绶的"神家、名家、作家、匠家"与"画论"这两段绘画理论。⑧

从目前的研究现状来看，对于陈洪绶的研究取得了如下的进展。第一，对陈洪绶的生平研究比较详细。第二，陈洪绶绘画作品的收集与分期工作有较大的进展。第三，对陈洪绶绘画作品的风格有了较为全面及深入的分析，就借鉴古代绘画，借鉴戏曲演出身段等创作出来的新风格的讨论都有较大突破。其中人物画与版画的研究成果尤其突出。第四，对陈洪绶的复杂心态的探讨比较深入。第五，对陈洪绶的"画论"探讨也比较深入。

虽然在陈洪绶的研究上取得诸多方面的重大进展，但仍然存在以下

---

① [美] Hsing-li Tsai, *Chen Hongshou's Elegant Gathering: A Late Ming Pictorial Manifesto of Pure Land Buddhism*, Ph.D.diss., University of Kansas, 1997.
② 朱良志:《陈洪绶的"高古"》,《中国书画》2011年第4期。
③ 朱良志:《无生法忍与陈洪绶的高古画境》,《学海》2011年第4期。
④ 邱稚亘:《〈杨升庵簪花图轴〉在陈洪绶簪花人物画中的定位》,《朵云》第68集,上海书画出版社2009年版,第39—74页。
⑤ 林宜蓉:《理想的顿挫与现世的抉择——陈洪绶"狂士画家"生命形态之开展》,《朵云》第68集,上海书画出版社2009年版,第157—206页。
⑥ 王正华:《女人、物品与感官欲望：陈洪绶晚期人物画中江南文化的呈现》,《近代中国妇女史研究》2002年第10期。
⑦ 王正华:《从陈洪绶的〈画论〉看晚明浙江画坛》,《朵云》第68集,上海书画出版社2009年版,第222—267页。
⑧ 陈传席:《中国绘画美学史》,中国人民美术出版社2002年版。

不足：

第一，对陈洪绶生平及著述研究方面的不足。关于陈洪绶的生平以及不同时期的思想变化还未完全厘清，对陈洪绶各版本《宝纶堂集》还未作深入的比较研究，关于陈洪绶的文献及作品中涉及的交游情况未被整理。

第二，在讨论陈洪绶的绘画创作与晚明文化的关系时，大部分的研究者对陈洪绶的作品与明末清初整个文化系统之间的关系进行的是宏观论述，在论述陈洪绶创作与晚明心学、徐渭艺术思想、晚明佛教思想及明亡后的遗民思想的关系时缺少中间环节，多为泛泛而谈。

第三，在对陈洪绶的艺术风格进行分析时，研究者多从陈洪绶的线条、人物造型、笔墨特点等局部的角度分析，将陈洪绶的人物、花鸟、山水画题材分开讨论，或只是涉及陈洪绶绘画风格的一部分特点，没有对陈洪绶整体的画面构成要素进行综合的比较研究，且未能深入地综合探讨陈洪绶各个时期艺术风格特点之间的联系及其深层原因。

第四，在论述陈洪绶艺术风格的过程中，有些研究者未能将仿作、伪作与真迹区别，影响了对陈洪绶绘画艺术风格的理解。

二、研究特点与方法

要解决陈洪绶研究中的诸多问题，必须要更多的学者做更加细致的文献梳理与考证工作，并对陈洪绶存世的大量作品进行真伪鉴定，在此基础上才能更加接近陈洪绶的历史形象及更加贴切地理解陈洪绶的绘画作品。除去现代人过多地赋予陈洪绶身上的光环，将陈洪绶放入到历史的真实情景中去，这样不仅是我们研究陈洪绶，也是研究其他历史人物的最终目的。本书展开之前，笔者对陈洪绶的社会关系进行了较为全面的爬梳，尽量还原了一个生活在各种层级的人际关系网中的明末诸生、清初遗民的真实生活图景。在此基础上，笔者从陈洪绶身份变迁的线索出发，结合其创作活动，探讨他依违于文人与职业画家之分野，终为形势所迫成为职业画家的生涯变化。而陈洪绶的这种经历在清初社会中下层的文人画家群体中又具有一定的代表性。

陈洪绶从十八岁考取诸生到四十五岁获得中书舍人一职，做了二十七年的生员。陈洪绶作为生员是特权阶层的一员，天然拥有着与职业画家不同的文人身份。陈洪绶与松江画派及浙江画坛友人的交往，清晰地显示了他文人画家身份。在面临经济上的困境时,陈洪绶只能选择以卖画为生,从作品的创作目的与使用方式来看,陈洪绶与职业画家一样所创作的书画作品都具有明显的商品性质。陈洪绶面对艺术市场,表现出职业画家的敏锐,能够迅速地掌握时风动向,创作出受市场欢迎的书画作品。陈洪绶积极参与戏剧版画及叶子牌等具有浓郁的商业性质的版画创作,并借此来表达他与友人的戏剧思想与政治诉求。

在明亡后,陈洪绶的仕途希望彻底破灭。他迫于经济上的压力继续以卖画为生。而以卖画为生的这种生存方式,因明清易代发生了意义上的变化。明亡后的卖画成为遗民"隐处"的一种方式。绘画也成为遗民文化的重要部分,是传递遗民思想,保存汉文化之重要手段。陈洪绶对于画业的态度有所转变,成了一位拥有遗民身份的职业画家。他提出了系统的"唐韵、宋理、元格"理论,以及"入神家、名家、当家、作家、匠家"画家的五个的等级,①形成了一套完整的理论体系。

本书主要是运用文献学方法,结合陈洪绶及他人的书画作品进行研究。文献包括几类:(1)家谱、方志、年谱;(2)别集、日记、笔记,其中陈氏本人有别集,祁彪佳有日记;(3)戏曲文本、版画作品。另外,其他领域对于明末清初时期历史、政治、经济及文化皆有较多的研究成果可以借用,成为本书得以深入的有利条件。

---

① 陈传席在《中国绘画美学史》一书中专门讨论了陈洪绶的这两段画论。陈洪绶为友人林仲青所画的《溪山清夏图卷》上的题跋,即提出"唐韵、宋理、元格"的画论内容,陈传席引用的文献材料是《湘管斋寓赏编》卷六,《美术丛书》第3册,江苏古籍出版社1986年版,第2761页。又见《玉几山房画外录》卷下,《美术丛书》第1册,第464页。笔者采用陈洪绶《宝纶堂集》,康熙三十年刻本,《清代诗文集汇编》,上海古籍出版社2011年版,第694页上栏—下栏。陈洪绶将画家分不同等级的画论内容,陈传席引用的文献材料是《玉几山房画外录》卷下,《美术丛书》第1册,第643页。陈传席已经指出此文的缺字错字偏多,他在文中姑以可解者解之。笔者采用的文献是吴敢点校《陈洪绶集》中毛奇龄所撰《陈老莲别传》一文,第590—591页。

第一章　陈洪绶明亡前的身份与生活

通过对陈洪绶的诗文及其绘画作品的考察发现，陈洪绶在明亡前后有两个比较明显的变化：

第一个变化是与陈继儒关系的变化。明亡前，陈继儒曾经给陈洪绶写过一些画评，对年轻的陈洪绶推崇有加，他在陈洪绶所画《仿吴道玄乾坤交泰图》（约画于1609年）①上作跋："天地交泰，风云相得，望兮威威，观兮赫赫。吴生道子之胡本，陈子章侯之手勒，得者珠之，后世镇宅，邪魔尽息。异哉别出手眼，神乎超凡墨笔，真珍藏之瑰宝，爱者不能易其拱璧。"②

万历四十七年（1619）至天启二年（1622）间陈洪绶画《早年画册》③多幅，陈继儒在其对开上有多处题跋。《火中神像》画于万历四十七年（1619），陈继儒题："见龙眠九歌，始知章侯画学。"《奇峰孤城》画于万历四十八年（1620），陈继儒题："西粤靖江藩府中独秀峰，何日飞来到此！眉公。"《双木三鸟》画于1621年，陈继儒题："张员外手握双管，顿时齐下：一为生枝，一为枯枝，气傲烟霞，势阵风雨。章侯此幅类之，皆唐人画法也。璨云：外师造化，中得心源。信夫。"《乱山丛树图》画于天启元年（1621），陈继儒题："章侯同参洪谷子，非从黄鹤山樵入也。"《月下捣衣图》画于天启元年（1621），陈继儒题："李龙眠有捣帛图，皆肥姿憨态；独此幅肌肉廉削，明月光中，愁心万种，可怜也。眉公。"《铜瓶插荷图》画于天启二年（1622），陈继儒题："晁补之云：菩萨仿侯昱，云气仿吴道

---

① ［明］陈洪绶：《仿吴道玄乾坤交泰图》轴 纸本 水墨略加淡朱 112.4厘米×45.9厘米 浙江省博物馆藏。（为后人仿作）

② 此段为陈遹声所抄陈继儒题，画上字与《宣统诸暨县志》中记不同。［美］翁万戈编著：《陈洪绶》上册，上海人民美术出版社1997年版，第166—196页。

③ ［明］陈洪绶：《早年画册》十二页 纸本 设色或水墨 22.2厘米×9.2厘米 美国纽约大都会博物馆藏。

玄，天王松石仿关仝，草树仿郭忠恕，卧槎垂藤仿李成，崩崖瘦木仿许道宁，花鸟鱼虫仿易元吉、崔白。今章侯年甫二十五岁，具得其长，前身画师，宿世词客也。眉公。"由上述题跋可知，陈继儒将只有二十五岁的陈洪绶与吴道子、张璪、荆浩、李公麟等绘画大师相媲美，对陈洪绶画名的提升有巨大的帮助。

明亡后，顺治八年（1651）陈洪绶在他为林廷栋所画的《溪山清夏图卷》上写了一段画论：

今人不师古人，恃数句举业馆丁或细小浮名，便挥笔作画，笔墨不暇责也；形似亦不可而比拟，哀哉！欲□（扬）微名供人指点，又讥评彼老成人，此老莲所最不满于名流者也。然今人作家，学宋者失之匠，何也？不带唐流也。学元者失之野，不溯宋源也。如以唐之韵，运宋之板；宋之理，行元之格，则大成矣。眉公先生曰："宋人不能单刀直入，不如元画之疏。"非定论也。如大年、北苑、巨然、晋卿、龙眠、襄阳诸君子，亦谓之密耶？此元人王、黄、倪、吴、高、赵之祖。古人祖述，立法无不严谨，即如儿（倪）老数（笔），笔笔都有部署法律。大小李将军、营丘、白（伯）驹诸公，虽千门万户，千山万水，都有韵致。人自不死心观之学之耳。孰谓宋不如元哉！若宋之可恨，马远、夏圭真画家之败群也。老莲愿名流学古人，博览宋画，仅至于元。愿作家法宋人乞带唐人，果深心此道，得其正脉，将诸大家辨其此笔出某人，此意出某人，高曾不乱，曾串如列，然后落笔，便能横行天下也。老莲五十四岁矣，吾乡并无一人中兴画学，拭目俟之。①

陈洪绶所作"画论"矛头直指曾对他提携过的陈继儒，反对陈继儒的崇元之说："宋人不能单刀直入，不如元画之疏，非定论也。"并且进一步赞扬被陈继儒否定过的大小李将军、营丘、伯驹等人，同时痛斥了陈继儒否定的马远、夏圭。

---

① ［明］陈洪绶：《宝纶堂集》卷二，康熙三十年刻本，《清代诗文集汇编》，上海古籍出版社2011年版，（藏南开大学简称为南开本），第694页上栏—下栏。南开本缺字、误讹字据吴敢点校《陈洪绶集》第22页所录《画论》文字补录。

第二个变化是陈洪绶对于画业态度的变化。明亡前陈洪绶虽然一直以卖画为生，但是其诗文中有诸多言论反映出文人卖画的无奈心理。如《寄来季》有："书画耻流传，壮猷悲无寄"之句。①

明亡后，陈洪绶改变了对于从事画业的无奈态度，显示出要在画业上有所作为的志向。《宝纶堂集》卷五《病中》其四："作画名根出，吾家自立宗。时时具此想，药气不需浓。"②陈洪绶除了在《溪山清夏图卷》中提出完整的创作理论体系即："如以唐之韵，运宋之板；宋之理，行元之格，则大成矣"外，还提出了绘画品评标准：

> 故夫画，气韵兼力，飒飒容容，周秦之文也；勾绰捉勒，随境堑错，汉魏文也；驱遣于法度之中，钉前燕后，陵轹矜轶，拗裂顿斫，作气满前，八家也。故画有入神家，有名家，有当家，有作家，有匠者家，吾惟不离乎作家，以负此嗛也。③

陈洪绶将绘画作品的品评定为三个等级，并根据这三个等级将画家分为五种层次："入神家""名家""当家""作家""匠家"，并将自己视为"作家"。

解开陈洪绶在明亡前后两个变化的原因，或许对于我们理解陈洪绶的艺术有所帮助。本书通过探讨陈洪绶明亡前后身份的转变，以及陈洪绶作品与晚明艺术市场的关系，看到一位身份不高的文人在以文人身份卖画时所做的努力。明亡前陈洪绶的理想是通过仕途完成其经世报国的抱负。但迫于生活的压力，无奈地以卖画为生；明清易代后，他的仕途希望彻底破灭，由此成为一名真正的职业画家，而且还树立了开宗立派的奋斗目标。这两个转变与陈洪绶的身份意识、明清易代有着必然的联系，这两方面也对陈洪绶的艺术创作产生了重要影响。

---

① ［明］陈洪绶：《宝纶堂集》卷四，康熙三十年刻本，《清代诗文集汇编》，上海古籍出版社 2011 年版，第 704 页下栏—705 页上栏。

② ［明］陈洪绶：《宝纶堂集》卷五，康熙三十年刻本，《清代诗文集汇编》，上海古籍出版社 2011 年版，第 726 页下栏。

③ 吴敢点校：《陈洪绶集》，浙江古籍出版社 1994 年版，第 591 页。

第一节 "功名罔计焉"

陈洪绶（1598—1652），一名胥岸，字章侯，幼名莲子，号洪绶，又号小净名。陈洪绶在十八岁取得诸生身份，其后参加三次科考皆无所获。崇祯十五年（1642）捐赀入国子监，并在崇祯十六年（1643）获中书舍人一职，因为只是皇家的"簪笔"之臣，无法实现其政治理想，所以三个月后陈洪绶返回了家乡。明亡前陈洪绶一直不放弃走仕途之路，其中原因应该与家庭教育及儒家经世思想的影响有直接关系。

陈洪绶出生于诸暨枫桥陈氏，其家族为当地的望族。《枫桥宅埠陈氏宗谱》卷二《陈书》题及："陈寔字仲弓，汉太丘长，谥文范先生"，可知陈寔为陈氏始祖，曾为汉太丘。① 在陈氏第三十九世陈寿时，陈家从河南迁至枫桥。② 陈洪绶的十世祖陈策，虽未取得功名，但"始事安阳韩性，后学与许白云，为入室弟子。友同邑胡一中刻意讲学，绍兴路总管泰不华荐为稽山书院山长，不久辞归。元末伪汉据州，其将吴华屯干溪胁策受伪官，不屈遇害"。③

九世祖陈玭，字季玉，别号慕椿。为陈策之子，也没有取得功名。陈玭"自幼明敏，日颂千言。稍长，缵乘家业，鸡鸣辄起，独得父兄之传。博极群书，必精研其理，为文每有惊人句。进士胡一中辈咸器之，以为文字交。里中尝指之曰：自宋至今，经义诗赋知名者，自公始终当大显……晚年作日新楼，藏古今书籍及先世遗文，日游于其中，手不释卷……"④ 又"元末有名玭者，始建日新楼以藏书，其子斋又建楼曰宝书。斋之六世孙曰性学曰心学，七世孙曰于朝曰于京。代有增益。于朝之子洪绶，哀其先世所藏书，建七樟庵以庋之。七樟庵陈氏藏书处遂为越中冠。"⑤ 可知陈玭博览群书，每作文章都有惊人之语句。陈策遇害后，陈玭很是伤心。晚年建造"日新楼"，藏有古今图书及父亲的文集。陈玭所建的"日新楼"开陈氏家族藏书之先河，到陈洪绶所建"七樟庵"时，陈家藏书一跃为越中之首。

---

① 陈炳荣主编：《诸暨枫桥宅埠陈氏宗谱》，萃伦堂珍藏版2008年版，第5页。
② 陈炳荣主编：《诸暨枫桥宅埠陈氏宗谱》，萃伦堂珍藏版2008年版，第11—13页。
③ 陈炳荣主编：《诸暨枫桥宅埠陈氏宗谱》，萃伦堂珍藏版2008年版，第93页。
④ 陈炳荣主编：《诸暨枫桥宅埠陈氏宗谱》，萃伦堂珍藏版2008年版，第105页。
⑤ ［清］陈遹声：《宅埠陈氏宗谱》卷二，宣统刻本，第29页。

陈洪绶五世祖陈翰英，字廷献，号松斋，景泰癸酉（1453）举人，官南雄府同知。曾平流贼江太师，修城守郡等。李东阳为之撰《政绩记》。①

陈洪绶的四世祖陈元功，字应武，一字康伯，号柏轩，陈翰英第四子。不仅著述颇多，而且是一位藏书家："构屋于旧第之前，题曰阳明书屋，题堂寝曰荣庆，左翼□楼，右转枊阁，苟完苟美，置庄于东泉，结庐于别墅。读书万卷，种梅千树，坐卧其中，随意翻阅怡然自得。尝归集先大夫诗文编次成帙，付之剞劂，以图永年。葺先世谱牒以别支派，所著有柏轩集，东泉日草，体古录。"②

陈洪绶的曾祖陈鹤鸣（1526—1603），字子声，号闻野。官扬州经历，累诰封通奉大夫，广东布政使司左布政使。③

陈洪绶的祖父陈性学（1546—1613），字所养，号还冲，万历丁丑（1577）进士，官至陕西左布政使。所著颇丰，有《边防筹略》《西台疏草》《光裕堂集》《紫英山房藏稿》等。④

陈洪绶的父亲陈于朝（1573—1606），字叔达，号蕅溟。陈性学的第三子。陈于朝虽未取得功名，然文采风流，名冠当时。来宗道作《陈于朝墓志铭》：

> 诸暨陈君为方伯公季子，弱冠博览先秦两汉书，能为古文，诗歌辄惊其行辈，傍及地理禄命诸家言，稍习之即能通晓。或读罢，鸣琴击剑品竹吹筝啸咏酣畅后，乃弃去不复作。方伯公宦游，常侍从书记一以委之，间有商议事机委中要领。丁酉补邑弟子。庚子食廪，虽都试数奇，衿披每以冠军属之。而君稍厌薄进取，信佛氏说，断荤酒，多为放生饭僧之事。……山阴徐渭诗文奇杰，书法尤遒，君少时为忘年友，用笔几近其妙，后究心贝典，学于四明屠隆，最后见云间陈继儒文好之介绍殷殷。会疾作不得往。而邑令刘光复、督学伍袁萃、洪启睿得其试牍，辄宝之。所著有《苧萝山稿》《自得斋稿》。⑤

---

① 陈炳荣主编：《诸暨枫桥宅埠陈氏宗谱》，萃伦堂珍藏版2008年版，第93—94页。
② 陈炳荣主编：《诸暨枫桥宅埠陈氏宗谱》，萃伦堂珍藏版2008年版，第174页。
③ 陈炳荣主编：《诸暨枫桥宅埠陈氏宗谱》，萃伦堂珍藏版2008年版，第174—175页。
④ 陈炳荣主编：《诸暨枫桥宅埠陈氏宗谱》，萃伦堂珍藏版2008年版，第114—116页。
⑤ 陈炳荣主编：《诸暨枫桥宅埠陈氏宗谱》，萃伦堂珍藏版2008年版，第179—180页。

传中记述陈于朝年幼便博览群书，才华在同辈中很是突出。尤其是在少时便与徐渭成忘年交，书法得到徐渭的指点，颇有成就。喜学屠隆之贝典，又好陈继儒之文。对于琴、剑、竹、箫等皆有很浓厚的兴趣，也是爱饮酒之人。最后陈于朝将这些文人嗜好丢弃而崇信佛氏，主张三教合一之论。在陈于朝所写《苎萝山稿》中有很多讨论佛学教义的文章，他还经常与当时的文学名家屠隆（1543—1605）通信，探讨佛教问题。①

陈于朝一直不放弃科考进取。来宗道撰《陈孝立先生暨妻王氏合葬墓志铭》："万历庚子，诸暨陈君邀予共业于其家，秋试皆不利。又三年癸卯，陈君再蹶。又三年，丙午春，陈君居高等复当就，仲夏以病卒。陈君少予一岁，以君之才，年不满四十，名不越诸生，洵可悲也。"②知其在二十七岁秋闱落榜后又连续两次争取功名。三十三岁时通过春季的预考，未参加是年乡试，在夏天去世。

陈于朝去世后，十七岁的陈洪绶跟在岳父来斯行身边。来斯行（1567—1633），字道之，别号马湖。来斯行为四房第十四世、来嘉谟子。万历丙午（1606）丁未（1607）联隽，万历庚戌（1610）授刑曹，万历壬子（1612）典试西粤。万历丙辰（1616）补工部以忤要津，中计典补永平司李，综理南北饷运，敏练著绩。天启壬戌（1622）转兵曹监军，辽海整饬津门，因仲子燕禧擒徐鸿儒而升少参，兵备津门，后至贵阳平田阿秧之乱，又为晋闽右辖。所著《胶莱槎庵小乘》《经史典奥》《尘谈燕语》《论语颂》《四书小参》《四书问答》《拈古颂》《居士传》《宗讃韵会五经音沽》《经史渊珠》《来氏家乘诗集》行于世。③

陈洪绶作《槎庵先生传》："槎庵先生讳斯行，字道之，号马湖，闽右方伯，越之萧山人。修眉长目，目烨烨而慈，大耳下丰。为人和厚简易，虽卑贱之人可得以情告之者。不欲傲世，而高情远举，俗自不可以得

---

① ［明］陈于朝：《苎萝山稿》卷四，万历四十三年越郡陈氏刻本，第46b—47b页，第60a—60b页，第63a—64b页。
② ［清］陈遹声：《宅埠陈氏宗谱》卷三，宣统刻本，来宗道撰《陈孝立先生暨妻王氏合葬墓志铭》。
③ 《民国萧山县志稿》卷十四，《中国地方志集成·浙江府县志辑11》，上海书店1993年版，第581页下—582页上。［清］来鸿瑨等纂修：《萧山来氏家谱》《家乘贰》卷二，萧山来氏会宗堂清光绪二十六年，第3a—5a页。

错处，以故少年有恃才狂士之称。每自喜志大遇迟当老其材。数与市中小儿携饮食，醉后辄披发长啸。读书务实用，梁给事副考浙中，请先生润色试录，先生褐裘入，岸然直书，给事惊叹去。当是时，讲学日盛，先生见儒学与佛氏龃龉，作一家言，通二宗旨。后被谪，先生叹曰：'(虏)在目中。'客有笑之者，正色曰：'直当与（努儿）相搏'。明年果有山东之役矣。及次君遊击将军卒，先生拊膺号哭曰：'非哭吾子，吾而折翮，其能杀贼乎？'乃作一舟，放之白马、湘湖间。丝竹陶写，改读书台为伽蓝，饭一老僧，卧起与俱。晚年叹学士为文，畔经不读史，多论议天下事，故采拾经史，嘉惠来学，三年穷日力而为之。书成病作，垂训孝弟而卒……"①
由传记可知，陈洪绶对于来斯行的政治作为与文学素养皆极为钦佩。

家族中长辈们的光荣事迹及他们对后辈的殷切期望，与陈洪绶多次参加科考，并想要在政治上有所作为有着密切的关系。

陈洪绶在万历四十六年（1618）考取诸生。1623年第一任妻子来氏去世后，陈洪绶想上北京发展，但因生病数月，只得在1624年的五六月间返回浙江。从陈洪绶写给何实甫的《舟次丹阳送何实甫之金陵》一诗可知，从他考取诸生到去北京，科考之路很不顺利，"吾材固驽钝，妄想每热衷。连年不得意，饮酒空山中"。②因经济与身体的双重原因，此次北京之行也是毫无收获："囊中无一钱，走马燕市东。得病五六月，药石皆无功。况当上策时，弹指季夏终。"③由北京返回后，"残编尽蠹坏，弃置曾未攻。既悲无米炊，复虑精力穷。"④虽然在经济与精神上陈洪绶都承受巨大压力，但在此年（1624）他还是毅然参加考试。这年的秋冬间，陈洪绶至杭州，与张岱、赵介臣、颜叙伯、卓珂月、张峰等人读书于杭州灵隐韬光山之岣嵝山房，准备参加考试，可惜又未有所获。

三年之后，即天启七年（1627）的正月，他在牛首山咏枫庵开始

---

① ［明］陈洪绶：《宝纶堂集》卷一，康熙三十年刻本，《清代诗文集汇编》，上海古籍出版社2011年版，第687页下栏—688页上栏。缺字根据吴敢点校《陈洪绶集》第19页补充。

② 明代科举考试每三年举行一次，由此推算，陈洪绶或在1621年也参加了乡试，而未录取，才会有"连年不得意"之词。［明］陈洪绶：《宝纶堂集》卷四，康熙三十年刻本，《清代诗文集汇编》，上海古籍出版社2011年版，第703页下栏。

③ ［明］陈洪绶：《宝纶堂集》卷四，康熙三十年刻本，《清代诗文集汇编》，上海古籍出版社2011年版，第703页下栏。

④ ［明］陈洪绶：《宝纶堂集》卷四，康熙三十年刻本，《清代诗文集汇编》，上海古籍出版社2011年版，第703页下栏。

准备，在此待了五日后入城，至六月考试结束才返回。到了崇祯三年（1630），陈洪绶再一次参加科考失败，这一次的失败使陈洪绶受到了较大的打击，长兄陈洪绪为排解其忧，在西湖买舟与之共游。陈洪绶有诗《予见摈兄亢侯为予买酒买舟游南屏邀十三叔公十叔侄翰郎客单继之相宽大醉后书之》："雨中最寂寞，今夜独欢然。我恨貂裘敝，人怜毛羽鲜。一尊频换烛，七尺可翻天。不信通经术，深山老此毡。"①《兄以绶见摈以酒船宽大于湖上醉后赋此》："阿兄备酒馔，买舫为吾宽。立命唯耽酒，知书慎得官。沉沦前世事，诗画此生欢。若言名位遇，非易亦非难。"②《湖上饮亢兄酒》："吾道无忧喜，此中强自平。譬如不识字，何念及功名。秋思深林步，诗情夜雨生。阿兄呼酒至，举火断桥行。"③此三首诗中的"不信通经术，深山老此毡""沉沦前世事，诗画此生欢""譬如不识字，何念及功名"等句，都渗入了陈洪绶科场失败后的失意，流露出无奈放弃功名之意。

陈洪绶虽然屡次失败，无法改变其生员之地位，但在明亡前的很多诗文中，仍旧可以看到他强烈表达政治抱负的愿望。虽不能建业，却处处明志。

在为吕福所作《吕吉士诗序》中，陈洪绶如此反省自己对待科场失意之态度："余每于试蹶后，辄多怨恨悲愁之语，不能如吉士旷观。与余同饮同诗，无一怨恨悲愁之语，是知命人也。不以朝槿之荣为眷眷，是有志千秋事业人也。曾子固曰：'吾儒胸次，惟读书能宽大。'吉士之诗工，以读书故；能不为愁恨悲怨语，以读书明理故。刘后村曰：'诗以人重。'吉士诗即工矣，而不能为旷观，人毋取也。予诗，人皆许可，予所自不许可者，为怨恨悲愁之语。今见吉士，当不复为也。吉士兄事余，益余者多多矣。"④

---

① ［明］陈洪绶：《宝纶堂集》卷五，康熙三十年刻本，《清代诗文集汇编》，上海古籍出版社2011年版，第718页下栏。
② ［明］陈洪绶：《宝纶堂集》卷五，康熙三十年刻本，《清代诗文集汇编》，上海古籍出版社2011年版，第718页下栏。
③ ［明］陈洪绶：《宝纶堂集》卷五，康熙三十年刻本，《清代诗文集汇编》，上海古籍出版社2011年版，第718页下栏。
④ ［明］陈洪绶：《宝纶堂集》卷一，康熙三十年刻本，《清代诗文集汇编》，上海古籍出版社2011年版，第678页上栏。

1630年，陈洪绶在为兄长陈洪绪作《涉园记》中说："夫园，细事也，能作园，末技也。不日涉则弗能为，良学固可弗日涉乎哉？故日涉经史、涉古今，予愿从兄坐此园也。深惟其涉之之义，而细察其涉之之效，种德乐善，文章用世，朝夕孜孜焉，能如其精择迁改，动与时宜之为善也。然非日涉经史、日涉古今，能乎哉？予愿从兄坐此园也。"①

大约在1631年为孟称舜作《孟叔子史发序》②："古今文章，有国贼巨奸而称说贤圣，摘发金壬，其口不如其心者，故以文章匿其情事，人亦第玩其文章，而并贱恶，以其文章市名誉，乃恣肆其奸恶也。仁人善士而称说圣贤，摘发金壬，其口必如其心者，故以情事为其文章，人岂第玩其文章，而并叹慕，以其行事券文章，载歌咏其懿美也。"③

为张峥作的《张平子品山拈序》："吾想天地之生名山大川，以钟毓圣贤豪杰，文人才子，大则道德礼乐、节义事功，小则文辞翰墨、百家众技，岂以供人块然血肉之躯，惊帆驰马、买伎征歌、酒得淋漓、喧嚣怒诟而已哉？吾又想人之生于名山大川，或流览，或卜居，亦当不负天地置身之意；立德、立言、立功、立身；虽雕虫小技，亦足以自见，为可矣。"④

不再有"怨恨悲愁之语"，与兄弟在园中"日涉经史、古今"，借文章"载歌咏其懿美"，即使是雕虫小技也要"不复天地置身之意"等，都是陈洪绶在没有机会建立功业的情况下表明其志的言辞。

由于多次科考皆未成功，陈洪绶在崇祯十三年（1640）春上北京，⑤崇祯十五年（1642）通过纳赀进入国子监读书。国子监为明朝的最高学府。明朝建立不久，朱元璋便在南京设立国子学，既而改名为国子监。永乐元年（1403）明成祖朱棣又在北京设立国子监，于是有了南监、北监。国子监的学生通常由各州、府、县学选取优秀的生员贡入，或者是以会试落第

---

① ［明］陈洪绶：《宝纶堂集》卷二，康熙三十年刻本，《清代诗文集汇编》，上海古籍出版社2011年版，第692页上栏。
② 《孟叔子史发》的年代考证参见吴庆晏：《孟称舜研究》，华东师范大学2009年博士论文，第134页。
③ ［明］陈洪绶：《宝纶堂集》卷一，康熙三十年刻本，《清代诗文集汇编》，上海古籍出版社2011年版，第681页上栏。
④ ［明］陈洪绶：《宝纶堂集》卷一，康熙三十年刻本，《清代诗文集汇编》，上海古籍出版社2011年版，第681页下栏。
⑤ 关于陈洪绶第三次上京的时间诸学者有不同看法。黄涌泉在《陈洪绶年谱》中认为是1639年。翁万戈《陈洪绶》认为是1640年。笔者赞同翁氏的1640年之说。

的举人留监读书。明景泰元年（1450），因边境危机，政府下令天下纳粟马者可以入监读书，开启纳贵入监的途径，称为例监。国子监的学生享有一定的特权，他们毕业后可以不用通过考试，直接参加会试，成绩优异者有机会进身为名臣大儒。①

陈洪绶在此期间十分关心时事，对于老师黄道周与刘宗周之宦海沉浮极为关心。张岱在《越人三不朽图赞》中题陈洪绶云："陈章侯公洪绶，诸暨人，方伯性学之孙，初从刘念台学，为诸生，辄弃去。"②由此可知在1618年前，陈洪绶便从学刘宗周。③在陈洪绶卒后，配享刘宗周祠堂。陈洪绶在《宝纶堂集》卷九《图画赠石斋先生》一诗中说："问道提心性地昏，渐将笔墨叩师门。"④可知陈洪绶也是黄道周门人。

黄道周（1585—1646），字幼玄，一字螭若，号石斋，漳浦铜山（今福建省东山县）人，天启二年（1622）进士。崇祯五年（1632）正月，黄道周因病请求归休。将离京时，他又上疏指出："小人柄用，怀干命之心"，以致"士庶离心，寇攘四起，天下骚然，不复乐生"，建议崇祯帝"退小人，任贤士"，并举荐一批有才有志之士。疏上，获"滥举逗臆"之罪，削籍为民。黄道周罢官返乡南归，途经浙江，应浙中诸生之请，在余杭大涤山建书院授业；后返乡在漳州紫阳书院聚徒讲学。崇祯九年（1636），召复黄道周原官，迁左谕德，擢詹事府少詹事，兼翰林侍读学士，充经筵日讲官。⑤

崇祯十一年（1638），黄道周因为弹劾杨嗣昌之事，在平台直言抗辩，使得崇祯皇帝大怒，将黄道周直降六级，贬调江西按察司照磨。到崇祯十三年（1640）四月，因江西巡抚解学龙上疏推荐黄道周，再次触犯崇祯皇帝，将两人都逮到京城，每人杖打八十，下于刑部狱中。此时国子监的众多学生中没有一人敢出来仗义执言。而黄道周同乡的秀才涂仲吉，不远万里替黄道周申冤，也被杖打拷问，入锦衣狱。

---

① 吴敢：《丹青有神——陈洪绶传》，浙江人民出版社2008年版，第107页。
② 吴敢点校：《陈洪绶集》，浙江古籍出版社1994年版，第605页。
③ 陈洪绶在万历四十六年（1618）为诸生。而刘宗周从万历三十五年（1607）至天启元年（1621）的十四年中，一直在绍兴讲学。可知至少在1618年前，陈洪绶便从学刘宗周。
④ 吴敢点校：《陈洪绶集》，浙江古籍出版社1994年版，第252页。
⑤ [清]张廷玉等撰：《明史·列传第一百四十三·黄道周》第22册，中华书局1974年版，第6592—6601页。

刘宗周（1578—1645），本名宪章，字宗周，别号念台，又号念太子、念台先生，晚年更号"克念子"，浙江绍兴府山阴县人。明万历二十五年（1597）举乡试，由会稽县弟子补为绍兴府学生，明万历三十二年（1604）至京师，授官行人司行长，次年辞职归养。万历四十年（1612）赴京，七月奉使江西。明万历四十二年（1614）告归返乡。天启元年（1621），擢为礼部仪制司添注主事，并弹劾魏珰。天启五年（1625）被第一次革职为民。崇祯元年（1628）升任顺天府尹。崇祯三年（1630）回籍调养，后与陶石梁于石篑书院讲学。崇祯九年（1636）正月，升工部左侍郎，二月拜命。九月上《身切时艰疏》；十月第二次被革职为民。崇祯十五年（1642）刘宗周被重新起用，升都察院左都御史。然因在中左门上疏论救言官姜埰、熊开元，直言触犯了崇祯皇帝，十一月第三次被革职为民。①

面对黄、刘两位老师的政治遭遇，陈洪绶表明了自己的政治立场，在国子监期间，他专门写有《上总宪刘先生书》：

> 宋之诸君，无有培植太学生者矣，而多食其报。道君起艮岳，邓肃上诗；金人两寇，陈东上书；李纲将罢，欧阳澈数百人上书；黄潜善、汪伯彦用事，魏祐上书。汤思退议和，张观等七十余人上书；韩侂胄欲罢，赵汝愚、杨宏等六十人上书；胡榘议和，何处恬上书；史嵩之谋起复，黄恺伯、金九万、孙翼凤等百四十四人上书。城陷之辱，丁特起私有《孤臣泣血录》。
>
> 我祖宗今上培植太学生，不远过曩代乎！若边防之警，若权相之戕善类，若大司马之起复，若私议抚，独涂从吉一人上书白黄石斋先生冤，空谷足音矣！然所见有纷纷上书者，身谋而不及国，洪绶之名亦与焉。沮之又不能得，深悔当时何不弃去，半年怀负国之惭。今则弃去矣，前失难追矣。太学生何负我祖宗及今上哉！三百年间乃仅得一涂从吉，吾师乎！涂从吉故足悔矣，而有悔言之集，悔言小引。
>
> 刘夫子为天子所注意，上封事者皆导君毋苟且之治术，群小谤之为迂远而不宜于时。时者权也。圣贤不得已而用之。治术者经也，不得以运之升降、道之污隆而变之者也。使遇中主，趋时焉，尚不为臣

---

① 陈永革：《儒学名臣——刘宗周传》，浙江人民出版社2005年版，第338—344页。

之正路；刻逢今上神圣而劳悴之主，宁忍以末运之治辅之耶？若夫子者，真责难于君之纯臣也。甚矣，群小之当杀也！①

此书传达了陈洪绶对于当时政局的忧心与不满，与黄、刘两位老师的政治立场一致。

在此期间陈洪绶还结识了他的另一位友人祝渊。祝渊（1614—1645），字开美，海宁人。崇祯六年举人。崇祯十五年冬，会试入都，刘宗周在中左门论救姜埰，熊开元，直言犯帝怒，被革职。祝渊与刘宗周素不相识，但却抗疏论救，并自愿为刘宗周之门生。在崇祯十六年（1643）二月十三日，时朝士申救刘宗周者疏日进，致为帝诘责，刘宗周不自安，乃南下，祝渊与刘宗周同舟。刘宗周罢官在家，祝渊数往问学。后"杭州失守，渊方葬母，趣峻工。既葬，还家设祭，即投缳而卒，年三十五也。踰二日，宗周饿死。"②祝渊随刘宗周南还时，陈洪绶作赋别诗："吾有梅花花下田，良朋不受买山钱。香炉峰上阳明洞，少个题名题祝渊。"③

就在刘宗周受谮离京后，陈洪绶在三四月间，被召为中书舍人，使临《历代帝王像》。黄、刘两位老师在政治上的失意，加上进入宫廷又只能以画为业，既没有了老师的庇佑，又缺乏进一步升迁的途径。或许陈洪绶本来想通过国子监有一番作为，但只做了三个月的"簪笔"之臣，便离开京城。

第二节 "饥来驱我上京华"

虽然陈洪绶一直在仕途上不断努力，但是作为一位身份不高的生员，他首先面临的是经济上的困境，必须靠卖画为生。

---

① ［明］陈洪绶：《宝纶堂集》卷一，康熙三十年刻本，《清代诗文集汇编》，上海古籍出版社2011年版，第684页下栏—685页上栏。

② ［清］张廷玉等撰：《明史·列传第一百四十三·黄道周》第22册，中华书局1974年版，第6591页。

③ 吴敢点校：《陈洪绶集》，浙江古籍出版社1994年版，第572页。

一、生员的困境

陈洪绶从十八岁考取诸生，到四十五岁获中书舍人一职，拥有长达二十七年的生员身份。生员在明代，尤其在明末时期是一个极为特殊的群体，属于绅士阶层的下层，其特殊性表现在以下几个方面。

其一，从交往来看，生员对下能够同下层庶民交往，直接感受下层庶民之疾苦。生员之间则是经常结社，构成同盟关系，社友之间称为"盟兄""盟弟"等。生员还需要与地方有司及上层官员交往，参与乡绅送往迎来的活动。由此可以看出，生员上交官员、下结百姓，是明朝由上至下舆论及文化传播的重要纽带。

其二，从经济收入来看，生员有固定的经济来源。"禄以养之，役以复之"之政策，在明亡前都有很好的执行。到明代后期生员则在学仓支取廪银或膳夫银。如崇祯八年（1635）的江西高安的廪生岁支廪银加膳银合计为十八两。明代还有学田制度，功能是助贫以及宾兴诸事，如生员应试、举人报捷、郊迎、释菜、赴宴、归第、会试、进士、贡士等。生员们大都通过以下几个方面获得学田的资助。首先是"膏火"，"膏火"原指灯火，明代又指供给生员学习的津贴。其次是生员平日在学校肄业，亦有种种好处。诸生每月会课，所得有会课饷银，或支取给银、文卷银。再次是生员参加府、州、县的季考，或提学岁考，不但有茶饼，而且有赏银、花红、月银可得。最后是生员一旦获取参加乡试资格即可得盘缠，或花红、酒席银，少者得盘缠银五钱，花红、酒席银四钱，多者一两。另外，生员还享有"免于编氓之役，不受侵于里胥"的权利，这种优免权的存在，决定了生员不同于平民百姓，而是特权阶层中的一员。

其三，从生员的地位来看，生员受到底层百姓及在朝官员的礼遇。生员在百姓眼中，是读书识礼之人；在官员看来，就是宰相也不敢"坐受秀才一揖"，更不敢"便服见秀才"。由于受到下至庶民百姓，上至在朝官员的礼重，生员有其自身的体面，并且在地方社会各项事务中扮演着重要的角色。如对乡贤、名宦、孝子、节妇的旌表与祭祀，生员均有权参与。生员舆论还能够部分左右地方官员的升黜。生员还可以通过具呈民间利病以及"摇笔端以造歌谣，而撼官府"的方式参与地方事务。在学术方面，尽管生员并不具备领导和提倡学术的声望与能力，然若没有生员层的参与，鸿儒、名师无法在学术上造成大的声势。生员层虽为特权阶层中的下层人员，但却是地方精英集团的重要组成力量。

虽然生员从地位上看不同于一般的布衣平民，但他们面临着极为严峻的经济困境。由于官方的赈济与学田收入极少，生员们享有的优免也无法与两榜乡绅或乙榜举人相比。"贡、监、生员优免不过百余亩。自优免而外，田多家福者亦并承充。大约两榜乡绅无论官阶及田之多寡，决无签役之事。乙榜则视其官崇卑，多者可免二、三千亩，少者亦千亩。贡生出仕，亦视其官，多者可免千亩，少不过三、五百亩。监生未仕者与生员等，即就选，所赢亦无几也。"①虽然生员有优免权，但极为有限，一些田多家富的生员仍不免承充徭役。②

陈洪绶作为生员，必有一部分经济收入是来自学田。除此他还可以通过祖传田产获得一部分收入。陈洪绶有一首《上禀》："祖泽日告竭，吾亦当知耕。行年三十四，强仕学无成。受养小人力，又无君子名。天岂独私我，而无相夺情。诸子倘不学，宁不堕家声？农事当习观，庶几能治生。"③由"祖泽日告竭"可知陈洪绶祖传田产当有不少，只是因不断变卖而日趋减少。从《闻米价书示佃人鹿头羔羊》："米钱虽贵不须虞，囊里留看一个无。秋月不容尘思对，此心犹要似冰壶"④来看，陈洪绶不仅有田产，还有佃农。田租是陈洪绶的收入来源之一。虽然有了不同渠道的收入来源，但是陈洪绶的家庭负担非常沉重，共有六子二女需要供养。靠政府补贴与田产收入应该是无法维持生计的，卖画也是陈洪绶谋生的手段之一。

陈洪绶一生有三次北京之行，皆与卖画有关。其中第一次北京之行仅知其与三叔（待考）、楼浴玄（诸暨楼氏人）有往来，其他友人不可考。后陈洪绶至天津逗留一段时间，并作诗数百首。在此期间陈洪绶身患重病达五六月之久，病愈后返回家乡。第一次北上，陈洪绶在经济上及政治上

---

① ［清］叶梦珠：《阅世篇》卷6《徭役》，中华书局2007年版，第166页。
② 关于生员的特殊地位及困境参见陈宝良：《明代儒学生员与地方社会》，中国社会科学出版社2005年版，第九章《生员的经济地位》一节。
③ ［明］陈洪绶：《宝纶堂集》卷四，康熙三十年刻本，《清代诗文集汇编》，上海古籍出版社2011年版，第713页上栏。
④ ［明］陈洪绶：《宝纶堂集》卷九，康熙三十年刻本，《清代诗文集汇编》，上海古籍出版社2011年版，第789页上栏。

二、越中赞助人

崇祯五年（1632）陈洪绶第二次北上。在去北京的路上夜泊横市，给妻子写的诗中提到："病中难暂别，况复到天津。嗟我四方志，随依二竖亲。归期早已定，离恨未曾新。横市今宵怨，塘栖明日颦。"①又有《桃源见霜忆内》其五："诗从杖友途中得，寄到楚关泪尽头。深坐霜风如一咏，化为明月照高楼。"其六"寄来锦字叮咛嘱，酒酽花浓归莫迟。阿侬自结神仙眷，曾向平康醉阿谁？"其八"客中万事皆伤感、每到雨中最断肠。只恐归来暮春月，梨花夜雨暗钱塘。"其九"饥来驱我上京华，莫道狂夫不忆家。曾记旧年幽事否？酒香梅小话窗纱。"其十"莫把归期盼断肠，且将归日细思量。柳边马嚼金环响，粉扑啼妆出曲房。"②陈洪绶此次北上只是短暂之行，可能是专门前往北京卖画，解决一家的生计问题。之所以会选择这个时间北上的原因，虽然没有直接的材料可以说明，但是考察陈洪绶友人的行踪，或许与当时有较多的越中友人在北京有关。在陈洪绶的越中友人中与他年龄相仿，而此间又宦游北京的，以倪元璐、祁彪佳与他关系最近。

倪元璐（1593—1644），字玉汝，号鸿宝，又号园客，浙江上虞人，万历三十六年（1608）未经童子试而直应郡县监司三试皆为第一名，秋应浙江乡考为举人。天启二年（1622）第四次参加会试，与黄道周、王铎等三十五人同选为翰林院庶吉士。历迁南京司业，右允中。崇祯十五年（1642）诏起兵部右侍郎兼侍读学士。崇祯甲申（1644），李自成陷京师，倪元璐自缢。《明史》有传，专记其上疏魏珰余党杨维恒，为东林党人辩护之事③。

倪元璐善书法、诗文，亦工绘画。《越画见闻》评其绘画："倪以雄深高浑见魄力，徐以萧疏古淡见风神，廊庙山林原不容并列，况倪有忠义之

---

① ［明］陈洪绶：《宝纶堂集》卷五，康熙三十年刻本，《清代诗文集汇编》，上海古籍出版社2011年版，第735页上栏。
② ［明］陈洪绶：《宝纶堂集》卷九，康熙三十年刻本，《清代诗文集汇编》，上海古籍出版社2011年版，第780页下栏—781页上栏。
③ ［清］张廷玉等撰：《明史·列传第一百五十三·倪元璐》第22册，中华书局1974年版，第6835—6841页。

气，流露毫端去人自远。"①

倪元璐与陈洪绶为好友。陈洪绶第二次北上回浙江时，倪元璐专门送行。陈洪绶为倪元璐画《焦石图》，倪元璐《倪文正公遗稿》有《送陈章侯南归暨阳章侯为余画焦石别志》："不堪云乱雨长离，凄绝蕉风夜动时。此意自难将作赋，江淹多是未曾知。"其二："有我君何易别离，酒浓诗酽夜深时。可当一片韩陵石，归去逢人尽说知。"其三："玉鞭在手眼迷离，是写芭蕉怪石时。供作丹徒书院谱，世间只有米颠知。春明门外草离离，恰好王孙跃马时。归去浣溪人定喜，玉京琼饮莫教知。无多日子痛新离，转眼钱江送客时。看到马忙花闹处，新郎君是旧相知。"②离京后，陈洪绶行至黄河以北的务关，因为倪元璐诗中有讥嘲自己隐事的因素，为了向倪元璐表明心意，陈洪绶写了五首绝句还寄。他在诗题中写道："倪鸿宝太史，以五绝句赠别，内有嘲予隐事者，至河西务关上复寄五绝句。"诗为："两袖清风归去时，家人应有哺糜词。不知饮尽红楼酒，又得先生送别诗。"③卷九还有一首《寄别倪鸿宝太史》："晓月棱棱照别离，相从却在别离时。不须长夜烧灯语，如此离情各自知。"④从诗文中可见两人关系较好。

祁彪佳（1602—1645），字虎子，又字幼文、弘吉，号世培，别号远山堂主人、寓山堂主。浙江山阴人。他自幼跟随在祁承㸁身边，受到父亲的亲身教诲。天启二年（1622）进士，天启三年（1623）冬赴京揭选，得福建兴化府理刑。崇祯七年（1634），因得罪首府周延儒而被迫回到绍兴归养。在此期间，祁彪佳开始建"寓园"，并写《越中园亭记》记绍兴城中园林百余座。崇祯十七年（1644）四月，祁彪佳与史可法同迎福王入南都金陵，福王五月监国。祁彪佳升任都察院右佥御史苏、松巡抚。后马士英诬陷祁彪佳阻难福王登基，又诬祁彪佳家中所建"寓园"为"三吴八闽膏血"等，祁彪佳被迫于顺治元年（1644）十二月引疾归。顺治二年

---

① [清]陶元藻:《越画见闻》，卢辅圣主编:《中国书画全书》上海书画出版社1993年版，第10册，第769页上栏—下栏。
② [明]倪元璐:《倪文正公遗稿》,《四库禁毁丛刊》集部第50册，北京出版社2000年版，第434页上栏—435页下栏。
③ [明]陈洪绶:《宝纶堂集》卷九，康熙三十年刻本，《清代诗文集汇编》，上海古籍出版社2011年版，第778页上栏。
④ [明]陈洪绶:《宝纶堂集》卷九，康熙三十年刻本，《清代诗文集汇编》，上海古籍出版社2011年版，第781页上栏。

（1645）南都被清兵攻破，祁彪佳拒绝清廷礼聘，此年六月沉水自杀。① 祁彪佳还是一位杰出的戏剧家，著有《远山堂曲品》和《远山堂剧品》。

祁彪佳在建造"寓园"期间，曾为了他的"远阁"而向陈洪绶索画，"远阁"在1636年的秋际初步完成。祁彪佳便给张岱去信，请他向陈洪绶索画：

> 小阁初成，欲题以远之一字，无乃涉套否？乞仁兄为我更定，求得章侯兄翰墨，庶使山灵藉之生色也。②

信中交代了两件事情：其一是对于远阁的定名，祁彪佳考虑再三不能决定，便向张岱请教；其二是拜托张岱向陈洪绶求书画，放置于远阁中，以"庶使山灵藉之生色也"。对于这两件拜托张岱之事，祁彪佳很是上心，秋天又写信催促：

> 小阁初成，欲题之以"远"，于取景似矣，而取义未新，或有名为"清古阁"者，以义新而取景又未肖，顾思今之世，安有博奥如仁兄者，而不为弟裁定一佳名乎？伫望赐示，即求章侯翰墨为祷。③

由信中看来祁彪佳没有直接向陈洪绶索画，而是由张岱代为索取。似乎关系并非十分亲近。

到了1637年，祁彪佳亲自向陈洪绶求画。此年三月二十九日《与陈章侯》中写道：

> 向日佳画《乐天图》已为（许豸）索取，渠昨以册叶二幅求妙染，因以所携董、王两先者作式俱送张宗子兄处，并托为致恳，乞即挥毫，可胜驰注。④

---

① [明]祁彪佳：《祁彪佳集》，中华书局1960年版，第235—241页。
② 赵素文：《祁彪佳研究》，浙江大学博士论文2003年，第192页。
③ 赵素文：《祁彪佳研究》，浙江大学博士论文2003年，第192页。
④ 赵素文：《祁彪佳研究》，浙江大学博士论文2003年，第203页。

信中可知陈洪绶为祁彪佳画过一幅《乐天图》，但此画被当时正在杭州为官的许豸拿走。后祁彪佳又在信中恳请陈洪绶能挥毫应承其朋友之托。

祁彪佳在此年还有写给张岱的书信《林居·与张宗子》："两三日内有小役至徐公祖处，章侯兄大笔，不知可即得否，倘未便挥毫，闻有捉刀人，乞仁兄转求，何如？润笔之资望命示奉来，庶得速就耳，诸不尽欲吐。"① 由信中可知，在时间仓促的情况下，祁彪佳为求得陈洪绶的画作，不得不通过张岱寻捉刀之作。

张岱（1597—1679），又名维城，字宗子，又字石公，号陶庵、天孙，别号蝶庵居士，晚号六休居士。浙江山阴人。张岱六岁时跟随祖父张汝霖到杭州，才华得到文人陈继儒赞赏。张岱在二十岁左右考中秀才。但他省试几次都败北。有具体记载的是其1636年3月到杭州乡试，因为"格不入试"而败北。②《山阴县志》记张岱"好结纳海内胜流。园林诗酒之社，必颉颃其间。家累世通显，服食豪奢，蓄梨园数部，日聚诸明士度曲徵歌，诙谐杂进及间以古事挑之，则自四部七略以至唐、宋说家荟萃琐屑之书，靡不该悉。明亡，避乱剡溪山。素不治生产，至是家益落，故交朋辈多死亡，葛巾野服，意绪苍凉，语及少壮秾华，自谓梦境。著书十余种，率以梦名。而石匮书纪明代三百年事，尤多异闻。后谷应泰提学浙江，购得之，为纪事本末。年六十九卒"。③ 由此可知，张岱青年时期好结交友人、喜结诗社、爱好戏剧，且学问广博。明亡后隐居剡溪山，著述极多。张岱在《祭周戬伯文》中说："余独邀天之幸，凡生平所遇，常多知己……余好诗词，则有王予庵、王白岳、张毅儒为诗学知己。余好书画，则有陈章侯、姚简叔为字画知己……"④ 由此可知，张岱与陈洪绶为书画知己，关系极好。

陈洪绶的很多绘画创作都与张岱有关。其版画《水浒叶子》就是应张岱之请而作。张岱《陶庵梦忆》卷六"水浒牌"一则中记载了创作缘由：

---

① 赵素文：《祁彪佳研究》，浙江大学博士论文2003年，第203页。
② 胡益民：《张岱评传》，南京大学出版社2002年版，第38页。
③ ［清］徐元梅、朱文翰等纂修：《嘉庆山阴县志》，《中国地方志集成·浙江省专辑》第37册，上海书店1993年版，第718页下栏。
④ ［明］张岱著，云告点校：《琅嬛文集》，岳麓书社1985年版，第274—275页。

"画《水浒》四十人，为孔嘉八口计。遂使宋江兄弟，复睹汉官威仪。"① 又张岱《琅嬛文集》中《蛾眉山》记："蛾眉为八山之一，然实不见山。越之人恒取蛾眉土谷祠几下一块顽石，以足八山之数。……天启五年，姑苏周孔嘉僦居于轩亭之北，余每至其家，剧谈竟日。"② 知周孔嘉为张岱友人，并曾于天启五年居于绍兴，两人关系甚好。陈洪绶应张岱之请，为接济周孔嘉一家八口之生计，专门创作了版画《水浒叶子》。

张岱手中有陈洪绶百余幅作品。《琅嬛文集》中《与陈章侯》："晓起，简笥中有章侯未完之画百有十帧。一日完一帧，亦得百有十日。况其中笔墨精工，有数十日不能完一帧者；计其岁月，屈指难尽。弟见之，徒有浩叹而已。文与可画竹，见人多持缣素而请者。与可厌之，投诸地而骂曰：'吾将以为袜'。缣素纯白。尚中袜材。兄所遗，涂抹殆遍。一幅鹅溪，不堪为妇作裈。弟之双荷叶，又不善收藏。以此无用之物，虽待添丁长付之无益也。兄将何法，用以处我？"③ 信中道尽张岱拿着陈洪绶百幅作品的无奈之情，却清晰地显示了陈洪绶与张岱在书画上的密切关系。

再由祁彪佳与张岱、陈洪绶的书信内容来看，祁彪佳经常通过张岱获得陈洪绶的作品，有一些收藏家及买家则通过祁彪佳向陈洪绶索画，陈洪绶的作品也被祁彪佳作为礼物赠送他人。另外，祁彪佳所写《祁忠敏公日记》中，与陈洪绶交往的记录非常有限，可知两人的关系似乎并不亲近，他们之间的交往应该是以书画交易为主。

陈洪绶在杭州曾参加了收藏家汪汝谦画舫"不系园"之聚会，其中在座者有好友张岱、画家曾鲸及伶人、琴师诸人。虽未见陈洪绶与汪汝谦有更多交往，但汪汝谦与陈洪绶的友人蓝瑛、祁彪佳、周亮工来往密切。

蓝瑛《行书五律诗扇》（四川省博物馆藏）款："汪然明宴集生翁老祖台并诸同社即席请正。"④ 可知蓝瑛曾为汪汝谦之座上客。

祁彪佳与汪汝谦的关系十分密切，他在修建寓园期间，经常同汪汝谦商讨寓园修建事宜。崇祯三年庚午（1630）有《与汪然明》函，云："顷

---

① ［明］张岱著，夏咸淳、程维荣校注：《陶庵梦忆·西湖梦寻》，上海古籍出版社2001年版，第99—100页。此文也见于李一氓旧藏本《水浒叶子》卷首，为张岱书"缘起"，文字缺损较多。
② ［明］张岱著，云告点校：《琅嬛文集》，岳麓书社1985年版，第92页。
③ ［明］张岱著，云告点校：《琅嬛文集》，岳麓书社1985年版，第141页。
④ ［清］蓝瑛：《行书五律诗扇》扇页 金笺 四川省博物馆藏。

承示料账,已极精确。但贫儿制作,终以工费不副为虑,乃与二匠先减其规制,以弟意约筹之,如所具之单之数。至于木料与工价、木价,皆彼匠口报者,数甚有浮,今乞仁兄先减其料,次减其价,又次减其工,约在一百六十金之内。则弟可藉尊裁,而小庄庶有告成之日矣。候大教,乞即惠示为感。"① 由此信可知,汪汝谦专门负责采购修建寓园之材料。

崇祯八年乙亥(1635)五月十四日,祁彪佳到达杭州,十七日晚赴席,与沈德符、汪汝谦、王元寿等共观《双串记》。②

又崇祯八年(1635)有《与汪然明》函云:"裱褙法书者,旦暮可得过舍否。□来无定期,乞仁兄一字,弟觅便将寄促之,何如?佳刻若印就,祁见惠为祷。"③

以上诸多材料显示祁彪佳与汪汝谦不仅是书画往来的关系,应当还是较好的朋友。

汪汝谦与周亮工也有往来。《与周靖公》函:"人多以湖游怯见月,诮虎林人,其实不然。三十年前虎林王谢子弟,多好夜游看花,选妓徵歌,集于六桥。一树桃花一角灯,风来生动,如烛龙欲飞,较秦淮五日灯船,尤为旷丽。沧桑变后,且变为饮马之池,昼游者尚多畏缩,欲不早归不得矣。"④ 此信写于明亡后,内容是汪汝谦回忆杭州在前朝之繁华盛景,感叹世事沧桑巨变。

汪汝谦作为杭州收藏家与陈洪绶之友人多有往来,尤其与祁彪佳的关系密切,陈洪绶应是通过这些友人与之相识。

还有一些收藏家通过祁彪佳来获得陈洪绶的作品,如曾任杭州浙江按察佥事的福建籍官员许豸,他便很喜欢陈洪绶的古佛像。许豸(1595—1640)⑤,字玉史,一曰玉斧,号平远,福建侯官人。明崇祯四年(1631)进士。历户部郎、浙江宁绍道、提学副使、左参政。⑥

---

① 赵素文:《祁彪佳研究》,浙江大学博士论文2003年,第149页。
② 赵素文:《祁彪佳研究》,浙江大学博士论文2003年,第181页。
③ 赵素文:《祁彪佳研究》,浙江大学博士论文2003年,第195页。
④ [清]周亮工辑:《尺牍新钞》二,商务印书馆发行中华民国二十五年六月初版,第104页。
⑤ 赵素文:《祁彪佳研究》,浙江大学博士论文2003年,第241页作者讨论了许豸卒年。
⑥ 单锦珩:《李渔交游考》,《李渔全集》第十九卷,浙江古籍出版社2010年版,第151页。

许豸与祁彪佳关系甚好，崇祯十一年戊寅（1638）祁彪佳有《与许平远公祖》：

> 向得倪迂一画，鉴赏家以为真迹，并董玄宰晚年得意笔，敬再呈邺架，伏乞俯存。至先严二扇，属徐灵长所书，敝乡书法颇重此公，并奉为宝斋清玩。①

同年又有《与张宗子》函云：

> 初五日许平远公祖过小山，弟面颂仁兄才学，渠先于《寓山志》中神往矣。令三叔三峨翁之书彼犹未见，俟其武林旋时正可晤于身次也。但此君酷好名人书画，扇面及章侯画佛像，须觅一二致之耳。十六景恳求珠玉，诸容奉叩新禧，以悉缕缕。②

由信中可知，许豸喜欢收藏，在杭州为官时，祁彪佳是他的提供人。祁彪佳曾为许豸提供过倪瓒、董其昌的书画作品。许豸钟情于陈洪绶所画佛像，祁彪佳便通过张岱的关系，为许豸获取。许豸子许友与祁彪佳也关系较好，祁彪佳在崇祯十四年辛巳（1641）十月初七，得到许友相赠的诗作、字画。③

陈洪绶与杭州一些人士的书画交往，多是祁彪佳在其中牵线搭桥，可见祁彪佳也当是陈洪绶较为主要的书画赞助人。

祁彪佳于崇祯四年（1631）二月，前往北京参加候补官员的考试，并在十月擢为御史台，后留北京直至崇祯六年（1633）三月赴苏松任巡按职位，与陈洪绶离开北京时间一致。

在祁彪佳与陈洪绶同在北京的时间里，虽然没有他们交往的记录，但祁彪佳壬申年（1632）的日记中所记多位越中友人都是陈洪绶的朋友：

> 七月初三……后商綗思来，予别之先出……

---

① 赵素文：《祁彪佳研究》，浙江大学博士论文2003年，第214页。
② 赵素文：《祁彪佳研究》，浙江大学博士论文2003年，第214页。
③ 赵素文：《祁彪佳研究》，浙江大学博士论文2003年，第246页。

七月初九……晤赵景毅、商絅思、颜太屏……

　　七月十九……朱佩南招，在净业寺之左，同席为何象岗、张三 羡、张尔唯，观小戏，如弄瓦等技……

　　七月二十八……予晤马巽倩，讫即出晤张三羡……

　　八月初三日天雨早出，至城北之药王庙会，估禁城工料，马巽倩与 两中贵先在，王尊五后来……

　　八月初六……问倪鸿宝病……

　　八月初十……访倪鸿宝……

　　八月十八……晤……马巽倩……

　　八月二十六……再晤董思白、吴金堂、吴期生、何君光……

　　九月初一……访倪鸿宝归……

　　十月初九……与张君平、朱集庵游卧佛寺……

　　十一月初三……于稽山会馆会吴祖洲、吴金堂、章羽侯、张三 羡、朱佩南、马巽倩、朱集庵，与茹刘二友议会堂事，吴慎旂后至， 张尔唯亦来……①

　　祁彪佳在此年交往的越中友人中张三羡，名张炳芳，是张岱之三叔， 未见与陈洪绶交往记录。另外马权奇、商絅思、张学曾、倪元璐、吴期 生、朱集庵则都与陈洪绶有交往，其中大多数人在明亡后都对陈洪绶有过 经济上的帮助。

　　马权奇，字巽倩。《乾隆绍兴府志》中记："马权奇，字巽倩，会稽 人。幼负奇气，受易董中峰玘曾孙懋策门下。事母极孝。辛未成进士，授 工部主事，司琉璃厂。与阉宦相抵牾为所中，后事白，得释。家素贫，复 不能事家人产业。惟饮酒读书，手丹铅不辍。国变避兵，死于田间，所著 有《易经解》《诗经志》《麟经志》《老子解》《名臣言行录》诸书。"②又《皇 明遗民传》卷二："马权奇，字奕绪，会稽人。崇祯辛未进士，官兵部主 事。权奇既才，高人多奇之。甫阅仕版，坐事在系者数月，縶维邸舍者三

---

① ［明］祁彪佳撰：《祁忠敏公日记》，北京图书馆古籍出版编辑组编：《北京图书馆古籍珍本 丛刊》第20期，北京图书馆1998年版，第603—622页。

② ［清］李亨特修，［清］平恕、徐嵩纂：《乾隆绍兴府志》，《中国地方志集成·浙江省专 辑》第39册，上海书店1993年版，第252页上栏。

年，后事白飯里。因成《尺木堂学易志》。其说皆诠解大旨，不规矩于训诂。盖忧患之余，借抒愤懑者。"① 两材料出入过多，《皇明遗民传》记"兵部主事"为误。马权奇为《张深之先生正北西厢》作序，陈洪绶代书。崇祯癸酉年（1633）夏，孟称舜编辑《古今名剧合选》，马权奇评点《酹江集》中《残唐再创》一种。马权奇与陈洪绶、孟称舜为戏剧友人。

商道安，字绷思。② 生平待考。在明亡后曾多次接济陈洪绶，《宝纶堂集》卷五有《寄谢商绷思饷米兼答画观音》："安受同人惠，报惟笔墨谋。此君常见笑，令我不能酬。米贵遥分饷，佛图聊尔投。贫儿原感易，兵燹更相周。"③《过商绷思索酒》："山林反怔扰，城市稍平安。忧患软缠久，令人容易欢。园翁田舍酒，村馆腐儒餐。出郭关门早，山杯商子宽。"④ 陈洪绶丙戌年（1646）有《避难诗》一卷，其《作饭行》序云："山中日波波三顿，鬻图画之指腕为痛焉，儿子犹悲思一顿饭，悲声时出户庭，予闻之凄然，若为不闻也者。商绷思闻之，以米见饷，此毋望之福也，犹不与儿子共享毋望之福哉？乃作一顿饭，儿子便欢喜踊跃，歌声亦时出户庭。今小民苦官兵淫杀有日矣，犹不感半古之事功否？感赋。"⑤

朱集庵在明亡后与陈洪绶一起避难会稽山中，并且两人关系极为要好，《宝纶堂集》有《对朱集庵言贫》《怀朱集老》《九日与朱集庵坐云门赋二诗复属和少陵秋兴八首一律随书叙癸未离京至今日行藏》《送朱集庵暂还禹陵》《寄朱集庵》《再访朱集庵于禹陵》《得朱集庵书喜当即至却寄》《闻朱集庵将就予山居时无钱卖酒却感》《九日与朱集庵卧病云门命鹜子劝酒却书》等多首诗，诗中皆透露出陈洪绶与朱集庵之深厚情谊。

吴期生也在明亡后对陈洪绶有经济支持。《宝纶堂集》有《寄谢祁季超赠移家之赀复致书吴期生为余卖画地时余留其山庄两月余》："翠羽脱机至，相留两月余。时时闻佛法，事事教山居。赠以移家费，由通前路书。

---

① 谢正光，范金民编：《明遗民录汇辑》，南京大学出版社1995年版，第582页。
② ［明］陈洪绶：《宝纶堂集》卷三，康熙三十年刻本，《清代诗文集汇编》，上海古籍出版社2011年版，第698页下栏有《题商绷思放生册》："商道安与其寿夫人当今之优婆塞……"，可知商道安字绷思。
③ ［明］陈洪绶：《宝纶堂集》卷五，康熙三十年刻本，《清代诗文集汇编》，上海古籍出版社2011年版，第728页上栏。
④ ［明］陈洪绶：《宝纶堂集》卷五，康熙三十年刻本，《清代诗文集汇编》，上海古籍出版社2011年版，第732页下栏。
⑤ 吴敢点校：《陈洪绶集》，浙江古籍出版社1994年版，第374页。

一人三致意，自处欲何如。"①

张学曾，字尔唯，号约庵，山阴人。官太守。②陈洪绶《宝纶堂集》卷九《饮张尔唯寓中》："病中着意断乡思，留得形骸到此时。更喜精神还未散，犹能强饮复敲诗。"从文中可知两人有交往。③

虽然目前没有直接的材料说明陈洪绶第二次在北京的情况，但是陈洪绶第二次上北京及离开北京的时间皆与祁彪佳在京时间吻合，又有多位明亡后对他进行经济赞助的越中人士在京，由此或能为对陈洪绶在京情况的深入研究提供线索。

三、北京赞助人

陈洪绶崇祯十三年（1940）正月北上，此次在北京的主要友人除了老师黄道周和刘宗周，还有周亮工、金堡、伍瑞隆、黄澍等。

周亮工（1612—1672），字元亮，又字减斋、伯安，号、堂名甚多，如栎园、陶庵、学陶等。河南祥符人。天启四年（1624）十三岁时跟随父亲到诸暨，崇祯十三年（1640）考中第三甲一百二十八名。与金堡、方以智为同榜进士。次年任山东潍县令。因政绩卓著，百姓为其建"生祠"。崇祯十六年（1643），举天下孝廉卓吏十人入京，周亮工在其列。次年，周亮工被授为浙江道监察御史。授职后，李自成攻陷北京。欲投缳自杀，为家人救下。后在南明马士英手下任职，因马欲弹劾刘宗周而带父母隐居牛首山。顺治二年（1645），周亮工降清，以原官身份招抚两淮。次年调扬州兵备道，任海防兵备参政，在扬州广交名士、诗人、书画家和印人。顺治四年（1647）被提升为福建按察使。后因"莫须有"罪名入狱。冤情大白后以"金宪"起用，补青州海防道。康熙八年（1669）漕运总都颜保弹劾其纵役侵扣漕款，得旨革职查办。次年获释。后生"拂衣之志"，在江宁，游吴越、扬州。周亮工著书颇多，有四十余种。周亮工在其子周在浚刊刻《删订赖古堂诗》后，又将其焚毁。现存世《赖古堂集》为周在浚

---

① ［明］陈洪绶：《宝纶堂集》卷五，康熙三十年刻本，《清代诗文集汇编》，上海古籍出版社2011年版，第723页上栏。

② ［清］周亮工：《读画录》，卢辅圣主编：《中国书画全书》第七册，上海书画出版社1993年版，第955页上栏。

③ ［明］陈洪绶：《宝纶堂集》卷九，康熙三十年刻本，《清代诗文集汇编》，上海古籍出版社2011年版，第796页下栏。

搜辑遗稿而成。周亮工喜结交书画篆刻之友，所著《读画录》记李日华至章縠七十六人传。《印人传》记印人六十九人。①

周亮工随父亲至诸暨为官，十三岁与陈洪绶定交，为陈洪绶忘年好友。周亮工在《读画录》中记："辛巳余谒选，再见于都门，同金道隐、伍铁山诸君子结诗社。章侯谬好余诗，遂成莫逆交。余方赴潍，章侯遽作《归去图》相赠，可识其旷怀矣。"②可知在北京周亮工是陈洪绶最好的朋友。而以周亮工为核心的北京文化圈中的人物，又都成了陈洪绶的好友，并与陈洪绶多有书画往来。

金堡（1614—1681），字道隐，号卫公，法名性因、今释，又号舵石翁。仁和（今杭州）人。崇祯十三年（1640）进士，曾官临清知周。因得罪上司，被迫引疾病归里。顺治二年（1645）杭州失守后，金堡偕原都督同知姚志卓起兵抗清，势孤而败。后唐王在福建自立，号隆武帝，金堡被授兵科给事中，因为母服丧，坚辞不受。隆武帝死，桂王在广西自立，号永历帝。永历二年（1648），金堡赴广西，任礼科给事中。年末，桂林为清兵所破，金堡于是削发为僧，初取名性因，之后投到广州雷锋寺函是和尚门下，又名澹归。金堡在这之后任广东韶州（今韶关市）辟丹霞寺住持，又名今释，号舵石翁。为周亮工好友。

金堡《徧行堂集》卷二十四有《与周元亮侍郎》："止安过虔州，得一相见，匆匆而别，漫寄数行。不暇及寒温语。吾兄于死中得生，弟亦生中得死。打鼓弄琵琶，正是吾两人相见处。十余年之久，数千里之远，无一丝毫隔，亦着不得寒温语也。山刻五种寄正，不妨于此中一到丹霞枨联床，几夜闲话，余惟珍重为天下自爱不一一。"③信中寄语两人深厚友情，又共同探讨伍瑞隆所刻之书，可见周亮工、金堡、伍瑞隆等作为诗社友人相交甚好，金堡应是通过周亮工结识陈洪绶的。

金堡收藏有陈洪绶画作多幅，《读画录》记："黄仲霖曰：予以癸未别章侯于燕，明年从金道隐邮筒得章侯书并书画扇，意存谆戒，惟此老自无

---

① 朱天曙：《周亮工及其〈印人传〉》，南京艺术学院2006年研究生博士论文，第7—36页。
② 吴敢点校：《陈洪绶集》，浙江古籍出版社1994年版，第598—599页。
③ ［清］金堡：《徧行堂集》卷二十四，《四库禁毁书丛刊》集部第127册，北京出版社2000年版，第531页上栏。

雷同语耳。"① 金堡《徧行堂集》中有《陈章侯画赞》:"琴不发声,石无留响,此老嗒然,作天际真人之想。即扶杖候鼎之童子,或一动而一静,皆不来而不往,非章侯之神游八极者,岂能合真画于磅礴,得玄珠于象罔耶?"②又有《是夜诗成故友陈章侯入梦予藏章侯山水出与孝山融谷观之》:"赤壁懔陵碧水环,白云终古未曾开。三千里外山中画,二十年前画里山。弱草栖尘当处尽,空梁落月一时还。老来不复重提起,只为全身在此间。"③

金堡画友俞仲钦也学陈洪绶之绘画风格。《徧行堂集》中有《俞仲钦字画颇似章侯》:"未过梅岭思莲子(章侯小字),不画金仙赋玉楼。笔墨乍看人尚在,山河已邈泪难收。敢教二老风流减,欲搏双雕气势遒。颠倒老兵寻比海,何妨翻案出西州。"④

明亡后,陈洪绶《宝纶堂集》卷五《道隐书来道周元亮见怀却忆》:"怀从良友写,书自贼中来。乱世盟新好,天崩困美才。子情我已悉,我意子能猜。得与先生过,云门辟草莱。"⑤此诗说明陈洪绶通过金堡的书信知周亮工出仕之消息,陈洪绶虽然知道周亮工是因"天崩困美才"而出仕,但"我意子能猜"显示他并不赞同周亮工出仕之举。陈洪绶将金堡称为是"良友",显示了两人明亡后较好关系。《宝纶堂集》卷八《还自武林寄金子偕隐横山》写陈洪绶专邀金堡一同归隐:"同梦禅栖家不移,便将结想当身为。非能大隐居朝市,难与空林礼道师。曲院荷花君弄石,芴乩山水我歌诗,虽然各自寻幽事,那用邮筒各自知。"⑥从中可知金堡是陈洪绶在北京时的又一好友。

---

① 吴敢点校:《陈洪绶集》,浙江古籍出版社1994年版,第599—600页。
② [清]金堡:《徧行堂集》卷十四,《四库禁毁书丛刊》集部第127册,北京出版社2000年版,第334页下栏。
③ [清]金堡:《徧行堂集》卷三十六,《四库禁毁书丛刊》集部第128册,北京出版社2000年版,第58页上栏。
④ [清]金堡:《徧行堂集》卷三十四,《四库禁毁书丛刊》集部第128册,北京出版社2000年版,第29页上栏。
⑤ [明]陈洪绶:《宝纶堂集》卷五,康熙三十年刻本,《清代诗文集汇编》,上海古籍出版社2011年版,第728页下栏。
⑥ [明]陈洪绶:《宝纶堂集》卷八,康熙三十年刻本,《清代诗文集汇编》,上海古籍出版社2011年版,第763页上栏—下栏。

黄澍，字仲霖，次公，劬庵，浙江钱塘籍，江南休宁人。①崇祯丁丑进士（1637），官至湖广巡按。明亡后降清。陈寅恪《柳如是别传》中有考黄澍条："丙子举浙闱，丁丑登进士，授河南开封推官，以固守功，擢御史，巡按湖广，监左良玉军。甲申弘光立。六月二十日丙子澍同承天守备太监何志孔入朝，求召对。既入见，澍面纠马士英权奸误国，泪随语下，上大感动。"又："乙酉大兵下徽州，闽相黄道周拒于徽州之高堰桥。自晨至暮，斩获颇多，澍以本部邑人，习知桥下水深浅不齐，密引大清骑三十，由浅渚渡，突出闽兵后，骤见骇甚，遂溃。徽人无不唾骂澍者。后官于闽，谋掳郑成功家属，以致边患，遂罢。"②由此知黄澍曾与黄道周在徽州有过一战。

金堡《徧行堂集》中有《与黄仲霖御史》："二十余年不相闻问，山中人心虽灰冷，然时时不忘仲霖。盖弟与吾兄自有放开双眼格外相酬之处，非世间所知也。顷以石鉴禅师之便，率附数行。有兴亦不妨答几字庶慰积念。石鉴法嗣雷峰，雷峰天然和尚弟所从禀戒，在其会下极久，门风高峻，而石鉴又杰出。今住栖贤，欲重兴祖庭。吾兄向尝往来于匡卢法城外，护所望英灵汉子，不小知近来所处，非具足之境。然以笔墨口舌而作佛事，则非吾兄所可辞也。拙刻五种，博笑有缘，尚图相见，惟顺时珍摄为祝。"③可见黄澍与金道隐关系极好。

又《读画录》记："予以癸未别章侯于燕……予（黄澍）薄命人，章侯一点一画，俱历兵火，不复仅存。异日不向生鲁乞图，即向栎园乞册耳。"④黄澍与陈洪绶应是通过周亮工、金道隐之关系相识，且手中也有陈洪绶书画作品，明亡后两人还保持有联络。

伍瑞隆（1585—1666），字开国，又字铁山，号鸠艾山人，亦署鸠艾二山道民。香山人，天启辛酉（1621）北京乡试解元。崇祯十年丁丑（1637）科幅榜，任化州教谕，此年改授化州学正，聘修高州郡志。崇祯十四年（1641）提升翰林院待诏，先后调升户部主事、员外郎、河南大梁

---

① [清]周亮工：《结邻集》卷六，《周亮工集》第12册，凤凰出版社2008年版，黄澍《与周栎园书》附其小传，第448页。
② 陈寅恪：《柳如是别传》，三联书店2009年版，第1048页。
③ [清]金堡：《徧行堂集》卷二一五，《四库禁毁书丛刊》集部第127册，北京出版社2000年版，第548页上栏。
④ 吴敢点校：《陈洪绶集》，浙江古籍出版社1994年版，第599—600页。

兵备道、兼署后仕河南巡道、藩臬两司。崇祯十七年（1644）游黄山，客居南京，与金陵名士结社，抨击马士英、阮大铖。南明唐王朱聿鐭绍武元年（1646），为绍武帝特进太仆寺正卿，中议大夫。清兵入广州时，伍瑞隆被捕，后放还，归故里，结庐于鸠、艾两山之间隐居。善写牡丹，工书。①与周亮工、金堡等为好友。

金堡《徧行堂集》有《题伍铁山牡丹》："伍铁山画，凌澹癯藏，是吾老友，各不寻常。忽然相直，喜非生客借汝池中一点水墨。三十年来举起分明，恰有两句妙绝天成，郑谷乱后牡丹诗云：赖是蓬蒿力，遮藏见太平。"②又有《为伍铁山题画》："蓬松丈笔为题诗，颠倒云山抹大痴。莫道炎州无雪色，别来须鬓白于丝"。又："铁骨生成不受降，海山惨淡落云幢。冰凌只照孤行客，醉眼低迷影一双。"③

陈洪绶《宝纶堂集》有《前题寄伍铁山》："瘴海停云，水阔线雨，征人驿骚，先生不阻。越水吴山，石琴自抚，佛国仙居，松云闲仵。"④可知陈洪绶离开北京后两人仍保持联络，关系较好。

这些北京友人对陈洪绶的画作都评价极高，如金堡评陈洪绶画："非章侯之神游八极者，岂能合真画于磅礴，得玄珠于象罔耶？"⑤黄澍评："己丑过虎林，从南生鲁署见章侯为作写生图数十种，雄奇凸凹，予谓吾党当为老迟惜此腕，不令复作。"⑥又有周亮工友人曹秋岳说："老莲道友，布墨有法。世人往往怪之，彼方坐卧古人，岂顾馀子好恶。"⑦考曹溶之行状，曹溶（1613—1685），字秋岳，一字洁躬，亦作鉴躬，号倦圃、钼菜翁，秀水（今浙江嘉兴）人。明崇祯十年（1637）进士，官御史。尝劾辅臣谢升，又熊开元参周延儒遭廷杖，溶疏白其冤。可知曹溶与陈洪绶同在北京，与周亮工同朝为官，两人为友人。

---

① 黄涌泉：《陈洪绶年谱》，人民美术出版社1960年版，第68页。
② [清]金堡：《徧行堂集》卷十六，《四库禁毁书丛刊》集部第127册，北京出版社2000年版，第370页下栏。
③ [清]金堡：《徧行堂集》卷四一，《四库禁毁书丛刊》集部第128册，北京出版社2000年版，第132页上栏—下栏。
④ 吴敢点校：《陈洪绶集》，浙江古籍出版社1994年版，第44页。
⑤ [清]金堡：《徧行堂集》卷十四，《四库禁毁书丛刊》集部第127册，北京出版社2000年版，第334页下栏。
⑥ 吴敢点校：《陈洪绶集》，浙江古籍出版社1994年版，第600页。
⑦ 吴敢点校：《陈洪绶集》，浙江古籍出版社1994年版，第599页。

陈洪绶在北京有"名满长安"之盛况,"一时公卿识面为荣,然其所重者,亦书耳画耳。得其片纸只字,珍若圭璧,辄相矜夸,谓:'吾已得交章侯矣。'"①一方面与其为中书舍人,得观大内画,画益精进有直接关系,另一方面与以周亮工为中心之北京友人对其画之推崇有极大关系。

　　陈洪绶通过周亮工之关系还与福建画家许友(约1620—1663)建立友谊。许友字有介,更名眉,字介寿。侯官人。周亮工《印人传》:"予(周亮工)入闽即首访君,颇为文酒之会,然与君数有离合……君为予累逮入都门,后无恙归,别予去复多所离合久之,遂无闻言矣。君归未数年即殁。其殁也,盖只四十余。"②知许友与周亮工为生死之交。许友在福建负有画名,"君既负盛名,闽士多造之,恒不报谒亦不省来者为谁,以故人多憾之。即与君暱者,亦退多,后言君,但自放于酒一切弗问也"。③许友"作字初喜诸暨陈洪绶,后变而从米颜。"许友为许豸之子,许豸在杭州时通过祁彪佳获陈洪绶画作,许友当通过父亲的收藏学习陈洪绶书画。许豸也喜藏陈氏书画,他曾写信给周亮工述说未见陈氏花草册的焦虑之情:"章侯花草册,忽觅又不得,令人背热。数当迟见一日耶,容细搜以请。"④陈洪绶顺治七年(1650)为周亮工专门创作了《陶渊明归去来图》,卷后题:"庚寅夏仲,周栎老见索。夏季林仲青所,萧数青理笔墨於定香桥下。冬仲却寄栎老,当示我许友老。老迟洪绶,名儒设色。"⑤知许友通过周亮工的关系与陈洪绶成为书画友人。

　　从陈洪绶在北京的交往来看,他的好友周亮工、金堡等人对他书画的大力推崇是帮助陈洪绶在北京绘画名声上升,乃至最后入宫临摹历代帝王像的重要因素。另外陈洪绶通过周亮工,与福建画家许友建立了联系,这也扩大了陈洪绶在全国的影响力。

---

　　① 吴敢点校:《陈洪绶集》,浙江古籍出版社1994年版,第587页。
　　② [清]周亮工、王启淑撰:《印人传·续印人传》卷一,江苏广陵古籍刻印社1998年版,第4a—5a页。
　　③ [清]周亮工、王启淑撰:《印人传·续印人传》卷一,江苏广陵古籍刻印社1998年版,第4a—5a页。
　　④ [清]周亮工辑:《尺牍新钞》四,商务印书馆发行中华民国二十五年六月初版,第274页。
　　⑤ [明]陈洪绶:《陶渊明归去来图》长卷 绢本 设色 30.3厘米×308厘米 美国檀香山美术学院藏。

第三节 "书画耻流传"

虽然陈洪绶已经是名动京城，但他并不甘心做"簪笔"之臣，而是辞官回乡。从陈洪绶的诗文中可以明确地感受到他对自己从事画业的不满。

《宝纶堂集》卷四有《寄来季》一诗：

> 君行栖南山，我尚守尘市。君行澄道源，我尚逐浮气。
> 日来戒彝酒，即饮无十觯。读书日十篇，考订五六字。
> 晓课朝暾先，夜课炷香寐。怡颜止复园，喧嚣绝不至。
> 塞耳朝家言，但究身心事。日惕齿舌箴，嫚骂戒匪是。
> 精神觉收敛，心气防恣肆。或有长进机，弗闲于道义。
> 昨夜梦醒时，悲叹年非稚。三旬倏忽来，四旬如鞭辔。
> 筋力欲衰惫，毛发必成二。功业隳前人，著书无所积。
> 老朽听鸡鸣，冷风吹眼泪。虽无冻馁忧，死同犬豕豨。
> 书画耻流传，壮猷悲无寄。起坐槌心胸，涕泗不能睡。
> 忆君教诲言，女曹多欲嗜。一落声色中，滑正坏厥智。
> 外骛虽穷尽，激励如抟鸷。何途不可穷，所患者跛迹。
> 圣贤尚有师，我胡失指示。幸将所著文，时时授我识。
> 二月载生魄，我来慰君思。连床半月归，秋天复可迟。
> 我如不得来，君来慰我志，踪迹莫疏远，弗为古人愧。①

诗中"功业隳前人，著书无所积""书画耻流传，壮猷悲无寄"等句表明了陈洪绶一种极为矛盾的心理。作为文人在功名上没有收获，绘画只是卖画为生的被迫之举，不能够作为实现理想的途径。陈洪绶这种"书画耻流传"的心态与他追求仕途的强烈抱负，以及文人看重文人画家与职业画家之别有直接的关系。

陈洪绶作为生员，他虽然是卖画为生，但并非普通百姓，与身为布衣平民的职业画家比较起来，属于特权阶层的一员。同时，生员一旦入学便

---

① ［明］陈洪绶：《宝纶堂集》卷四，康熙三十年刻本，《清代诗文集汇编》，上海古籍出版社 2011 年版，第 704 页下栏—705 页上栏。

要面临各种课业及各种考试,不能像职业画家那样专以卖画为业。

生员需面临教官的日课、月考,提携官的季考,以及提学院道官员的岁考、科考,院台的"观风"等。其中院台的观风是一种有选择性的考试,并不需要全体生员参加之外,其他的考试生员必须参加,不可缺考。

按照明代地方学校教法,学校中生员的习学次第,大体如下:清晨,讲明经史,学律;饭后,学书、礼、乐、算;未时,学习弓弩,教使器棒、举演重石。学此数件后,如果还有余暇,又愿意学习诏、诰、表、笺、疏、议、碑、传、记各类文体者,听从其便。明代中后期以后,礼、乐、书、算、律、射,除了偶一行之外,基本独具空文。生员习业,只有以下三种:一是"讲业"。朔、望谒庙毕,升堂讲书;二是"文字业"。月杪,群弟子试于学官,而别其可否。余日令弟子各立会课,而察其勤惰。三是"读书业"。在其余日,提学道发书程汇编,责令生员记诵。而学官对生员学业的考试,亦仅有日课、月考。所谓日课,即学官每日对生员的例行课业。每日学官公座,生员画卯酉。诸生等升堂完毕,即各退就自己学舍。及夜,诸生各就舍诵读,学官时或临学。凡一月中三、六、九日学官进诸生于堂,讲书作文。所谓月考,即在日课及三、六、九日作课的基础上,每至月末,教官汇集生员,当堂考试一次。

照例来说,日课需常日举行、月考也必每月一次。然日课、月考,供费均无所措。设若诸生自备,则势甚不便。教官轮办,则力又不能,以致每月月考,仅多一隽,甚至数月一考,课程也日疏。除去日课与月考外,府、州、县地方有司,对地方学校均有提调之责任。一要进行朔望讲书。每月朔、望,府、州、县官率学官及诸生谒先师庙。谒毕,进诸生于堂,如令讲学。二季考。每遇季月,提调官亲自考校学生,分别等第,量行赏罚。然后将等第名次及优、劣生各二三卷,送提学院道官审阅。

到了晚明,实际情况是生员大多惰懒,疏于参加各种考试。当然他们尽管可以不参加提携官的季考,御史的观风,然必须参加督学使者的岁试、科试,因为这两种考试一系生员的黜陟,一系生员科名的进取。此外生员即使可以不参加众多的考试,也并非因此可以说他们有相当大的自由,可以一任所为。若生员外出游学,必须获得学官的批准。①

---

① 陈宝良:《明代儒学生员与地方社会》,中国社会科学院出版社2005年版,第236—261页。

作为地方学校的生员，陈洪绶必须每年参加岁考及三年一度的科考，也就不可能像职业画家那样专门以画为业了。应该说陈洪绶与职业画家有着不同的文人身份。

陈洪绶"书画耻流传"的观念与中国历代以来对职业画家的歧视也有着直接的关系。唐代张彦远《历代名画记》有阎立本告诫子孙："吾少好读书属辞，今独以丹青见知，躬厮役之务，辱莫大焉。尔宜深戒，勿习此艺。"①刘道醇《圣朝名画录》中载李成故事："开宝中孙四皓者延四方之士，知成妙手不可遽得，以书招之，成曰：'吾儒者粗识去就，性爱山水，弄笔自适耳，岂能奔走豪士之门，与工技同处哉！遂不应。'"②由此可知，在阎立本、李成看来托迹帝室侯门，躬厮役之务，与工技同处，都是对他们莫大的耻辱。若要与工技区分，则须如张彦远所说："自古善画者，莫非衣冠贵胄，逸士高人，振妙一时，传芳千祀，非闾阎鄙贱之所能为也。"此说将画家分为两类，即士大夫画与普通画工之画。这种将画家等级化的做法，一直延续到了明代。

明代何良俊《四友斋画论》称："我朝善画者甚多，若行家，当以戴文进为第一，而吴小仙、杜古狂、周东村其次也；利家则以沈石田为第一，而唐六如、文衡山、陈白阳其次也。"③这里所说的行家指画院专业画家、工匠画家，而利家是文人画家、士大夫画家。何良俊还把利家第一的沈石田捧到了极高的地位，曾云："沈石田画法，从董、巨中来，而于元人四大家之画，极意临摹，皆得其三昧，故其匠意高远，笔墨清润，而于染渲之际元气淋漓，诚有如所谓诗中有画，画中有诗者。昔人谓王维之笔，天机所到，非画工所能及，余谓石田亦然。"④何良俊虽然在这里将明代善画者分成两家，且明显比较推崇王维、董、巨、元四家画，但还未标举宗派。

此后，屠隆又以画格谈隶家："元画，评者谓士大夫画世独尚之。盖

---

① [唐]张彦远：《历代名画记》，季羡林、徐娟：《中国历代书画艺术论著丛编》第1册，中国大百科全书出版社1997年版，第384页下栏。
② [宋]刘道醇：《圣朝名画录》，卢辅圣主编：《中国书画全书》第10册，上海书画出版社1993年版，第452页下栏—453页上栏。
③ [明]何良俊：《四友斋画论》，黄宾虹、邓实编：《美术丛书》第2册，江苏古籍出版社1986年版，第1458页下栏。
④ [明]何良俊：《四友斋画论》，黄宾虹、邓实编：《美术丛书》第2册，江苏古籍出版社1986年版，第1458页下栏—1459页上栏。

士气画者，乃士林中能作隶家，画品全法气韵生动，不求物趣，以得天趣为高。观其曰写而不曰画者，盖欲脱尽画工院气故耳。此等谓之寄兴，但可取玩一世。若云善画，何以上拟古人，而为后世宝藏？如赵松雪、黄子久、王叔明、吴仲圭之四大家，及钱舜举、倪云林、赵仲穆辈，形神俱妙，绝无邪学，可垂久不磨，此真士气画也。虽宋人复起，亦甘心服其天趣，然亦得宋人之家法而一变者。"①很明显，屠隆所论与何良俊有两点不同：其一，所云隶家，只是士大夫画中寄兴一类，而非形神俱妙，绝无邪学的真士气画；其二，以绘画的风格作为确定隶家的标准。可见当时学者对隶家的看法并不一致。

陈继儒也对画家有所分类："写画分南北派，南派以王右丞为宗，如董源、巨然、范宽、大小米，以及松雪、元镇、叔明、大痴，皆南派，所谓士夫画也；北派以大李将军为宗，如郭熙、李唐、阎次平，以及马远、夏圭，皆北派，所谓画苑画也，大约出入营丘。文则南，硬则北。不在形似，以笔墨求之。"②从陈继儒的分类来看，他在绘画层次的高低上是倾向于南派的士夫画，而且是"不在形似，以笔墨求之"的士夫画。

以上分析可以说明，无论明代文人对"行家"与"利家""隶家"的理解有何不同，在推崇士大夫画这一点上态度都是一致的。而且到了陈继儒时，关于士大夫画与画苑画之间的界限显然已经十分的明确，并且有专门的名单来进行分类。此时，作为一个画家在选择他学习或是欣赏的古代画家的同时，也是在选择自身是做士大夫画家即文人画家，还是做画院画家即职业画家。在陈继儒时期，晚明人将绘画风格与身份更加密切地联系在了一起。

卖画为生的陈洪绶也面临这种选择，他诗句中"书画耻流传"之语说明，他对于文人画家与职业画家的态度还是抱有传统的观念，并不把"书画"作为立业的根本。

---

① [明]屠隆:《画笺》，黄宾虹、邓实编:《美术丛书》第1册，江苏古籍出版社1986年版，第337页下栏。

② [明]陈继儒:《宝颜堂秘笈·眉公杂著》，《文人画与南北宗论文汇编》，上海书画出版社1989年版，第28页。

第二章　文人画家

如何在卖画的过程中保持住自己的文人身份，是陈洪绶首要考虑的问题。晚明将这种关系处理较好的是松江的董其昌与陈继儒。他们两人推崇的"南北宗论"与"文人画"理论为当时许多被迫卖画的文人寻找到了一种很好地维护其文化身份和提高文化地位的方式。

第一节　松江画派

在晚明，画坛的重心由原来的吴门转向了松江。松江出现了以董其昌为旗帜的华亭派，以沈士充为代表的云间派及以赵左为标志的苏松派，其中又以董其昌影响最大。三派互相交流，在观点、主张、方法、意趣等方面，都不同程度地受董其昌绘画理论的影响，强调摹古、注重笔墨、追求"士气"，又因为三派所在地区皆松江府管辖，所以被统称为松江派。

董其昌（1555—1636），字玄宰，号思白，别署香光居士，谥文敏。董其昌出身于中产平民家庭，被官至礼部尚书的华亭人陆树声（1509—1605）和嘉兴收藏家项元汴延聘为私塾先生。董其昌35岁（1589）在京考取进士后，选翰林院庶吉士，翌年编修实录史纂。1591年告归。1594年应召再次入京，任太子朱常洛（1582—1620）的讲官。1599年拒迁外省任职，称病归隐，后十七年一直闲居乡里。1620年，朱常洛登基。董其昌准备进京，新帝中毒身亡。1622年明熹宗（1620—1627年在位）再召入京，授太常寺少卿之职，后任明万历皇帝《神宗实录》纂修，被派到南都南京。1624年初回北京，1625年荣拜南京礼部尚书，次年又悄然告归还乡。1631年77岁再次被起用，思宗皇帝诏加他为太子太保。由其政治生涯来看他生性谨慎，总是刻意回避政治。

在绘画方面，董其昌自序："余十七岁学书，二十二岁学画"，到崇祯九年（1636）去世，画龄长达60年。他的绘画风格主要是取董源、巨然、米芾及倪瓒、黄公望之长，晚年亦取法于李唐。所作山水树石、烟云流动、秀逸潇洒，具有"平淡"而又"痛快"的特点。董其昌在画作的用色、笔法及墨法上都有自己独特之处，设色有的采用没骨法、有的浅绛兼青绿，敷色用彩几与水墨用笔相同。董其昌有意识地将书法的用笔渗透到画法中，十分强调笔墨意趣与形象的"脱略"。董其昌在绘画实践中形成了一套独特的笔墨语言和绘画表现方式。

陈继儒（1558—1639），字仲醇，号眉公、眉山道人、麋公、顽仙、削仙、扫花头陀、白石山樵、雪堂，松江华亭人。幼年即以优秀的才赋为乡人称道。二十一岁为诸生，曾经两赴乡试，不第。年二十九即焚弃儒衣冠，与徐益孙结隐于小昆山。锡山顾宪成讲学，招之，弗往，声名日隆。陈继儒工诗文书画。他"工诗善文，虽短翰小词，皆极风致"。著作极多，诗文集有《陈眉公先生全集》六十卷（崇祯末刻），文集有《白石樵真稿》二十四卷，与董其昌为好友，自少至老相交数十年。陈继儒山水画宗董其昌，笔墨简朴生拙。善仿米家山水，笔法模糊，少见勾皴。画梅，运水墨法，苍秀有韵。艺术上主张"文人画，不在蹊径而在笔墨"。

陈继儒选择"弃巾"放弃自己的生员身份，成为一个隐居山林的山人，但是陈继儒的隐居方式乃是"通隐"，即并非真正地隐逸山林，而是上"交游显贵"，下"接引穷约"。他通过卖文、参与诗文戏剧的点评以及创作书画作品来维持自己的生活。陈继儒不仅有着丰厚的收入，而且还因此声誉斐然。

当然陈继儒的交游显贵，与普通山人的遨游于缙绅之门还是有所区别的。首先，陈继儒之交游显贵，很多时候不是出于求售一己之长，大多是因受人赏识、敬重。其次，从陈继儒的名利观来看，成名后的陈继儒利用自己的声名和影响，屡屡为民请愿，使赋税得减，灾情得赈，饥民得救，故深得百姓爱戴。譬如，陈继儒与钱龙锡的交往，就大多只是尺牍往来，而且所言均为救荒、赋役等。再次，陈继儒能处理好文人与市场之间的平衡，是当时商业出版界较为成功的著名文人。在从事各种商业出版的活动中，陈继儒身兼多重身份，是著作者，也是主编和策划者；是点评者，也是作序题跋者，同时还是当时书坊托名最多的文士之一。陈继儒以编辑出版传播作为生存之道，与多家书坊保持良好的合作关系，而且实实在在地出谋划策，如书商许自昌、许元恭父子就与陈继儒既为世交又是商业伙伴，许氏梅花墅刻书时经常邀请陈继儒做出版顾问。①第四，陈继儒虽然在其思想深度上不及李贽，在文学成就上不及袁宏道，在书画成就上不及董其昌，但陈继儒却是一个通才与全才。他是诗人、作家、画家、书法家、文艺评论家、编辑出版家，他将晚明文人的诸多特点集于一身，把文化与经济、治学与治生紧密结合，适应了当时江南经济商品化、文化世俗化的大趋势，可谓是当时消费时尚的引领者。②

陈继儒的这种生存模式在晚明直至清初雍正朝的一个多世纪里，都获得了较高评价，并被公认为是"真隐"。晚明清初的一些文士，便常在诗文中赞许陈继儒的隐逸行为，或径以"隐士""处士"称之，或以古代著名隐士作比。而好友董其昌，陈子龙等人则称其为"征士"，钱谦益等又以"通隐"称之。陈继儒较好地平衡了文人、隐士及市场之间的关系，他的"真隐"方式可以说为底层文人建立了一种既能够获得文化上的较高地位，又能够体面地从事商业活动的经典模式。③

董其昌和陈继儒是好友，两人交往十分密切，尤其以书画往来居多。

万历二十年（1592），陈继儒得颜真卿《自书告身》，恰逢回华董其昌亭省亲，遂请其为《自书告身》作跋。同年九月，董其昌陪陈继儒到嘉禾，见到大量的书画真迹。万历二十四年（1596），董其昌在长沙任湖广提学副使时，题画寄陈继儒；同年中秋，董其昌舟行池洲江，题陈继儒《小昆山舟中读书图》。万历二十五年（1597），陈继儒和董其昌在吴门韩寄伯家得见颜真卿和徐浩的书法真迹。万历二十六年至二十七年（1598—1599），董其昌奉旨以编修回家养病，与陈继儒等好友游戏禅悦。万历二十九年（1601），董其昌跋陈继儒所藏书画。万历三十年（1602），陈继儒跋董其昌书法《行书谢许使君刻戏鸿堂诗卷》。万历三十一年（1603），陈继儒和董其昌、周仲、曹季良兄弟在曹周翰家中观摩书画。秋日，董其昌邀陈继儒、王衡饮舟中，并游畸墅。万历三十五年（1607），陈继儒和董其昌等游青浦，董作《王摩诘诗卷》，并题。万历三十六年（1608），陈

---

① 郭孟良：《晚明商业出版》，中国书籍出版社2011年版，第56—57页。
② 郭孟良：《晚明商业出版》，中国书籍出版社2011年版，第64页。
③ 李斌：《论陈眉公艺术形象的变迁》，《求索》2010年第7期，第10—11页。

继儒和董其昌在宝鼎斋中，重观赵孟𫖯《小像》。万历三十七年（1609），陈继儒和吴廷、董其昌同观王羲之《行穰帖》。万历三十八年（1610），陈继儒和董其昌、朱大辉泛舟栖水。万历三十九年（1611），陈继儒访董其昌，买舟垂钓。万历四十年（1612），董其昌和陈继儒观赏赵孟𫖯画作。万历四十一年（1613），董其昌作《岩居图》，陈继儒行书跋其后。万历四十三年（1615），蒋道枢访董其昌，董为蒋作《山居图》，之后一同拜访陈继儒；同年陈继儒题董其昌《山水》。万历四十四年（1616），董其昌在昆山道中作《山水扇》，边有陈继儒跋。万历四十五年（1617），董其昌作《高逸图》，陈继儒行书跋其后；同年，陈继儒和董其昌、张丑在苏州鉴赏李公麟、赵子昂书画。万历四十六年（1618），董其昌在陈继儒居处作《山居图》，并题跋。万历四十七年（1619），董其昌作《大行书寄陈眉公诗》。泰昌元年（1620），董其昌作《东佘山居图》寄陈继儒。同年，陈继儒行书跋董其昌《秋山高士图》。天启元年（1621），陈继儒和董其昌、王幼度、吴君杰、杨延冲、张世卿、杨仲修同集，程季白携王维画至，各以为奇，啧啧称快。天启二年（1622），陈继儒题董其昌《浮岚暖翠图》。天启三年（1623），董其昌跋陈继儒《陆处士传》。天启四年（1624），陈继儒题董其昌《巫山雨意图》。天启五年（1625），董其昌在陈继儒宝颜堂作《楷书王摩诘五言诗册》。同年，陈继儒题董书《家告》，并跋《董其昌仿云林山水》。天启六年（1626），陈继儒为董其昌夫人作七十寿序。天启七年（1627），陈继儒同董其昌访王时敏于"绣雪堂"，仲冬，题董其昌画作。崇祯元年（1628），董其昌在陈继儒顽仙庐中，重观宋高宗《书马和之画豳风图》。同年，陈继儒和董其昌会于北门宅中。崇祯二年（1629），在松江白龙潭，陈继儒和董其昌诸人请苍雪大师讲《楞伽》；同年，和董其昌唱和。崇祯三年（1630），为董其昌撰《容台集》序。崇祯四年（1631），董其昌题《无名氏云间高会图》，道及陈继儒，有归隐之心；同年陈继儒和董其昌、姚希孟、夏树芳等为太仓吴震元所纂《宋相眼》题名捐册，以为付刻，无成。崇祯六年（1633），陈继儒和董其昌分别为张灏《学山堂印谱》作序。崇祯七年（1634），董其昌到陈继儒居处避暑；同年，陈继儒和董其昌造访逊之亲家西庐斋。崇祯九年（1636），董其昌为陈继儒《白石樵真稿》作序，同年，陈继儒和董其昌在天马熏塔，董作《书雪诗》，之后董其昌又作《小楷书赠陈徵君诗册》。就在这一年，董其昌去世，陈继儒为之料理后事。①

由此来看陈继儒与董其昌相交有数十年，交往之密、切磋之勤、相知之深，为当时人所共知。陈继儒《祭董宗伯文》曰："少而执手，长而随肩，函盖相合，磁石相连；八十余岁，毫无间言；山林钟鼎，并峙人间。"②董其昌则说："余与眉公少同学。公小余三岁，性敏心通，多闻而博识。余师畏公，不敢称兄弟行也。余稍长，干禄于时，浮湛五十年，始获请老。公闭意荣进，买山卜筑，比于卢鸿草堂。著书教孙，弥有年载。"而"钟鼎之业乃在山林，孰谓皋夔果贤于箕颖哉？"③

从"山林钟鼎，并峙人间"语可以看出，陈继儒并不因董其昌身为显宦而对自己的身份有所谦卑，而是自命与董其昌有同等之地位。董其昌虽为显宦，但无论是在职期间还是赋闲在家之日，都热衷于艺术的追求，是一位名副其实的"朝服山人"，陈继儒与董其昌两人是书画密友。不从身份，而是从文化上的影响力来说，已经是"弃巾"平民的陈继儒是能够与具有显宦身份的董其昌平等交往、并峙人间的。

陈继儒与董其昌在绘画理论上都推崇"南北宗论"，且极力宣扬文人画之重要地位。

"南北宗论"最先是由莫是龙提出。④据谢巍《中国画学著作考录》考证，陈继儒《宝颜堂秘笈》收入莫是龙《画说》并刊刻成书的时间是万历三十四年（1606），因此《画说》成书当早于此时。董其昌有关画论的著作《画旨》《画眼》《论画琐言》《画禅室随笔》《容台别集》五种刊印的年代最早者为崇祯三年（1630），迟者为顺治三年（1646），其他诸本有在康熙十七年（1678），亦有康熙以后，因此可知董其昌的书中言论之发表即晚于莫是龙，也晚于陈继儒。⑤

莫是龙（1537—1587），字云卿，又字廷韩，号秋水，松江华亭人。

---

① 冯勇：《陈继儒书法年表及相关问题研究》，南京师范大学2006年硕士学位论文，第10—11页。

② ［明］陈继儒：《白石樵真稿》卷八，《四库禁毁书丛刊》集部第66册，北京出版社2000年版，第157页下栏。

③ ［明］陈继儒：《白石樵真稿》卷首《董其昌序》，《四库禁毁书丛刊》集部第66册，北京出版社2000年版，第4页上栏。

④ 张连：《南北宗论刍议》，《文人画与南北宗论文汇编》，上海书画出版社1989年版，第579—611页。

⑤ 谢巍：《中国画学著作考录》，上海书画出版社1998年版，第365页。

万历初，莫是龙以青浦生员贡入国子，但在顺天乡试中落第，万历十年（1582）他再赴京师，署榜时失卷，再次与功名擦肩而过。莫是龙功古文辞及书画，诗文宗韩愈、柳宗元诸贤，卓然成家。通画理，著有《画说》一卷。在《画说》中莫是龙最早提出了画分南北二宗："禅家有南北二宗，唐时始分。画之南北二宗，亦唐时分也。但其人非南北耳。北宗则李思训父子着色山，流传而为宋之赵干、赵伯驹、骕，以至马、夏辈。南宗则王摩诘始用渲淡，一变勾斫之法，其传为张璪、荆、关、郭忠恕、董、巨、米家父子，以至元之四大家。亦如六祖之后有马驹、云门、临济儿孙之盛，而北宗微矣。"①

莫是龙提出"南北宗论"的主张后，陈继儒即将《画说》一文收录了《宝颜堂秘笈》中，同时他在《宝颜堂秘笈》的《偃曝余谈》中有：

> 山水画自唐始变，盖有两宗：李思训、王维是也。李之传为宋王诜、郭熙、张择端、赵伯驹、伯骕以及李唐、刘松年、马远、夏圭皆李派。王之传为荆浩、关同、李成、李公麟、范宽、董源、巨然以及于燕肃、赵令穰、元四家，皆王派。李派板细乏士气，王派虚和萧散，此又慧能之禅，非神秀所及也。至郑虔、卢鸿一、张志和、郭忠恕、大小米、马和之、高克恭、倪瓒辈，又如方外不食烟火人，另具一骨相者。②

陈继儒的此段文字显然将莫是龙的"南北宗论"进行了加工，如在北宗名单中加了王诜、郭熙、张择端、李唐、刘松年，南宗名单中加了李公麟、燕肃、赵令穰。同时陈继儒又开出了一系列"另具一骨相者"之名单，名单中除了郑虔、卢鸿一、张志和、郭忠恕、马和之、高克恭等人，其余皆莫是龙所谓的南宗画家。

其后董其昌在《画眼》中有：

---

① [明]莫是龙：《画说》，邓实、黄宾虹编：《美术丛书》第3册，江苏古籍出版社1986年版，第2041页上栏。

② [明]陈继儒：《宝颜堂秘笈·偃曝余谈》，《文人画与南北宗论文汇编》，上海书画出版社1989年版，第27页。

  禅家有南北二宗，唐时始分。画之南北二宗，亦唐时分也，但其人非南北耳。北宗则李思训父子着色山水流传，而为宋之赵幹、赵伯驹、伯骕，以至马、夏辈。南宗则王摩诘，始用渲淡，一变拘研之法。其传为张璪、荆、关、董、巨、郭忠恕、米家父子，以至元之四大家。亦如六祖之后，有马驹、云门、临济儿孙之盛，而北宗微矣。要之摩诘所谓："云峰石迹，迥出天机；笔意纵横，参乎造化"。东坡赞吴道元、王维壁画亦云："吾于维也，无间然知言哉。"①

  此条与莫是龙之《画说》中"南北宗论"一条内容全部相同。且从董其昌《跋仲方云卿画》中："云卿一出而南北顿渐，遂分二宗"可以说明董其昌对莫是龙之说不仅是表示同意，也是要借己书对此理论大加宣扬。

  董其昌不仅在书中直接记录了莫是龙之"南北宗论"之说，并且在《画眼》中还将陈继儒提出的"另具一骨相者"的名单与莫是龙的"南北宗论"的名单相互融合，提炼出了文人画家之名单："文人之画，自王右丞始。其后董源、巨然、李成、范宽、为嫡子。李龙眠、王晋卿、米南宫及虎儿，皆从董、巨得来，直至元四家：黄子久、王叔明、倪元镇、吴仲圭皆其正传。吾朝文、沈则又远接衣钵，若马、夏及李唐、刘松年，又是大李将军之派，非吾曹当学也。"②

  董其昌的文人画名单借用的是陈继儒修订的"南北宗论"的名单，南宗里有王维、董源、巨然、李公麟，米家父子以及元四家，董其昌又加上了明代的文徵明与沈周。非文人画家也是借用陈继儒修订的"北宗"名单，有李思训父子、马远、夏圭、李唐、刘松年。另外他还将陈继儒定为北宗的王诜放入到了南宗系统中。应该说董其昌的文人画名单是在陈继儒对莫是龙"南北宗论"的修订及其"另具一骨相者"之名单的基础上完善而成的。

  "南北宗论"及"文人画"观念的形成是一个复杂的问题，莫是龙、陈继儒、董其昌三人为同乡又是师生好友之关系，此一理论观念在董其昌

---

① ［明］董其昌:《画眼》，邓实、黄宾虹编:《美术丛书》，江苏古籍出版社1986年版，第1册，第128页上栏。

② ［明］董其昌:《画眼》，邓实、黄宾虹编:《美术丛书》，江苏古籍出版社1986年版，第1册，第128页上栏。

那里最终的完成当不会是一日之工，其中之各种原因须专家学者的进一步讨论。本书在此仅就陈继儒与董其昌的关系来看，认为董其昌最终形成的文人画主张能够在晚明流行，应当与陈继儒《宝颜堂秘笈》的较早刊刻有密切的关系。在董其昌的相关画论著作还未刊行前，陈继儒在万历及泰昌期间就刊刻了《宝颜堂秘笈》正、续、广、普、汇、秘6辑，共达225种，影响非常广泛。李日华《广秘笈序》："眉公先生之笈多异书。尝一再发之，以惠同好。同好之士读之，益用色飞神动，竞出所蓄隐文逸简以求当先生。先生以笈受之，恒满，而又辄恒发之。"① 由此可见，陈继儒所策划出版的《宝颜堂秘笈》系列在当时十分畅销，影响力也极大。《宝颜堂秘笈》中收录的莫是龙《画说》及陈继儒自己关于"南北宗论"及"文人画"的言论当被大多数的读者所熟悉，对于董其昌而后陆续刊刻的画论著作中的"南北宗论"及文人画之观念在民间及官方影响力的进一步扩大发挥了极为重要的作用。陈继儒虽然因其绘画水平不高而未被画史列入松江派之名目，但是其对于松江派在全国的风靡却有着不可估量之功。

第二节　浙江画坛

在浙江地区，许多画家都接受了松江派的绘画理论，学习陈继儒、董其昌两人推崇的南宗画家的风格。他们即与松江派人士往来频繁。

蓝瑛（1585—1664），字叔田，号蝶叟，晚号石头陀，别号署西湖外史、吴农山，浙江钱塘人。蓝瑛出身寒微，幼年即放弃学业，投注于绘画。他最初从工细的界画、仕女入手，宗法宋代院体画风。蓝瑛早年笔墨较为秀润，追摹宋元诸家，力求入古，尤其得力于黄公望；中年后风格自成一家，有两种面貌，一种是勾勒浅绛，构图取法北宋，用笔粗重、用墨清淡明净；另一种是重青绿没骨山水。

蓝瑛与松江派的关系非常密切。万历三十二年（1604），董其昌在五月、六月、八月三次游杭州西湖，在这期间蓝瑛与董其昌相识。万历三十四年（1606），董其昌从湖广提学副使任上辞官回到松江。次年春夏

---

① 郭孟良：《晚明商业出版》，中国书籍出版社2011年版，第60页。

之间，二十三岁的蓝瑛便来到松江。很可能是通过董其昌介绍，蓝瑛投到孙克弘门下。在孙克弘家，蓝瑛结交了陈继儒、姜绍书、收藏家周敏仲等人，并观赏、临摹古迹。在孙克弘去世后，蓝瑛长期跟随董其昌，并在此期间大大提高了艺术眼界和交往层次。如天启元年（1621）蓝瑛曾在董其昌老友、镇江收藏家张修羽家中观赏倪瓒《狮子林卷》，张修羽接待的主宾正是董其昌，蓝瑛应是随侍董其昌一同前往的。蓝瑛还临过董其昌的藏画，如赵令穰《荷香清夏图》。

陈继儒也是蓝瑛的重要提携者，在董其昌去世以前，蓝瑛就追随陈继儒来往江南。崇祯元年，陈继儒在杭州登门访问黄宗羲，蓝瑛作为门生徒步跟随轿后，"天寒涕出……即以袍袖拭之"，可谓执礼至恭。

从蓝瑛的一系列"仿古"创作可以看出他深受董其昌的"南北宗论"及文人画理论的影响。他画的立轴和手卷绝大多数都题有仿古对象，至于册页，或者径自名为"仿古册"，或者逐页题为仿某古人。故宫博物院藏蓝瑛癸酉年（1633）[①]和上海博物馆藏壬午年（1642）[②]的册页中临仿的历代大师有：张僧繇、李成、范宽、许道宁、米芾、李唐、赵孟𫖯、倪瓒、黄公望、吴镇等，这些人大多是"南宗"名单中的画家。

不仅在绘画观念上蓝瑛深受董其昌的理论影响，在绘画创作上蓝瑛也是直接学习董其昌的绘画风格。如《楚山清晓图》[③]（图2-1）；万历四十一年（1613），蓝瑛与董其昌、陈廉、吴振合作的《芦乡杂画》；[④]同年蓝瑛画的《溪山秋色图》[⑤]（图2-2）等，在构图和技法上都受董其昌《昼锦堂图》的影响。蓝瑛还直接继承了董其昌自创的以仿张僧繇或杨昇为题的青绿没骨山水画，并将这种画风推向了成熟。由此可知蓝瑛无论在绘画观念还是

---

① ［明］蓝瑛：《仿古山水》十开 册 纸本 设色 癸酉（崇祯六年1633）40.5厘米×25.8厘米 故宫博物院藏。
② ［明］蓝瑛：《仿古山水》十二开 册 纸本 设色 壬午（崇祯十五年1642）20.2厘米×13厘米 上海博物馆藏。
③ ［明］蓝瑛：《楚山清晓图》扇页 金笺 墨笔 辛亥（万历三十九年1611）16.5厘米×48厘米 湖北省博物馆藏。
④ 王小梅：《从书画鉴定角度看蓝瑛绘画风格之流变》附录《蓝瑛年表》第1页，中央美术学院硕士学位论文1996年。
⑤ ［明］蓝瑛：《溪山秋色图》卷 绢本 设色 癸丑（万历四十一年1613）23.8厘米×180厘米 天津博物馆藏。

绘画风格上都直接受到了董其昌的影响。①

图 2-1　明 蓝瑛《楚山清晓图》

图 2-2　明 蓝瑛《溪山秋色图》（局部）

张联芳（？—1643），字尔葆，又字葆生，号二酉。官扬州司马，分署淮安。崇祯癸未（1643），李自成破河南，张联芳练乡兵守清江浦，以积劳致疾而卒。因受到舅舅朱石门影响，痴迷收藏。在龙山造一精舍藏其鼎彝玩好。死后，其子张萼初将家藏散尽。②

徐沁《明画录》载："张尔葆字葆生，号二酉，初名联芳，山阴人，能诗文。上舍生官扬州郡丞。赏鉴博雅，工花卉折枝、兰竹草虫、水墨浅

---

① 邵彦：《津梁与指向——董其昌对蓝瑛的影响》，毕建勋、赵力主编：《学问与传承——薛永年教授70寿诞从学50载执教30年祝贺文集》，河北美术出版社2011年版，第86—100页。关于蓝瑛与松江派的交往及蓝瑛的风格特点参见此文。

② ［明］张岱著，云告点校：《琅嬛文集》，岳麓书社1985年版，第168—170页。

色，各臻妙境，兼善山水。"①

张岱《石匮书后集》载："张尔葆字葆生，山阴人，少精画理，以舅氏朱石门多藏古画朝夕观摩，弱冠时即驰名画苑。其写生之妙，气韵生动，逼肖黄筌，而长帧大幅叠嶂层峦、烟云减灭，更在倪云林、黄大痴之上。董思白曰：'张葆生胸中读万卷书，脚下行万里路，襟怀超旷，自然丘壑，内营成立，鄞鄂随手写出，皆为山水传神。婿陈洪绶自幼及门颇得其画法。'"②由此可知，张尔葆擅长花鸟与山水画。花鸟画学习黄筌一路。日本藏其1627年所画《芙蓉石四面图》（图2-3），③为写生之作，从四个角度画一芙蓉石，用笔轻松，点染随意，有一定的绘画表现力。陈于朝《苎萝山稿》中《简陈眉公》："……顷闻之山阴张司马有约，张为朝肺腑戚，将因得交先生，邀从者过苎萝山下，止宿茅舍也。后竟不果来，至今怏怏为恨……"④由此推知张联芳与陈继儒应有一定联系。

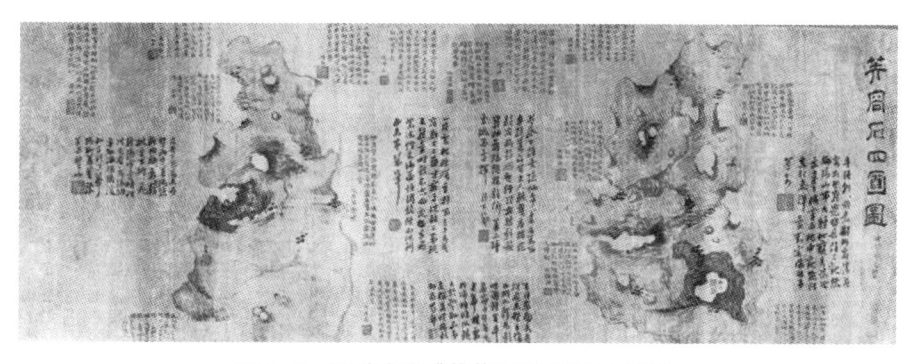

图2-3 明 张尔葆《芙蓉石四面图》（局部）

祁豸佳（1594—1683），字止祥，号雪瓢。《萧山县志稿·寓贤》："天启丁卯举人，屡试不第，授吏部司务，不赴。妙解音律，自谱新曲，教诸童子度之，以抒其抑塞不平之气。迨兄彪佳殉节，遂隐于梅市，尝来寓居竹林寺，以书画自给。邑人周行素、蔡琳从之游。周传其书，蔡传其画，

---

① [清]徐沁：《名画录》，卢辅圣主编：《中国书画全书》第10册，上海书画出版社1993年版，第30页上栏。
② [明]张岱：《石匮书后集》，《续修四库全书·史部·别史类》第320册，上海古籍出版社2002年版，第749页。
③ [明]张尔葆：《芙蓉四面图》，泽田瞳子私人收藏。
④ [明]陈于朝：《苎萝山稿》卷四，万历四十三年越郡陈氏刻本，第67a—67b页。

具有声于时。"①可知祁豸佳屡次参加会试都名落孙山,喜欢音律之学。明亡后隐居山阴梅市,以书画为生。他创作有剧本《眉头眼角》《玉犀记》等。张岱《陶庵梦忆·祁止祥癖》:"余友祁止祥有书画癖,有蹴鞠癖、有鼓钹癖,有鬼戏癖,有梨园癖……止祥去妻子如脱屣耳,独以娈童崽子为性命,其癖如此"。②可知其人有诸多不同常人之爱好。祁豸佳还是书画篆刻家,周亮工在《读画录》中记:"甲午冬送予(周亮工)北上,过金陵留予家一月,至维扬始返。舟中为予作山水花卉四十叶,又别为数小页,留一诗别余。曹顾庵曰:'止祥书不在董文敏右,画则入荆关之室,诗文填词皆有致,能歌能弈能图章,以至博钱蹴鞠之戏无不各尽其致。以名孝廉隐于梅市,盖异人也。'"③

再看祁豸佳的作品,绘画风格较为接近松江派一路。其创作于1629年的《云山图》④(图2-4)是学米氏父子的"米点",1630年画《芦艇泊舟图》⑤(图2-5)也可以看到松江派画风的影响。1642年祁豸佳画《仿古山水》⑥(图2-6:1-5),册页上专门标明仿赵孟頫、仿高克恭、仿米芾、仿吴镇、仿王维等,所学人物也都是松江派倡导的南宗画家风格。此册中还有祁彪佳的一段画论:"画家称董北苑谓画龙,盖以变换不泥一格故也。梅花和尚亦不出此法。壬午年秋仲祁豸佳并题。"由此论可知,祁豸佳在创作观念上推崇南宗及文人画家,绘画风格上受到松江派影响。

---

① 《民国萧山县志稿》卷二十一《人物·寓贤》:《中国地方志集成·浙江府县志辑11》,上海书店1993年版,第670页上栏。
② [明]张岱著,夏咸淳、程维荣校注:《陶庵梦忆·西湖梦寻》,上海古籍出版社2001年版,第71—72页。
③ [清]周亮工:《读画录》,卢辅圣主编:《中国书画全书》第7册,上海书画出版社1993年版,第949页。
④ [明]祁豸佳:《云山图》扇页 金笺 墨笔 己巳(崇祯二年1629)17.2厘米×54.2厘米 故宫博物院藏。
⑤ [明]祁豸佳:《芦艇泊舟图》扇页 金笺 墨笔 庚午(崇祯三年1630)浙江省博物馆藏。
⑥ [明]祁豸佳:《仿古山水》八开册 绢本 墨笔 壬午(崇祯十五年1642)34.2厘米×31.4厘米 南京博物院藏。

图 2-4　明 祁豸佳《云山图》 　　　　　图 2-5　明 祁豸佳《芦艇泊舟图》

图 2-6-1　明 祁豸佳《仿古山水》之《仿赵孟頫》 　　　　　图 2-6-2　明 祁豸佳《仿古山水》之《仿高克恭》

图 2-6-3　明 祁豸佳《仿古山水》之《仿米芾》 　　　　　图 2-6-4　明 祁豸佳《仿古山水》之《仿吴镇》

图 2-6-5　明 祁豸佳《仿古山水》之《仿王维》

王思任（1574—1646），字季重，又字遂东。弘光元年（1644）为礼部右侍郎。《嘉庆山阴县志》载王思任"万历乙未进士，以南刑部主事左迁袁州。推官魏忠贤，使伻走语，笑不应。崇祯二年再降松江教授。升助教工部主事。在九江黄梅告急，力请往救，擒贼首，闯天星，以京察罢归。马士英将走绍兴，上书太后，请斩之，仍为檄以讨。鲁王监国，擢礼部右侍郎，屡疏极言官乱民乱饷乱士乱之失，乞休不听，曰江上之事，不腊矣。未几失守，构亭凤林祖墓旁，曰孤竹庵，绘像曰采薇图。巡按御史王应昌请拜新命，思任复书谢之，绝食七日卒，目不瞑。时丙戌九月廿二日。"① 王思任善画，《越画见闻》记："作画仿米家数点云林一抹，饶有雅致。"②

现存王思任 1629 年所画《蓝水玉山图》③（图2-7）用笔、构图及意境的表达皆为元人风格。1634 年《云山图》④（图2-8）画米氏父子的米氏云山，追求的是笔墨与意境。王思任与董其昌即有过绘画上的切磋，王思任《王大苏先生诗草序》载："董玄宰先辈与予论画，有生动之气者便好，不必人鸟，一水口山头，不生不动，便不须着眼。予谓此说可以论诗。盖生动者，自然之妙也。孩儿出壳，声笑宛怡，若塑罗汉，穷工极巧，究竟土坯梗耳。唐人之诗，韵流趣盎，亦只开口自然。莫强于今日之诗，玄深白浅，法度文章，何如捏作，要不过恶墨汁之图博也。"⑤

---

① ［清］徐元梅、朱文翰等纂修：《嘉庆山阴县志》，《中国地方志集成·浙江省专辑》第37册，上海书店 1993 年版，第 699 页下栏。

② ［清］陶元藻：《越画见闻》，卢辅圣主编：《中国书画全书》第10册，上海书画出版社1993 年版，第 769 页下栏。

③ ［明］王思任：《蓝水玉山图》轴 绫 墨笔 己巳（崇祯二年 1629）164 厘米×54 厘米 山东省博物馆藏。

④ ［明］王思任：《云山图》轴 绫 设色 甲戌（崇祯七年 1634）112.7 厘米×49.8 厘米 上海文物商店。

⑤ ［明］王思任著，李鸣选注：《王季重小品》，文化艺术出版社 1996 年版，第 187 页。

图2-7 明 王思任《蓝水玉山图》　　图2-8 明 王思任《云山图》

  倪元璐喜以水墨生晕之法作竹石云山，苍润古雅是其主要特点。倪元璐山水画也多仿南宗画家，如北京故宫博物院藏其《仿米芾山水》[①]（图

---

 ① ［明］倪元璐：《仿米芾山水》扇页 金笺 墨笔 17.6厘米×53厘米 故宫博物院藏。

2-9)、上海博物馆藏1630年《山水》①（图2-10）都与松江派画风较为接近。1639年《山水画册》②（图2-11）中有《仿米氏云山》之册页。

图2-9　明 倪元璐《仿米芾山水》　　图2-10　明 倪元璐《山水》

图2-11　明 倪元璐《山水画册》之《仿米氏云山》

李流芳（1575—1629），字长蘅、号檀园。与娄坚、程嘉燧、唐时升合称"嘉定四先生"。周亮工《读画录》载："李长蘅流芳，嘉定孝廉。与娄子柔、唐叔达、程孟阳同以品行诗文重于时，世所称为嘉定四先生者是也。长蘅与孟阳皆工画，长蘅常语虞山云：'精舍轻舟，晴窗净几，看孟阳吟诗作画，此吾生平第一快事。'虞山笑曰：'吾却有二快，兼看兄与孟阳耳。'在都门孙伯观鸡树馆，遇曲中一姬度曲，公心赏之，作一画相赠，姬携回张室中。海内文人游都门者，无不往观，姬遂成名。王西樵题长蘅小幅云：'压云突兀一峰苍，石路寒松共渺茫。莫怪丹青足诗意，词人解识李流芳。'方田伯题：'几家茅屋翠微横，石壁疏林无限情。绝少人行向山

---

① ［明］倪元璐：《山水》扇页 金笺 墨笔 庚午（崇祯三年1630）上海博物馆藏。
② ［明］倪元璐：《山水花卉》八开 册 绫 墨笔 己卯（崇祯十二年1639）37.3厘米×65.3厘米 上海博物馆藏。

峪，俨然古刹有钟声。'谈长益曰：'长蘅仅一北上，遂谢公车，往来湖山，可谓终老不意遽返道山，每购遗墨想见其人。'"①万历三十四年（1606），三十二岁的李流芳考中了举人。明天启二年（1622），四十八岁的李流芳第三次赴京参加会试，"抵京郊，闻警，赋诗而返，遂绝意进取"。（钱谦益《列朝诗集小传》）从此，过着吟诗作画、培花种竹、读书养母的隐逸生活。李流芳多次到达杭州，曾在万历三十七年己酉（1609）于杭州创作了《西湖烟雨图卷》。②天启四年（1624）在杭州北郊的皋亭桃花坞买了幢别墅，携家人在西子湖畔消磨了半年时光。③

李流芳的绘画主张与董其昌推崇的南宗及文人画家也是基本一致的，他在《为与游题画册》中说："余画无师承，又喜临摹古人，如此册子，荆、关、董、巨、二米、两赵无所不效。然求其似，了不可得。夫学古人者，固非求其似之谓也。子久、仲圭学董、巨；元镇学荆、关，彦敬学二米，然亦成其为元镇、子久、仲圭、彦敬而已，何必如今之临摹古人者哉。"④他在天启二年壬戌（1622）有《仿董源山水图》,⑤款题："壬戌夏子仿北苑笔意。"天启五年乙丑（1625）所画《仿古山水》⑥（图2-12：1-2）册中所仿画家有：郭熙、米友仁、高克恭、王蒙、吴镇等。从这些作品的风格来看，与程嘉燧较为接近，用笔多爽朗、粗狂。虽然李流芳并未被画史列入松江派，但他与董其昌是同乡，受到过董其昌的教诲、提携，而且还是董其昌的代笔人之一，因此李流芳与松江派关系十分密切。

总体上看，当时浙江地区无论是上层的官宦王思任、倪元璐，中层的文人画家张尔葆、祁豸佳，还是下层的职业画家蓝瑛，或是暂居杭州的李流芳都受到松江派绘画风格及南北宗论、文人画理论的较大影响。

---

① ［清］周亮工：《读画录》，卢辅圣主编：《中国书画全书》第7册，上海书画出版社1993年版，第946页。
② 天津市艺术博物馆编：《天津市艺术博物馆藏画续集》，文物出版社1963版，第67页。李流芳《西湖烟雨图卷》见此目录著录。
③ ［明］李流芳：《檀园集》卷六，《景印文渊阁四库全书》集部1295册，台湾商务印书馆2008年版，第348页。
④ ［明］李流芳：《为与游题画册》，《檀园集》卷十二，清康熙二十八年刻本，第2b—3a页。
⑤ ［明］李流芳：《仿董源山水图》轴 金笺 设色 壬戌（天启二年1622）129.3厘米×36厘米 故宫博物院藏。
⑥ ［明］李流芳：《仿古山水》八开册 金笺 墨笔 乙丑（天启五年1625）47.9厘米×29.5厘米 故宫博物院藏。

图2-12-1　明 李流芳《仿古山水》之《仿米友仁》

图2-12-2　明 李流芳《仿古山水》之《仿吴镇》

陈洪绶与这些受松江画派影响的浙江画家有诸多联系,有的甚至关系十分密切。

其中职业画家蓝瑛是陈洪绶的老师。蓝瑛与陈洪绶的父亲陈于朝关系甚好。万历乙卯(1615),陈洪绶十八岁时,母亲去世,蓝瑛与孙杕渡江而来,所作悼词尽表哀痛之情,同时也尽述了与陈家之密切之情:

> 万历岁在乙卯四月朔,通家眷晚生蓝瑛孙杕谨以清酌庶羞之仪,致祭于陈老伯母王太君之灵……而古今之不幸有相友者,此瑛与杕所以百里渡江来哭夫人于灵下也。……呜呼! 又闻古之贤友,有以祝母而相期千里而不失者,旧年之秋瑛与杕百里渡江来祝夫人于堂下也,此又非古今之幸有相同耶。然幸者何短,而不幸者何长耶?呜呼! 绿波者非旧年之春江,碧色者非旧年之春草,而茕茕扶杖者岂旧年之欢郎。悲哉! 亢侯耶,章侯耶,吾两人之悲尚无穷而子何如耶?吾有卮酒愿因子而致夫人犹能跂而进耶。呜呼! 哀哉! 尚飨。①

同时,蓝瑛为陈于朝作挽诗:

> 挽饮冰先生:先生才情宣朗,道义范奇,适当不惑之年,遂有骑箕之往。瑛忝后尘,讬好佳嗣,感念先哲,爰赋拂歌,期结他生之缘,未知先生含笑于地下否。

---

① [明]陈于朝:《苧萝山稿》《莫章》,万历四十三年越郡陈氏刻本,第13b—15a页。

仲尼主贞士，陶亮怀素心。明德昔所嘉，况逢人代今。贤髦多萎折，埋玉翳中林。人琴遽云亡，新阡依长岑。太朴本自然，良工徒美钦。幽兰值湮昧，华滋怀好音。珪璋挺其秀，有美双南金。蹇予苦不誓，契托鬱弥深。俛仰景先德，慷慨叹遗簪。欲知徽闻远，嗣者王路临。①

　　蓝、孙二人旧年为陈洪绶之母王氏祝寿，王氏殁后又专程悼念，同时由蓝瑛为陈于朝所写之挽词可见蓝、孙二人与陈于朝有一定交情。②陈洪绶十岁即见蓝瑛与孙杕，被他们誉为："使斯人画成，道子、子昂均当北面，吾辈尚敢措一笔乎？"③陈洪绶早年山水画中的元人风格当是受到蓝瑛的指点。中年作品中树石笔法及造型多与蓝瑛相似，陈洪绶约作于1636年的《杨升庵簪花图》轴所画枝干之古老苍劲之态，石头披麻皴用笔，苔点运笔方式与蓝瑛《仿李唐山水图》及1639年蓝瑛所画《乔岳松年图》④中的用笔和山石形式基本一致。

　　虽孟远与毛奇龄曾说，蓝瑛因为陈洪绶之故放弃了花鸟画与人物画，但从存世的一些作品可以看出，陈洪绶在花鸟画和人物画上与蓝瑛一脉。如陈洪绶约画于1649年的《梅菊水仙图扇》（美国纽约大都会博物馆藏）与蓝瑛所画《蝶恋花》⑤（图2-13）在画面构成形式，湖石的外形处理都极为相似。蓝瑛1615年所画《石勒问道图》⑥（图2-14）（美国私人收藏）是临摹元代钱选的人物作品，画上自题："乙卯客芜城，有客携钱舜举是图，观舜举法韩晃。余复从钱家而拜韩师，不及舜举之出蓝鉴赏定我。癸未清和万业阿主者蓝瑛画，骏复志。"由题跋可知，蓝瑛人物画虽学元人，却

---

① ［明］陈于朝：《苎萝山稿》《挽诗》，万历四十三年越郡陈氏刻本，第2a—3a页。
② 黄涌泉：《陈洪绶年谱》，人民美术出版社1960年版，第9页。黄涌泉在年谱中引用陈洪绶写给蓝瑛之诗，说明两人亦师亦友之关系。本书在此，仅以蓝、孙与陈于朝之关系补充说明黄涌泉观点。
③ 吴敢点校：《陈洪绶集》下册，浙江古籍出版社1994年版，第587页。
④ ［明］蓝瑛：《乔岳松年图》轴 绢本 设色 戊戌（顺治十五年1658）198厘米×118.3厘米 吉林省博物馆藏。
⑤ 杨惠东著：《中国名画家全集·蓝瑛》，河北教育出版社2006年版，第161页。此书著录蓝瑛《蝶恋花》扇面。
⑥ ［明］蓝瑛：《石勒问道图》卷 纸本 设色 私人收藏。

有意追摹唐人。蓝瑛在 1636 年画有《仿赵孟頫梅花仕女》①（图 2-15），扇中的仕女形象是典型的唐代风格。陈洪绶约画于 1636 年的《对镜仕女图》中仕女的圆脸、云髻等也是唐代仕女形象，与蓝瑛风格十分接近。

张尔葆与陈于朝交往密切，也是陈洪绶的老师。陈于朝《苎萝山稿》中有《与张葆生亲家》："久欲修一介起居，太夫人应门念仆，故有河鱼疾。春来更剧。两年间左耳病不聪，溃流苦楚不可言。时下妇病方起而弱女复病。使世有一秦越人，当老我山中矣。蹉跎至今，然一饭未尝不在钜鹿下，不谓厚意种种，不可偻指也。幸稍宽，假买舟山阴耳。家弟于京者，弥生长郎君妇翁也。素慕顾长康墨妙，以便面托仆，肯从者，仆独不敢以此重。足下领之既久来索数番，仆将转属弥生，复苦一面，兹借达之。从者如不鄙而教之，更以余翰掷我，我岂真不重君技哉，一笑。"②

在信中，陈于朝先是将家中之大小事宜道与张尔葆，之后又为弟弟于京的亲家鲁湘③求张尔葆之画作。后张尔葆以画赠之，陈于朝写信致谢《与张葆生》："春来无恙，涵想清光，殊令心热，何日迟我鉴湖风雨倾倒也。向岁，家弟以便面徵顾虎头挥洒，抵今注想便觉心醉。白手索名笔，固是一痴猴衙官者，亦应络绎足下，或即还之，亦得令代乞者，可免口舌支当耳不尽。"④

图 2-13　明 蓝瑛《蝶恋花》

---

① ［明］蓝瑛:《仿赵孟頫梅花仕女》扇面 金笺 设色 丙子（崇祯九年 1636）上海博物馆藏。
② ［明］陈于朝:《苎萝山稿》卷四，万历四十三年越郡陈氏刻本，第 57a—58a 页。
③ 弥生：名鲁湘，字弥生，山阴人。陈于朝《苎萝山稿》的校正人之一。
④ ［明］陈于朝:《苎萝山稿》卷四，万历四十三年越郡陈氏刻本，第 74b 页。

图 2-14　明 蓝瑛《石勒问道图》

图 2-15　明 蓝瑛《仿赵孟頫梅花仕女》

又有《答张葆生》："损兰草殊感存念，所惠两种，足诒新业家学羽翼经传，虽熟路轻车，终作过河之筏，不足为壮。夫夸诩顾陆之业超轶，北宋文章画品兼长，我朝唯唐伯虎差足雁行，而人品如足下，便应卧百尺楼上矣。弟多病不胜肉味，近已绝荤，而独不能去酒。性殊不任饮，苦腹寒耳。铅椠枷锁坐酷暑长昼中，令人操觚，恐卧玄修俗学，都无脔染迟暮之感。对景自伤，报书知己，无任怅然。"①

此信中陈于朝先是答谢张尔葆所赠画作，后又与他谈论自己病中之感慨，将张尔葆看作"知己"。由这些信的内容及称张尔葆为"亲家"来看，两人的关系非常亲近。

据《宅埠陈氏宗谱》载陈洪绶"配来氏大方伯斯行女；继配韩氏，杭州指挥同至女"，可知陈洪绶曾娶两位妻子，第一位为萧山长河来家来斯行之女，明天启三年（1623）春，妻来氏卒。天启四年（1624）陈洪绶续娶杭州韩同知女韩氏。《山阴志》（转载于吴敢《陈洪绶集》）云："张尔葆，字葆生，松江人。弱冠即有名画苑，写生入能品，后善山水，与李长蘅、董思白齐名。其婿陈洪绶得其画法。"因《宅埠陈氏宗谱》对陈洪绶的记载中并未见陈洪绶娶张氏记载，《宣统诸暨县志》编者称《山阴志》说陈洪绶为张尔葆婿为谬传。但从陈于朝与张尔葆两人关系来看似乎陈洪绶为其婿的可能性很大。又陈洪绶之好友张岱在《石匮书后集》中记："张尔葆，

---

① ［明］陈于朝：《苧萝山稿》卷四，万历四十三年越郡陈氏刻本，第61a—61b页。

字葆生，山阴人。……婿陈洪绶自幼及门颇得其画意。"①也称陈洪绶为张尔葆之女婿，且自幼跟随其学习绘画。或是两家有过婚约未曾嫁娶，兹附于此，待更多考证。

陈洪绶与祁豸佳为好友，《宝纶堂集》卷五有《寄祁止祥》："君今先我进，曾念我曹否。夕阳酣小阁，清晓卧高楼。文章偏入奥，诗赋不言愁。清净西湖水，况逢九月秋。"②由"君今先我进"可知此诗写于祁豸佳考中举人之时，即天启丁卯年（1627）。卷五还有《祁止祥》："同是沉沦客，游踪不可期。君当无慨叹，我亦少伤悲。急到湖船饮，而评山馆诗。来书吾细读，字字有余思。"③由诗中可以看出两人关系较好。

陈洪绶与王思任也有较好的关系。陈洪绶与王思任等人共同合作为利宾（此人待考）作扇面题诗《与王思任及吴山涛合作诗扇》④，陈洪绶《宝纶堂集》有诗两首《王遂东先生游普济寺招予小隐凤林》《王遂东游普济寺招予凤林小隐用韵和之》。

倪元璐与陈洪绶为好友。陈洪绶第二次北上返回浙江时，倪元璐专门送行。陈洪绶为倪元璐画《焦石图》，倪元璐《倪文贞公文集》有《送陈章侯南返暨阳章侯为余画焦石别志》。

陈洪绶与李流芳也有过交往，陈洪绶画于1622年的一开《双蝶采花图》的对题中写："予从李长蘅游岣嵝，见奈子花。长蘅曰：得章侯传其神，长蘅拜而观之，亦一佳事。长蘅长蘅，见此画否？"⑤从此题的书法风格来看当是题于1622年之后。陈洪绶在天启四年（1624）的秋冬间，读书于杭州灵隐韬光山下的岣嵝山房，张岱《西湖梦寻》："天启甲子，余与赵介臣、陈章侯、颜叙伯、卓珂月，余弟平子读书其中。"⑥可知陈洪绶与

---

① ［明］张岱：《石匮书后集》，《续修四库全书·史部·别史类》第320册，上海古籍出版社2002年版，第749页。
② ［明］陈洪绶：《宝纶堂集》卷五，康熙三十年刻本，《清代诗文集汇编》，上海古籍出版社2011年版，第718页下栏。
③ 吴敢点校：《陈洪绶集》，浙江古籍出版社1994年版，第96页。
④ 《南陈北崔——故宫博物院上海博物馆藏陈洪绶崔子忠书画集》，上海书画出版社2008年版，第107页。
⑤ ［明］陈洪绶：《早年画册》之《双蝶采花图》册 纸本 水墨 22.2厘米×9.2厘米 纽约大都会博物馆藏。
⑥ ［明］张岱著，夏咸淳、程维荣校注：《陶庵梦忆·西湖梦寻》，上海古籍出版社2001年版，第196页。

李流芳的峋嵝之行当在此时。

陈洪绶与浙江画家交往密切，对松江派的"南北宗论"及"文人画"理论必然不会陌生，跟随蓝瑛、张尔葆等人学习南宗绘画风格也很自然。他是在松江派绘画为浙江画坛主流的环境中成长起来的，他自己也通过与陈继儒的往来获得松江派的认同。

陈继儒与陈洪绶的渊源可追溯到父辈。陈于朝有《简陈眉公》：

> 汉以来儒者比肩，率不满人意。儒者固不少，世自不知儒耳。若先生则海内真通儒也。于朝所寤寐向往者有年矣。顾无从得一面颜色接謦咳。顷闻之山阴张司马有约，张为朝肺腑戚，将因得交先生，邀从者过苧萝山下，止宿茅舍也。后竟不果来。至今怏怏为恨。比来执经何士抑先生门下数询起居，读文章，庶几想见其人，而恨不得一夕风雨为快耳。铅椠为累，安能操小艇索鲈鱼阁下乎。偶有小构，敢借先手书题额为百世光麈，扇四柄并求近作，唯从者不吝幸甚。①

由信中内容可知，陈于朝对陈继儒的文学才华十分仰慕，将之誉为"通儒"。陈继儒与董其昌应张联芳邀请前往苧萝山，可惜此行未成功。陈于朝在信中表达了未能与陈继儒会面的遗憾。陈于朝与陈继儒之交往仅限于文字之交，两人未曾谋面。

陈继儒与陈洪绶的好友张岱一家倒是关系密切。张岱在《自为墓志铭》中记载了他与陈继儒的初次会面：

> 六岁时，大父雨若翁携余之武林，遇眉公先生跨一角鹿，为钱塘游客，对大父曰："闻文孙善属对，吾面试之。"指屏上李白骑鲸图曰："太白骑鲸，采石江边捞夜月。"余应曰："眉公跨鹿，钱塘县里打秋风。"眉公大笑起跃曰："那得灵隽若此，吾小友也。"欲进余以千秋之业，岂料余之一事无成也哉？②

---

① ［明］陈于朝：《苧萝山稿》卷四，万历四十三年越郡陈氏刻本，第67a—67b页。
② ［明］张岱著，云告点校：《琅嬛文集》，岳麓书社1985年版，第201页。

万历三十三年（1605）张岱的祖父张汝霖赠给陈继儒大角鹿，陈继儒携至西湖，竹冠羽衣，往来于长堤深柳之下，见者称羡不已，陈继儒因此又号"麋公"。陈继儒在为张岱写的《古今义烈传序》中说"肃之与余称三十季老友，交情深笃，而素心遥对，杖履诗酒，呼吸相通"①，可见陈继儒与张汝霖的深厚友谊。

因祖辈、父辈的关系，陈继儒十分乐意提携这些年轻的后辈。陈继儒不仅为张岱的《古今义烈传》作序，还为陈洪绪刊刻的多部文集撰写序言。陈于朝去世后，明万历四十三年乙卯（1615）左右，陈洪绪为陈于朝刊刻了《苎萝山稿》，邀陈继儒为诗稿作序，而且将陈继儒列在了校正姓氏友人的第一位。②陈洪绶在《题花蕊夫人宫中词序》说："眉公先生序其刻，有关讽谏之语是也。"③可知陈继儒为陈洪绪刊刻的《花蕊夫人宫中词》也作有序言。

陈继儒不仅为陈洪绪的出版事业助力，而且对年轻的陈洪绶也是关爱有加。他曾在陈洪绶所画《仿吴道玄乾坤交泰图》（约画于1609年）④上作跋："天地交泰，风云相得，望兮巍巍，观兮赫赫。吴生道子之胡本，陈子章侯之手勒，得者珠之，后世镇宅，邪魔尽息。异哉别出手眼，神乎超凡墨笔，真珍藏之瑰宝，爱者不能易其拱璧。"⑤

万历四十七年（1619）至天启二年（1622）间陈洪绶画《早年画册》⑥多幅，陈继儒在其对开题跋。其中《火中神像》画于万历四十七年（1619），陈继儒题："见龙眠九歌，始知章侯画学。"《奇峰孤城》画于万历四十八年（1620），陈继儒题："西粤靖江藩府中独秀峰，何日飞来到此！眉公。"《双木三鸟》画于1621年，陈继儒："张员外手握双管，顿时齐下：一为生枝，一为枯枝，气傲烟霞，势阵风雨。章侯此幅类之，皆唐人画法也。璪云：外师造化，中得心源。信夫。"《乱山丛树图》画于天启元

---

① ［明］张岱著：《古今义烈传·陈继儒序》，明崇祯（1628—1644）刻本。
② ［明］陈于朝：《苎萝山稿》《陈继儒序》，万历四十三年越郡陈氏刻本。
③ ［明］陈洪绶：《宝纶堂集》，康熙三十年刻本，《清代诗文集汇编》，上海古籍出版社2011年版，第682页上栏。
④ 黄涌泉编著：《陈洪绶年谱》，人民美术出版社1960年版，第12—13页。
⑤ ［明］陈洪绶：《仿吴道玄乾坤交泰图》轴 纸本 水墨淡设色 112.4厘米×45.9厘米 浙江省博物馆藏。
⑥ ［明］陈洪绶：《早年画册》十二开 纸本 水墨或设色 22.2厘米×9.2厘米 纽约大都会博物馆藏。

年（1621），陈继儒题："章侯同参洪谷子，非从黄鹤山樵入也。"《月下捣衣图》画于天启元年（1621），陈继儒题："李龙眠有捣帛图，皆肥姿憨态；独此幅肌肉廉削，明月光中，愁心万种，可怜也。眉公。"《铜瓶插荷图》画于天启二年（1622），陈继儒题："晁补之云：菩萨仿侯昱，云气仿吴道玄，天王松石仿关仝，草树仿郭忠恕，卧槎垂藤仿李成，崩崖瘦木仿许道宁，花鸟鱼虫仿易元吉、崔白。今章侯年甫二十五岁，具得其长，前身画师，宿世词客也。眉公。"

陈继儒对陈洪绶画于二十八岁之前的《水浒图卷》也有极高评价："高秋气爽、啜茗长啸，适友人持是卷见示，阅之令人惊讶交集，不能赞一辞。云间陈继儒观于苕帚庵。"①

陈继儒将年轻的陈洪绶与吴道子、张璪、荆浩、关仝、李成、郭忠恕、李公麟、许道宁、易元吉、崔白等上述历代绘画大师相媲美，毫不吝啬溢美之词，为陈洪绶扬名浙江文人画坛有推波助澜之功。

陈洪绶本身是生员身份，即是文人阶层，而他交往的浙江画坛的画家也都是学习松江一派提倡的南宗风格，他的绘画作品也被松江一派所推崇，陈洪绶无疑是一位拥有文人身份的文人画家。

---

① 黄涌泉编著：《陈洪绶年谱》，人民美术出版社1960年版，第29页。

第三章　职业画家

陈洪绶一生的理想与追求是在仕途上建功立业、有所作为，但是由于经济上的压力，被迫卖画谋生。他对于画业并没有太多的抱负，因而在明亡前才会有"书画耻流传"之语。

在晚明，像陈洪绶这样接受过良好教育的低端文人为数很多，他们大多为生活所迫，而从事地位不高的各种行当，其原因与晚明时期生员人数的骤增有直接关系。

明代初期，尽管明太祖朱元璋采取右文崇儒的政策，大规模兴复各地的学校，然而元末战乱对知识阶层的冲击，人们记忆犹新；又加上明初法用重典，士不乐仕。故人们普遍不重学，不以进学成为生员为荣。自明代中期以后，学校生员已呈渐趋增长之势。至明末，生员数更是骤增，进而成为一个社会问题。造成这一现象的原因有以下几点：一，附学生员的设立，以及附学生员无定额限制是生员数增加的主要原因；二，自明代中期以后，时有新设府、州、县学校。这些学校一旦新设，就需额设廪膳、增广生员；三，明代中后期以后，各地文事渐兴，教育得到长足的发展，也为生员的增加奠定了文化的基础；四，按照明代制度，童生之进学，均由提学院道官员考试而定，而生员之退学，亦由提学院道官主持之考试决定。相比之下，考退生员数，大多流于形式，或考退一二名，聊以塞责。而童生进学则每次有固定的名额，进多退少；五，儒童生中生员的机遇很大。以县试童子3000人作为考察对象，大体可知儒童入学率为4.3%，而生员中举比例则大约为3.3%，这就造成了进学易，出身难，生员成了进身之阶中的瓶颈。由此来看，生员本来是一种暂时性的身份，士人获取这种身份其目的无非是为了中举人、进士，然由于中举率太低，大部人都只能是长期保持生员身份。①

因生员面临着比较严峻的经济困难，他们只能够通过从事其他行业来获取收入。在工商业发达的苏州，就业机会相对较多，而浙江尤其是商业氛围不浓的绍兴，士人则通过其他的途径谋生，比如获得副贡或监生资格后可以去王府做属官、幕僚，在本地或去外地（尤其是富庶的苏州）当塾师、业医等。②

在官本位社会中，除做官以外的一切职业：坐馆、行医、幕僚、经商等都不是光荣的。陈洪绶的卖画与陈继儒的卖文并没有什么不同。陈继儒通过努力，在野获得了较高的声望，陈洪绶又受陈继儒等人的提携，其绘画之名在文人之中得到了提升。但实际上陈洪绶还是以卖画为生的，绘画并不能完全依照文人画的标准仅仅是"自娱"，市场的需求是陈洪绶在选择艺术风格时必须要考虑到的，在这一点上陈洪绶与职业画家并没有不同。

或许我们可以说，陈洪绶拥有文人身份，即是文人画家。但由于他十分地关注市场需求，他的很多作品实质上已具有商品性质。从市场的角度来考察陈洪绶的作品，或许比把他的作品放到文人画的角度上来考察要更加贴切些。

第一节　多种风格

因为要以绘画为谋生手段，陈洪绶的创作与市场需求关系密切。从作品来看，陈洪绶具有极强的市场适应能力，能够承担所有画科的创作任务。松江派推崇的南宗或是文人画的绘画风格仅仅是市场的一个部分，其

---

① 陈宝良：《明代儒学生员与地方社会》，中国社会科学出版社2005年版，第196—210页。
② 王府属官，例如陈洪绶的六世祖陈元功曾任济南德王府典膳（掌管饮食的属官），张岱父张耀芳任鲁王府长史。幕僚（即后来的"绍兴师爷"）例如陈洪绶的曾祖陈鸣鹤，字子声，出任扬州知府的幕僚，后做到"经历"一职（总揽官府行政杂务的属官，相当于今日的"秘书长"或"办公室主任"。官阶随其襄理对象而定，知府下设的经历为正八品），余姚人在苏州当塾师例见冯梦龙《笑府》卷二，《腐流·余姚先生》（福州：海峡文艺出版社，1992年，第33—34页）。（业医例见陈洪绶族人陈良庵，《宝纶堂集》中有为他写的文章）。（以上材料由中央美术学院邵彦老师提供）

他如院体风格、专门的纪念像等不同的市场需求,陈洪绶也都能胜任。

首先从山水画来看,陈洪绶画有许多南宗及元代风格的作品。如《早年画册》中约画于1621年的《乱山丛树》(图3-1)学习王蒙的笔法,《待渡图》(图3-2)学习吴镇的水墨韵味,并运用了倪瓒一江两岸的构图形式。约画于1639年的《诗画精品册》①(图3-3)画米氏云山,又有元代高克恭山水画的意趣在内。陈洪绶约画于1640年的《秋景图扇》②(图3-4)山水用笔与构图都承袭了元代山水画特点,前景的树木还具有一定的写实性。

图3-1 明 陈洪绶《早年画册》之《乱山丛树》　　图3-2 明 陈洪绶《早年画册》之《待渡图》

① [明]陈洪绶:《诗画精品册》二十四页 绢本 设色 25.2厘米×21.2厘米(不等)藏地不详。
② [明]陈洪绶:《秋景图扇》金笺 设色 24.8厘米×48.1厘米 景元斋藏。

陈洪绶还有一种用方折的笔法所画的紧密厚实的山水作品。如约画于1624年的《五泄山图》①（图3-5）运用北宋时期大山大水的全景式构图，山体充实了整个画面，运用折笔及湿笔强化了山体的方折感以及山林葱郁湿润之感。约画于1627年的《父子合册》②（图3-6）中的《山水》一开，山石为方形，山体之间结构密实紧凑，比《五洩山图》更加的概括与提炼。约画于1638年的《烹茶图扇》③（图3-7）中的山水也具有同样方折用笔与紧实的构图。

图3-3 明 陈洪绶《诗画精品册》之《米氏云山》

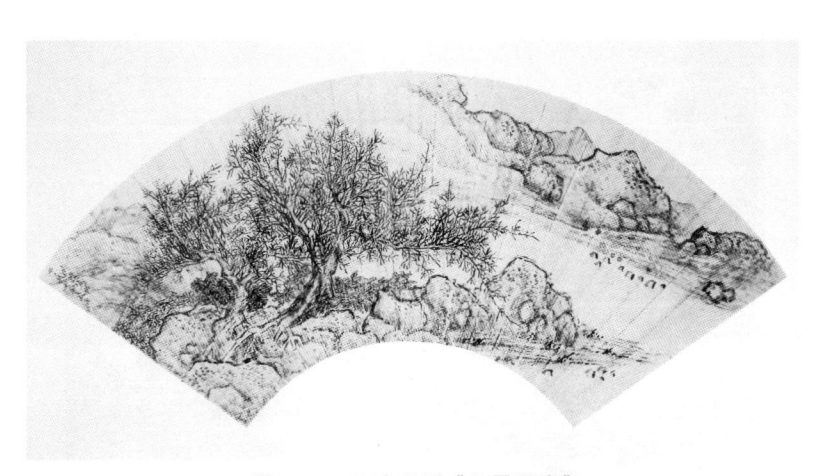

图3-4 明 陈洪绶《秋景图扇》

---

① ［明］陈洪绶:《五泄山图》轴 绢本 水墨 118.3厘米×53.2厘米 美国克利夫兰博物馆藏。
② ［明］陈洪绶:《父子合册》（陈洪绶七页）绢本 设色 22.2厘米×21.7厘米不等 翁万戈藏。
③ ［明］陈洪绶:《烹茶图扇》金笺 设色 20.3厘米×55.9厘米 纽约美国大都会博物馆藏。

图 3-5　明 陈洪绶
《五泄山图》

图 3-6　明 陈洪绶《父子合册》之《山水》

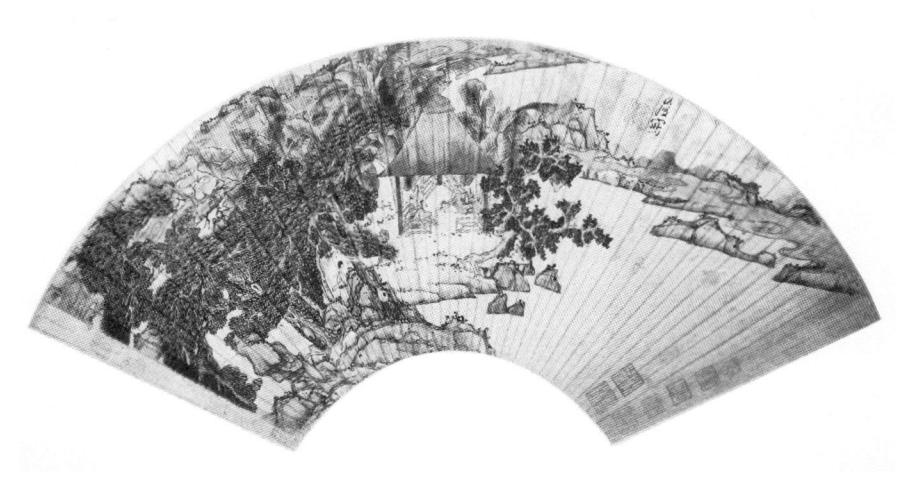

图 3-7　明 陈洪绶《烹茶图扇》

陈洪绶的花鸟画以宋代院体画风为主，如《早年画册》中创作于1622年的《双蝶采花》（图3-8）及《铜瓶插荷》（图3-9），创作于1619年的

《摹古册》（图3-10）①中的《残叶》《秋扇》《花与竹》等画作是典型的写生作品。1627年的《父子合册》中的《梅花小鸟》（图3-11）与约创作于同一年的《梅竹》（图3-12）都运用了宋代的折枝花鸟画的构图方式与表现形式。

图3-8　明 陈洪绶《早年画册》之《双蝶采花》

图3-9　明 陈洪绶《早年画册》之《铜瓶插荷》

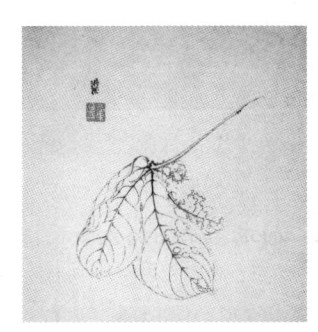

图3-10　明 陈洪绶《摹古册》之《残叶》

图3-11　明 陈洪绶《父子合册》之《梅花小鸟》

图3-12　明 陈洪绶《父子合册》之《梅竹》

---

① ［明］陈洪绶：《摹古册》纸本 水墨等 己未（万历四十七年1619）17.8厘米×17.8厘米 翁万戈藏。

1633年的写生作品《花鸟草虫册》①，无论是植物的描绘，还是动物动态的捕捉都十分生动自然。如《水仙》（图3-13），姿态婉约、用笔简洁，四片水仙叶穿插自然，水仙花的花瓣、花蕊、花蒂等部位描绘自然入理。又如，《蓝菊蜘蛛》（图3-14），蜘蛛网的描绘精确入微，但又不显烦琐与累赘，蜘蛛网的细密与菊花、石块的小写意画法形成了很自然而鲜明的对比。

图3-13　明 陈洪绶《花鸟草虫册》之《水仙》

图3-14　明 陈洪绶《花鸟草虫册》之《蓝菊蜘蛛》

　　另外，陈洪绶还能够自如地创作尺幅很大的花鸟画作品。如约创作于1635年的《荷花鸳鸯图》②（图3-15）为6尺绢画，所画荷花、蝴蝶、鸳鸯、青蛙及湖石等基本与原物等大，每一物象都刻画精微而生动，构图饱满而疏密有致，是陈洪绶大幅作品中的精品。

　　陈洪绶的人物画学习吴道子、李公麟的风格，似乎与民间粉本的传播有密切的关系。其中陈洪绶所画男性形象大多与宋元佛教绘画中的男性形

---

① ［明］陈洪绶:《花鸟草虫册》十页 绢本 设色 癸酉（崇祯六年1633）25厘米×20.2厘米 上海博物馆藏。

② ［明］陈洪绶:《荷花鸳鸯图》轴 绢本 设色 183厘米×99厘米 故宫博物院藏。

象相似。如约作于1616年的《白描水浒叶子》①中的《关胜》（图3-16）、《张清》（图3-17）、《卢俊义》（图3-18）等披铠甲的人物造型特点，与元代《提婆王图》②，明代宝宁寺壁画中的天王像相同。约创作于1625年的版画《水浒叶子》③加强了人物的动态，强化了衣纹的方折之感，与人物外形的整体方折感，突出了人物的平面性。但面貌仍然不脱南宋及元代人物造型、动态及用线特点。如《张顺》（图3-19）所用的线条短小，波折起伏，《萧让》（图3-20）的人物的动态、比例等与传为南宋李唐所画《田家嫁娶图》④（图3-21：1-2）中的人物有很多相似之处。

图3-15 明 陈洪绶 《荷花鸳鸯图》

图3-16 明 陈洪绶 《白描水浒叶子》之《关胜》

图3-17 明 陈洪绶 《白描水浒叶子》之《张清》

图3-18 明 陈洪绶 《白描水浒叶子》之《卢俊义》

---

① [明]陈洪绶：《水浒叶子》纸本 白描水墨 12.6厘米×5.3厘米 台湾石头书局收藏。
② [元]作者不详：《提婆王图》轴 绢本 墨笔 127.3厘米×44.2厘米 美国弗利尔博物馆藏。
③ [明]陈洪绶：《水浒叶子》纸本 木刻 黄君倩刻本 共二十三页 画框约18厘米×94厘米 李一氓藏。
④ 传［南宋］李唐：《田家嫁娶图》卷 绢 24.0厘米×102.7厘米 日本京都国立博物馆藏。

图 3-19 明 陈洪绶 版画《水浒叶子》之《张顺》

图 3-20 明 陈洪绶 版画《水浒叶子》之《萧让》

图 3-21-1 传 南宋 李唐《田家嫁娶图》(局部)

图 3-21-2 传 南宋 李唐《田家嫁娶图》(局部)

陈洪绶的仕女画创作学习唐代张萱、周昉，明代唐寅、仇英等人的风格。如1616年的《九歌图》①中的《湘君》（图3-22）、《湘夫人》（图3-23）旨在表现礼魂场景，运用了女性形象，她们是屈原的《九歌》中的人物形象，女性衣纹的飘动感极强，《湘君》与唐寅《秋风纨扇图》②（图3-24）中的仕女相似。《早年画册》有1621年画的《月下捣衣》（图3-25），其女性形象追求"流黄压秋韵，阿姊撮犛蛾，弹指交河土，征衣百辆过"之诗意，作品以表现意境为主，延续的是明代流行的仕女画类型：身形纤弱、高发髻、裙带飞动，头部与身体的比例为明显的1∶5的特点，与仇英《捣衣图》③（图3-26）中的仕女相似。1625年左右创作了《水浒叶子》，其中《扈三娘》（图3-27）形象明显具有明代仇英风格的样貌，与杜堇《仕女图》④（图3-28）、仇英《贵妃晓妆图》⑤（图3-29）中仕女相似。而《孙二娘》（图3-30）则丰满壮硕，与唐代周昉《挥扇仕女图》⑥（图3-31）、唐代张萱《虢国夫人游春图》（宋摹本）⑦（图3-32）中仕女形象很接近，《母大虫》（图3-33）也与唐代周昉《挥扇仕女图》（图3-34）的仕女形象相似。

图3-22 明 陈洪绶《九歌图》之《湘君》

图3-23 明 陈洪绶《九歌图》之《湘夫人》

① ［明］陈洪绶：《九歌图》纸本 木刻 丙辰（万历四十四年1616）尺寸不等 上海图书馆藏。
② ［明］唐寅：《秋风纨扇图》立轴 纸本 墨笔 77.1厘米×39.3厘米 上海博物馆藏。
③ ［明］仇英：《捣衣图》轴 纸本 水墨 95.3厘米×28.2厘米 南京博物院藏。
④ ［明］杜堇：《仕女图》上、下卷共六段 卷 绢本 设色 30.5厘米×168.9厘米不等 上海博物馆藏。
⑤ ［明］仇英：《贵妃晓妆图》册页 绢本 重设色 41.1厘米×33.8厘米 北京故宫博物院藏。
⑥ 传［唐］周昉：《挥扇仕女图》卷 绢本 设色 204.8厘米×33.7厘米 北京故宫博物院藏。
⑦ ［唐］张萱：《虢国夫人游春图》（宋摹本）卷 绢本 设色 51.8厘米×148厘米 辽宁省博物馆。

图 3-24　明 唐寅《秋风纨扇图》（局部）

图 3-25　明 陈洪绶《早年画册》之《月下捣衣》（局部）

图 3-26　明 仇英《捣衣图》（局部）

图 3-27　明 陈洪绶 版画《水浒叶子》之《扈三娘》

图 3-28 明 杜堇《仕女图》（局部）

图 3-29 明 仇英《贵妃晓妆图》（局部）

图 3-30 明 陈洪绶 版画《水浒叶子》之《孙二娘》

图 3-31 传 唐 周昉《挥扇仕女图》（局部）

图 3-32 唐 张萱《虢国夫人游春图》(宋摹本)(局部) 　　图 3-33 明 陈洪绶 版画《水浒叶子》之《顾大嫂》 　　图 3-34 传 唐 周昉《挥扇仕女图》(局部)

陈洪绶的创作还有一个鲜明的特点，便是在同一时期会运用两种不同的风格。如创作于天启年间的版画《水浒叶子》中顾大嫂、母大虫是唐代人物风格，扈三娘则是明代人物风格。又如约画于1633年的《山水人物图》①（图3-35），约画于1635年的《苏李泣别图》②（图3-36）中的男性衣纹都采用了方折线条风格，是对版画《水浒叶子》风格的延续。而在这一时期，1638年创作的《杨升庵簪花仕女图》③（图3-37）及《宣文君授经图》④（图3-38）中的男性形象，又是晋唐人物造型，线条流畅圆转。由此证明，陈洪绶对绘画风格的选择是由所画人物对象之特点来决定的。

---

① ［明］陈洪绶：《山水人物图》轴 绢本 设色 235.6厘米×77.8厘米 美国纽约大都会博物馆藏。
② ［明］陈洪绶：《苏李泣别图》轴 绢本 设色 127厘米×48.2厘米 美国景元斋藏。
③ ［明］陈洪绶：《杨升庵簪花仕女图》轴 绢本 设色 143.5厘米×61.5厘米 故宫博物院。
④ ［明］陈洪绶：《宣文君授经图》轴 绢本 设色 戊寅（崇祯十一年1638）173.7厘米×55.6厘米 美国克利夫兰博物馆藏。

图 3-35 明 陈洪绶《山水人物图》（局部）

图 3-36 明 陈洪绶《苏李泣别图》（局部）

图 3-37 明 陈洪绶《杨升庵簪花图》

图 3-38 明 陈洪绶《宣文君授经图》（局部）

通过对陈洪绶作品的分析，我们发现无论是山水、人物、花鸟，其创作都具备职业画家的"精工细作"之特点，尤其是人物、山水画科，还能够兼顾不同风格。他的人物画和花鸟画学习唐代风格及宋代的院体，也是其参与商业竞争必需的手段。应该说多样的市场需求是陈洪绶选择绘画风格时的一个重要因素。由于市场的需求是多方面的，绍兴有了较多的从事逸品画、文人画的画家，如祁豸佳、姚允在、王思任、黄宗会等人，陈洪绶的风格选择，既有他个性与天赋的因素，也应该有产品特色方面的考虑。

第二节 尚"奇"

陈洪绶生活的晚明是一个尚"奇"的时代。翻阅晚明的文献，我们会发现"奇"在晚明被广泛地使用。对当时的艺术家和批评家而言，"奇"被作为一个重要的概念和品评标准，是原创力的代称。被称为"奇"的作品是能够代表这一时期审美理念的佳作。"奇"和当时思想界鼓吹的追求真实的自我又有着密切的关系。如果将实现自我转换成表现自我时，作者和观众都认为它是自然的流露，那么"奇"就被作为是一种自我的真实表现。因此，"奇"就成为合理的能够被大众认同的一种自我表现方式。而这种表现通常需要一种特殊的外表，让他人可以感知到其"不同"之处，因而通过怎样的手法来表现出"奇"的特性是非常关键的因素。在晚明表现"奇"的方式十分多样。

"古"之奇。万历年间何镗辑录《高奇往事》一书，书前有何镗的题辞，云："山居多暇，时时散帙，一对古人，遇所会心事，辄以片楮札记，久之盈笥，每籍手以拜曰：往哲精灵不在是耶？遂区分类聚，概以高苑、奇林二类，类各五目，又使事从其目，共得十卷，统题其端曰：《高奇往事》。"[①] 此书中高苑类共有五目，分别为高行、高节、高论、高致及高义，奇林类的五目为奇行、奇言、奇识、奇计及奇材。从广阔的文化背景来看，此书的印刷出版应当可以看成是晚明文人追求"奇"的行为方式。通

---

① [明]何镗辑：《高奇往事》《题辞》，明万历刻本。

过欣赏古人的高、向往古人的奇，模仿他们的言行，在当时便是"奇"的表现。古代的习俗与事物由于和晚明读者之间隔着久远的年代，已不再是日常生活经验的一部分，因此容易产生"奇"的效果。

异国之奇。中国和外国之间的空间距离也有着与古代之于现在的类似之处。异国的自然地理环境、人种、文化习俗、物产都能激发晚明人的好奇心。当时的士大夫对传教士带到中国来的天文仪象、望远镜、喷泉、棱镜、自鸣钟等都表现出极大的好奇心和羡慕。"海外诸奇"在晚明尚"奇"的风潮中也出现在艺术作品中，最有影响力当是程君房所刻墨谱《程氏墨苑》中收入由利玛窦传入的《圣经》插图，他还将传教士发明的罗马拼音刻到自己的墨谱中，以增加"奇"的意趣，从而增强了市场竞争力。

写作之奇。文人们对奇器奇事的癖好，还反映在当时的通俗文化中。晚明通俗小说常见以"奇"为标题，如《拍案惊奇》《古今奇观》等。当时出版的某些"万宝全书"之类的指导日常生活的日用类书，如《绘入诸书备采万卷搜奇全书》(《又名《新刻眉公陈先生编辑诸书备采万卷搜奇全书》)即用"奇"字来标榜而吸引买家。

"奇"在晚明的文化中具有多重的意义和功能，并且可以涵括不同的文化现象。它或是文人的理想人格，一种高雅不俗的生活形式；或是社会上下关系浮动时代的精英分子用以重新界定自己的社会身份和与众不同的行为；或是知性上的好奇心和追求，文艺批评中使用的一个重要美学概念；或是奇异新颖的物品和大众对异国风土人物的好奇心；或是印刷业用以招揽顾客的广告性语言，通俗文化的制作者用来制造大众娱乐生活中的戏剧性效果……不管是以具有明确的哲学思潮或文艺观为基础的执着追求，还是对时尚的盲目模仿，不管是汤显祖所谓"不思而至"的自然流露，还是刻意的哗众取宠，总之来自不同社会背景的人们怀着不同的目的，用不同的语言，从多种角度来谈论和使用"奇"，"奇"于是成为人们关注的重点和议论的中心，这就造成了一种社会语境，处于这种语境中的人们，好奇也猎奇，惊世骇俗的标新立异之举受到鼓励和激扬。①

---

① [美]白谦慎：《傅山的世界——十七世纪书法的嬗变》，三联书店2006年版，第14—25页。以上对于晚明"奇"的论述皆参见本书中《尚"奇"的晚明美学》一章。

陈洪绶即身处于"奇"的环境中,他同样也要面对具有挑剔口味、好尚"奇"风的顾客,而如何在其书画作品中紧跟时尚"奇"风,是陈洪绶在选择书画风格时必须考虑的一个重要因素。

一、书法中的尚"奇"

陈洪绶对于晚明书法中"奇"的流行十分敏感。他总是能够与当时的尚"奇"书风同步。其中,陈洪绶在书法中对古体字及异体字的运用以及对张瑞图新奇书法风格的学习便是紧跟时风的表现。

晚明兴起的文人篆刻,对当时的书法产生了很大的影响,刺激了人们对古文字及异体字的热情。篆书作为一种古代字体,自汉代以后就很少运用于日常书写。但是,从春秋至战国初期印章开始流行,印章文字与篆书关系密切,很多印章都是用篆书系统的文字刻制的,晚明文人篆刻也不例外。虽然篆书不再作为日常通行的正体字,难辨难认,人们对它日益生疏,却为那些常常象征个人身份和社会政治权力的印章增添了神秘感和权威性。文人篆刻的兴起,刺激了人们更多地关注古文字及异体字。而在当时有很多书法家便在自己的作品中运用了古体字或异体字。

王铎喜欢在书法中运用古体字或异体字,写于1641年的《柏香帖》①中"古"(图3-39)字便是异体字。明亡后,王铎仍旧保留着这种习惯,1646年《临颜真卿八关斋会记》②中就将"龙"(图3-40)、"春"(图3-41)等写为异体字。

黄道周也喜欢运用异体字。崇祯十四年(1641)所写《定本孝经册》③,将"首"(图3-42)、"友"(图3-42)、"口胃"(图3-43)等写为异体字。

---

① [清]王铎:《柏香帖》,现存沁县柏香镇,转引自白谦慎:《傅山的世界——十七世纪书法的嬗变》,三联书店2006年版,第78页。

② [清]王铎:《临颜真卿八关斋会记》,转引自白谦慎:《傅山的世界——十七世纪中国书法的嬗变》,三联书店2006年版,第79页。

③ [明]黄道周:《定本孝经册》纸本 楷书 辛巳(崇祯十四年1641)故宫博物院藏。

图 3-39　清 王铎《柏香帖》"古" 　　图 3-40　清 王铎《临颜真卿八关斋会记》"龙" 　　图 3-41　清 王铎《临颜真卿八关斋会记》"春"

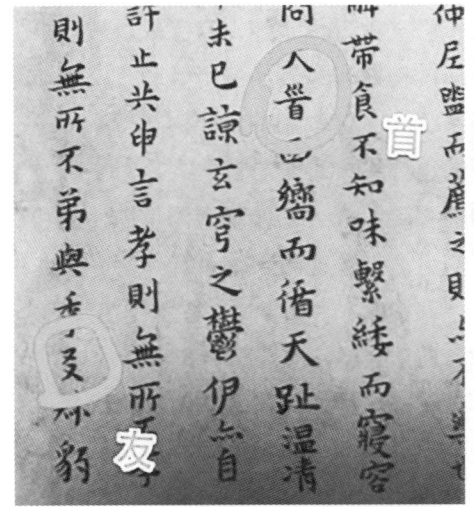

图 3-42　明 黄道周《定本孝经册》异体字"首""友" 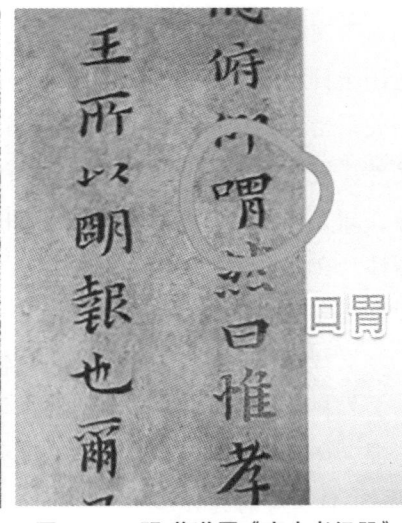　　图 3-43　明 黄道周《定本孝经册》异体字"口胃"

　　倪元璐在行草书中也运用过异体字，如《饮酒自书诗》①（图 3-44）将"地"（图 3-45）字写为异体字。

　　在这些喜用异体字的书法家中，黄道周与陈洪绶为师生关系，倪元璐与陈洪绶是好友。虽没有王铎与陈洪绶交往之记录，然王铎与黄道周、倪元璐三人同为天启二年（1622）进士，并协力进行书法上的变革。三人在书法上对异体字的运用，陈洪绶当不陌生。

---

① ［清］倪元璐:《饮酒自书诗》（后人临本？）轴 绢本 103.9 厘米 ×47 厘米 美国弗利尔美术馆藏。

图 3-44　明 倪元璐
《饮酒自书诗》

图 3-45　《饮酒自书诗》中异体字"地"

蓝瑛作为职业画家，对尚"奇"的时风也是极为敏感，他经常在立轴画题目和册页对题上用隶书风格进行书写，并且常常夹杂一些异体字在其中。如《华岳高秋图》①中"华"写作"花"，而"秋"用异体结构；《澄怀观道图》②册中仿范宽一页对题自书诗中"雪""寒"等字用古体、"团"字为异体俗写。③蓝瑛是陈洪绶的老师，他的风格陈洪绶自然也是很熟悉的。

陈洪绶很早就开始在作品中运用古体字及异体字。早期的书法中有较多的异体字出现，他约画于1615年的《无极长生图》④中自题："此老者蹲坐于不识不知之地，居于无何有之乡。鸿濛点劫以前，有此金筋玉骨，禀

---

① ［明］蓝瑛:《华岳高秋图》轴 绢本 设色 310厘米×102.2厘米 上海博物馆藏。
② ［明］蓝瑛:《澄怀观道图》册八开 纸本 设色 42.5厘米×23.2厘米 北京故宫博物院藏。
③ 邵彦:《追摹与疏离—市场与时风影响下的蓝瑛绘画》,《中国书画》2010年第11期，第8页。
④ ［明］陈洪绶:《无极长生图》轴 绢本 设色 乙卯（万历四十三年1615）52.6厘米×22.2厘米 上海博物馆藏。

受乾健之体。天地间以一开一合之际，即老者为一吐一纳之气，出没隐现之端。来时一，去时八万四千。人不知其所终，亦莫知其所始。此义出楞严，世未有知之者。余作此无极长生图，遗为世之称觞寿域。问老之姓氏，即无量胜寿佛者是也。时万历乙卯秋，枫溪莲子陈洪绶敬写于广怀阁。"其中的异体字有"合""气""金""枫""敬""绶"（图 3-46：1-6）等。陈洪绶落款的"绶"字作异体在1627年的《早年画册》中也可以看到。

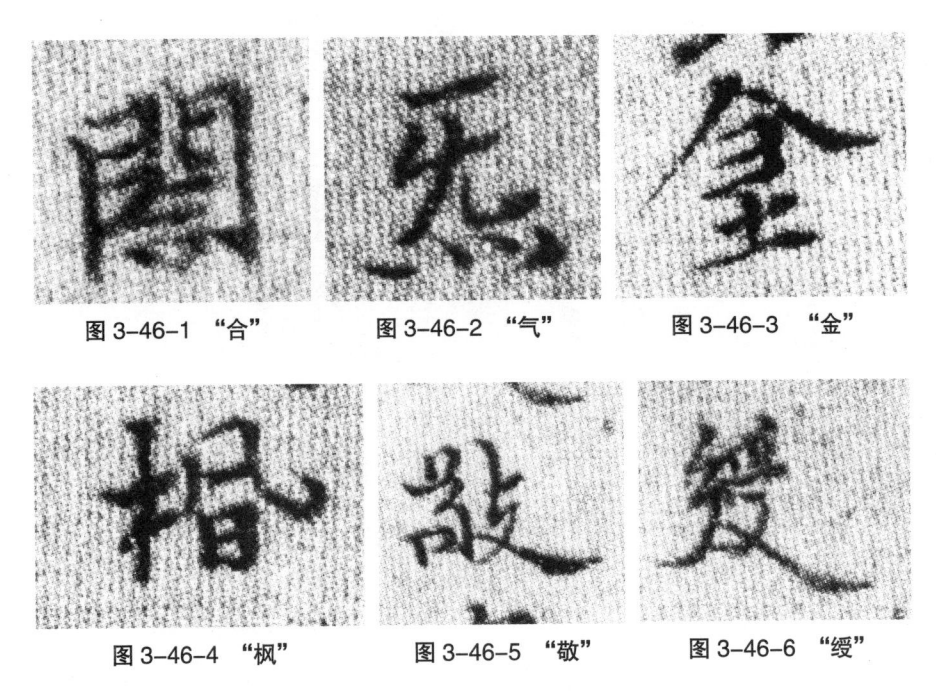

图 3-46-1 "合"

图 3-46-2 "气"

图 3-46-3 "金"

图 3-46-4 "枫"

图 3-46-5 "敬"

图 3-46-6 "绶"

在1620年《准提佛母法像》[①]中有三行自题："大明万历四十八年正月二十有九日，山阴陈至谟曰：志心顶礼者数年，未得瞻仰法身，子盍为我敬图宝相。陈洪绶薰沐写。"其中"历""我""宝""薰""写"（图 3-47：1-5）等为古体字。

---

① ［明］陈洪绶:《准提佛母法像》轴 纸本 水墨 庚申（万历四十八年 1620）135 厘米 ×48.6 厘米 美国纽约大都会博物馆藏。

图 3-47-1 "历" 　　图 3-47-2 "我"

图 3-47-3 "宝" 　　图 3-47-4 "薰" 　　图 3-47-5 "写"

陈洪绶不仅在书法作品中运用异体字，在印章中也用了异体字，如《准提佛母法像》（图 3-48）、《竹石图扇》（图 3-49）的"莲子"印。[①]

图 3-48　明 陈洪绶《准提佛母法像》"莲子"印 　　图 3-49　明 陈洪绶《竹石图扇》"莲子"印

---

① ［美］翁万戈编著：《陈洪绶》，上海人民美术出版社 1997 年版，第 233 页。

尽管王铎、黄道周、倪元璐、蓝瑛等人的异体字作品较陈洪绶晚些，并不能说明陈洪绶对于异体字的偏好来源，但陈洪绶敏锐地察觉当时异体字流行的书法风尚确是无疑的。

陈洪绶对于书风变化的敏锐性，还表现在他对张瑞图书法风格的学习。

张瑞图的书法中，小楷的书法风格成熟较早。其小楷取法钟繇，用笔结体均率意而为，在古朴中有放达散淡的情趣。张瑞图也比较注意小楷的点画之间、字形之间的呼应及笔势的协调，他自己称之为"以行为楷"，这种超越宋唐取法魏晋的风格，在当时可谓是一种新奇而成功的审美选择。他的这种风格得到了在审美趣味和艺术追求上均与之不同的董其昌的认可，张瑞图在崇祯十年（1637）回忆到："记壬戌都下董玄宰先生，先生谓：'君书小楷甚佳，而人不知求，何也？'"[①] 张瑞图取法魏晋钟繇之风[②]（图3-50）的风格对黄道周、王铎等人的小楷有较为直接的影响。如黄道周1639年《己卯初冬和戴伯闇诗翰卷》[③]（图3-51）就是取法钟繇楷书风格，王铎《琅华馆崇古帖》[④]（图3-52）的款题楷书，也学的是钟繇。陈洪绶早年的楷书，也多有钟繇之风，如1616年为来斯行祝寿的《人物图》[⑤]（图3-53）款题中的"辰""婿""陈""绶""庵"等字捺很重，有隶书及章草的味道。1620年《准提佛母法像》（图3-54）中的书法风格无论是结体，还是韵味，都明显与钟繇风格相似。1622年《桃花图扇》[⑥]（图3-55）自题七绝："风流太守玉骢骄，结辔桃源路不遥，遗我落英酬醉墨，一绡玉迥遇周瑶。壬戌春仲，陈洪绶写送沈相如先生出守武陵。"也有章草的韵味。

---

① 刘恒：《张瑞图其人其书》，刘正成主编：《中国书法全集·张瑞图》，荣宝斋1992年版，第13页。

② 刘恒：《张瑞图其人其书》，刘正成主编：《中国书法全集·张瑞图》，荣宝斋1992年版，第13页。

③ ［明］黄道周：《己卯初冬和戴伯闇诗翰》卷 纸本 楷书 己卯（崇祯十二年1639）台北故宫博物院藏。

④ ［清］王铎：《琅华馆崇古帖》纸本 行书 甲申（崇祯十七年1644）16.4厘米×127.9厘米 辽宁省博物馆藏。

⑤ ［明］陈洪绶：《人物图扇》金笺 设色 丙辰（万历四十四年1616）16.5厘米×52.4厘米 北京故宫博物院藏。

⑥ ［明］陈洪绶：《桃花图扇》纸本 设色 壬戌（天启二年1622）18厘米×53.5厘米 台北故宫博物院藏。

图 3-50 清 张瑞图《小楷书评》（局部）

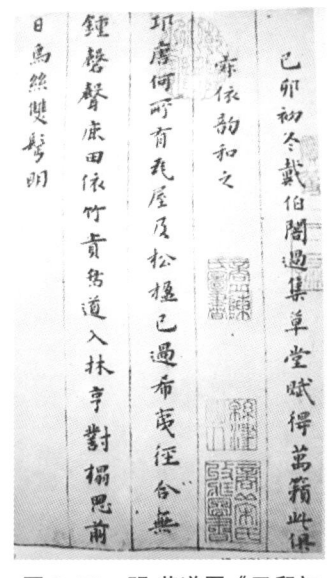

图 3-51 明 黄道周《己卯初冬和戴伯闇诗翰》（局部）

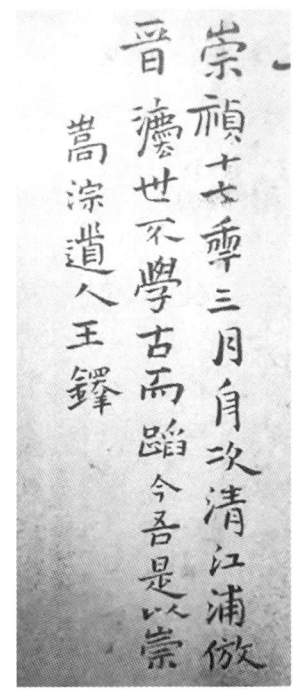

图 3-52 清 王铎《琅华馆崇古帖》款题

图 3-53 明 陈洪绶《人物图》款题

图 3-54　明　陈洪绶
《准提佛母法像》

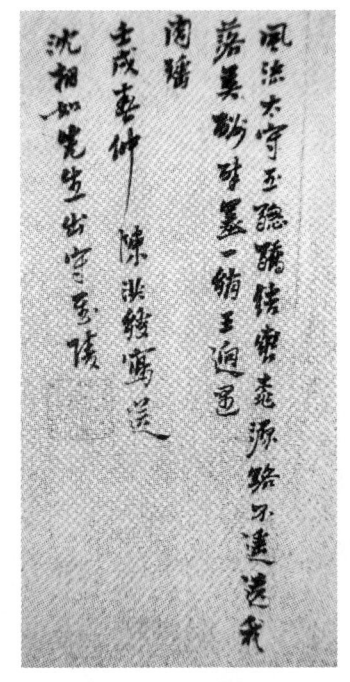

图 3-55　明　陈洪绶
《桃花图扇》自题七绝

陈洪绶不仅学习张瑞图以魏晋入楷的方法，他1628年时的行草也是效法张瑞图成熟期的风格。从天启元年（1621）至崇祯元年（1628），张瑞图行草的个人风格逐步成熟，并渐趋强化。他的行草取自钟繇和二王，尤以二王居多。在字形上，张瑞图将二王书法中的圆体特征删减，变圆转为方折；在用笔上，夸张了羲、献书法中露锋习惯；在章法上，强调横势，紧缩字距，并由此形成较强的视觉冲击力。陈洪绶在1628年时由原来的隶味极浓的楷书及行书，转而专学张瑞图的此种风格。如约1628年画作《棹云耶溪图》①（图3-56）中的题跋："棹云耶溪，开尊佳夜。洪绶。"同年所画《水仙湖石图》②（图3-57）中的题跋："戊辰雪夜取醉若耶，友人敦迫书画，十指几裂，得此篷于稍闲时。洪绶醉后画于读书处。"1629

---

① ［明］陈洪绶:《棹云耶溪图》轴 纸本 设色 125厘米×45厘米 至乐楼藏。
② ［明］陈洪绶:《水仙湖石图》轴 绢本 设色 戊辰（崇祯元年1628）69.3厘米×26.5厘米 翁万戈藏。

年《仿文同墨竹图》①（图3-58）的题跋："洪绶画竹以与可为第二义，然第二义亦不可多得。时己巳暮冬醉后，书于清泉草堂。"同年所书《自书诗册》②（图3-59）等作品皆学张瑞图。但是这种书风仅仅持续了两年，1630年以后陈洪绶的画作便再也没有出现过这种风格，而且此后的书法中也再未见类似张瑞图风格的作品。

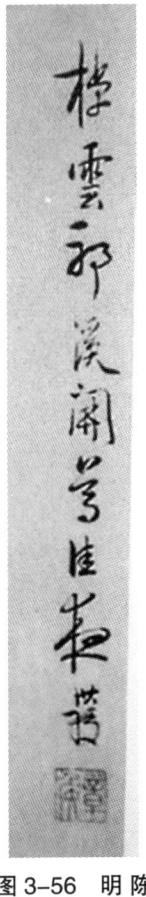

图3-56 明陈洪绶《棹云耶溪图》款题

图3-57 明陈洪绶《水仙湖石图》款题

---

① ［明］陈洪绶:《仿文同墨竹图》轴 纸本 水墨 己巳（崇祯二年1629）122.7厘米×51.2厘米 上海博物馆藏。
② ［明］陈洪绶:《自书诗册》纸本 己巳（崇祯二年1629）黄苗子藏。

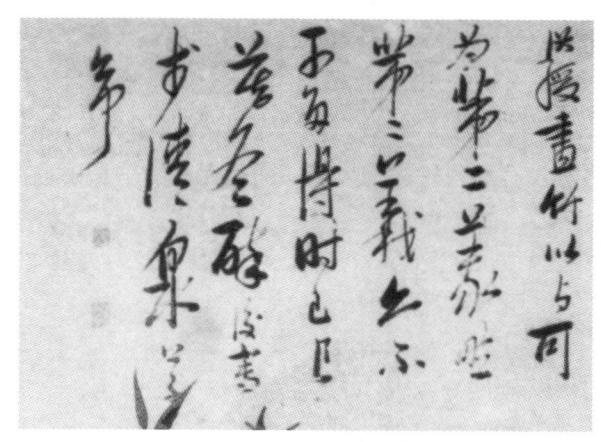

图 3-58　明 陈洪绶《仿文同墨竹图》款题 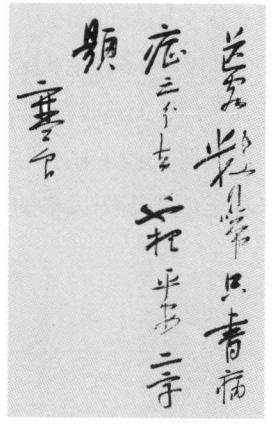　　图 3-59　明 陈洪绶《自书诗册》（局部）

　　此中原因，或与张瑞图本身的官场沉浮有密切关系。张瑞图在天启元年十月离家北上，第二年正月抵达北京，被任命为右庶子兼翰林院侍读。四月管理文官诰敕，十月掌司经局印，管理太子府图书。天启三年（1623）七月升詹事府少詹事，官正四品。天启四年（1624）告假还乡。天启五年（1625）十一月升礼部右侍郎兼翰林院侍读学士，协理詹事府事，并充《明实录》副总裁。天启六年（1626）夏，张瑞图进京就任礼部右侍郎一职，七月与礼部左侍郎施凤来，詹事府李国槽俱升为礼部尚书兼东阁大学士，入阁与首辅顾秉谦等一同办事，进入最高决策层。九月魏忠贤在杭州立生祠，熹宗御赐"普德"题额，由施凤来写碑记铭文、张瑞图书丹。天启七年（1627）三月，以滇南大捷加恩，张瑞图、施凤来、李国槽俱晋为少保兼太子太保，改户部尚书兼武英殿大学士，各荫一子中书舍人。八月又加张瑞图等人为少师兼太子太师，进中极殿大学士。天启七年（1627）八月，明熹宗病死，由其弟朱由检继位。阉党一派倒台，魏忠贤上吊自杀，诸死党亦相继伏诛。反对魏忠贤的官员纷纷进言为东林党鸣冤，并论及黄立极、施凤来、张瑞图、李国槽等阁臣逢奸误国。张瑞图多次祈求免官，崇祯元年（1628）三月，张瑞图、施凤来二人致仕还乡，并加瑞图太保，遣行人护送。崇祯二年（1629）正月，因思宗谓："瑞图为忠贤书碑，非实状耶？"张瑞图被定"结交近侍又次等"之罪，名列"逆案"第六等,论徒三年,后纳资赎罪为民。①

由此再来看陈洪绶学习张瑞图成熟风格之作品时,张瑞图虽然已经还乡,但仍旧受到思宗礼遇,其名望尤在。崇祯二年(1629)元月,张瑞图被定为"逆党",其名声自然下滑,陈洪绶在崇祯三年后(1630)书法创作中不再有张瑞图书风特点,显然与张瑞图的宦海沉浮有关。

放弃张瑞图书风,陈洪绶书法开始参学怀素,兼收褚遂良、米芾之长,再得力于颜真卿的《三表》。在结字与审美趣味上,陈洪绶追求险侧劲拔,富于动感的书风,这与黄道周、倪元璐等人在书风上追求变化、"奇"险的特点又是相一致的。

黄道周、倪元璐及王铎天启二年(1622)为同科进士,时人号为"三株树""三狂人"。政治上,他们三人同是倾向于东林党的清流。在学问上,均致力于儒学,雅好诗文,在书法上则倾向于书法的变革。

黄道周行草书,以二王为宗,兼参章草笔意,用笔生辣且折转、圆转结合并用;落笔往往以露锋侧下,横画跌宕,竖画开张,结字欹侧平扁而又字距紧密,较之行距疏朗,形成鲜明对比。

倪元璐则是得王右军、颜鲁公和苏东坡三人翰墨之助。黄道周曾在《书秦华玉镌诸楷法后》云:"同年中倪鸿宝笔法探古,遂能兼撮子瞻、逸少之长,如剑客龙天,时成花女,要非时妆所貌,过数十年亦与王、苏并宝当世,但恐鄙屑不为之耳。"他的书法特点除了笔意尚存右军、东坡、鲁公遗韵外,结字、用笔、章法已与之大相径庭。其受益苏字,能将苏字的扁平结字特征,化为狭瘦的自家构字法则;学王字则把王氏书中居多的方笔变为圆笔;晚期用力颜字,用笔毛涩,取"屋漏痕"意,书法渐趋浑沉。

王铎则选择米芾为其突破口,把米书以"刷"字为特征的用笔纳入到自家中锋绞转之中,以墨的流动与涨沸制造点线与墨块的对比,纵而能敛,势若不尽。其行书中沉着痛快的气势、欹侧跳宕的结构以及笔画粗细对比的程度都不出米芾的影响。②

---

① 刘恒:《张瑞图其人其书》,刘正成主编:《中国书法全集·张瑞图》,荣宝斋1992年版,第2—3页。

② 王庸:《中国书法简史》,北京高等教育出版社2004年版,第250—256页。以上王铎、黄道周、倪元璐三人书法风格分析参见此书。

对比陈洪绶与此三人书法风格可以看出，陈洪绶与师友们在书风上都倾向于取欹侧之态，只是每个人所采取的方式不同而已。可见紧跟时风当是陈洪绶在选择书法风格上的一个重要原则。

二、绘画中的尚"奇"

绘画方面，陈洪绶对贯休"形骨奇怪"风格的借鉴及在绘画中频繁地用"古器"，也与晚明的尚"奇"风气相契合，应是受到吴彬、丁云鹏等画家的影响。

南京作为明代的留都，在晚明聚集了大量的文人艺士，也是尚"奇"之风最盛之地。在商业活动集中的城镇，由于文化尚"奇"的美学之风成为城市文化中不可或缺的元素，促使商人制作新产品，艺术家独创地方特色的物品来迎合时尚、吸引顾客。城镇市民因此逐渐发展出欣赏戏剧性、追求感官刺激的审美趣味。但是，当大众对原本奇特而罕见的事物熟悉一段时间后，商人和艺术家就必须玩出新花样去迎合他们变动的审美趣味。而其中能制造具有刺激性的奇特作品的艺术家，才能在金陵走红。

南京的尚"奇"之风给绘画中具有"奇"风的画家提供了良好的创作环境及较大的市场。对于绘画"奇"风的推行，不仅有吴彬在实践上的突出表现，还有顾起元对吴彬绘画中的"奇"风提供的很合理的理论支持，这使得绘画中的"奇"成为了一种能够转变画坛风向、扭转画坛弊端的重要手段，也使得南京成为可以和全国其他画派抗衡的一个重镇。

吴彬，字文中，一作文仲，号质先。福建莆田人，流寓金陵。吴彬在万历十九年（1591）至万历二十八年（1600）之间到南京。吴彬早年山水画风一方面是沿袭晋唐五代宋元诸家名迹，另一方面是受福建当地地域山水之影响，所作山水构图气势取法北宋的高远超脱，而山石的造型结构，又以福建山水为对象，将真实形象加以夸张，使其山水布置陡峭险峻，异于一般的绘画风格。吴彬因善画，神宗招为中书舍人，后吴彬因京畿左近，所见景物，视界浅短，故请求让他远游西蜀。吴彬西蜀之行画风转变，构图宏伟、笔墨雄浑。吴彬到南京后，与当地画家、收藏家密切往来，其中与米万钟关系最近，与收藏家徐弘基也有往来。在佛像画方面，吴彬则是取法贯休，佛像人物面取梵像，造型以刻板装饰为主，也具有奇特之风格。

顾起元（1565—1628），字太初，一作璘初、瞒初，号遁园居士，应天府江宁人。万历二十六年进士，官吏部左侍郎，兼翰林院侍读。乞退后，闭门潜心著述。朝廷曾七次诏命为相，均婉辞之。卒谥文庄。著有《金陵古金石考》《客座赘语》《说略》等。顾起元在《六朝遗迹画册》作跋中云："往见文太史徵仲写金陵十景，美其妍媚，鬱纡之致，掩映一时，惜不能尽览古今之胜"[①]，这表面上似乎只批评了文派画风不能传达金陵风神的缺点，实际上是为表达他对前一时期吴派画风演变成为全国性主导风格的不满。对于在松江董其昌所推动之复古品味来说，顾氏则更是不肯认同，他在为《归鸿馆画册》作序时，便特别揭出一味尚古的流弊："余尝见今之论画者曰，某唐某宋某元，其估十百，曰为今某氏也，估十不得二焉。试取所谓古人而阅之，其隃胜于今之人者，不数数见也。即隃胜于今之人者，又或出于今人之所赝为而非其真者也。……人轻真今而重伪古，欲售伪者必假真，为今愈工则伪古愈伪矣。……或曰今之画者必师古人，否则不足以言画。应之曰，穷缣素之寿，千年已矣，其迹必归于尽，而其理则久而弥新。世有真能悬解顾陆张展之理者，即超然独出，不必袭其迹可也。……"[②]顾起元认为一味崇古的弊病在于会产生"伪古"，若要救此弊端，唯有提倡"超然独出"，不必袭古人之迹。他所说的"超然独出"的品质，是如何创作出与古人精神相合，且与众不同的新变。顾氏以这种眼光来看当时文学之发展时，则又将"新"与"奇"的效果，作了风格上的联系。他在《金陵社草序》写道："十余年来天网毕张，人始得自献其奇。都试一新，则文体一变，新新无已，愈出愈奇。论者往往指目□行卷，以为足当开元大历之风。澄汰芜岁，登纳菁英，斯固休明之盛际也。"[③]

顾氏在文艺品味中所追求的新奇趣味，使得他在绘画上特别推重吴彬的成就。吴彬在山水画方面以装饰的手法，追求山石形体之奇矫，不仅在画面中有着不同于自然界的扭曲与悬垂，甚至还制作了花园湖石中的穿透造型。顾起元将吴彬的这种山水画则赞叹为"鬼斧神工"的灵璧奇石。在人物画方面，顾起元称赞吴彬作栖霞寺五百罗汉图时，说："文仲君八闽之高士也，凤世词客，前身画师。飞文则万象缩于毫端，布景而千峰峙于颖

---

① ［明］顾起元：《懒真草堂集》，台北文海出版社 1970 年版，第 2951—2952 页。
② ［明］顾起元：《懒真草堂集》，台北文海出版社 1970 年版，第 2564—2565 页。
③ ［明］顾起元：《懒真草堂集》，台北文海出版社 1970 年版，第 2554 页。

上。……"①栖霞寺五百罗汉图现已不存，但由传世吴彬所作罗汉像可以看到，他所画罗汉不仅更具梵像，且在造型上有故意刻板化的夸张。②

丁云鹏（1547—1628尚在），字南羽，号圣华居士。安徽休宁人。父丁瓒，母汪硕人。丁瓒为人拓驰，喜结客，又有嗜古之癖，喜聚集古鼎铜彝、陶瓷、书画，丁瓒亦善书画，有米芾之风。丁云鹏年三十时住松江，而后居吴中。为詹景凤之门人。丁云鹏诗书画俱精，李维桢为之作诗序时，对其诗文推崇备至，董其昌将其与摩诘相比。丁云鹏作品有山水与佛画两类，画风有粗细两种，在当时获得较高的评价。

吴彬与丁云鹏两人在罗汉像的创作方面都受贯休风格的影响，作品皆表现出"奇"的特点。贯休所作的十六罗汉像有三个特点，一是罗汉呈胡貌梵像，二是形骨古怪，三是曲尽其态。贯休之十六罗汉像所出之前，已有胡服梵像之罗汉造型。曲尽其态，变化多端的罗汉在唐代也已有了。因此说贯休最具创意的特点是其形骨古怪、状貌奇特。③

贯休创作的十六罗汉流传颇广。宋太平兴国（976—984）初，太宗即从蜀地收得贯休罗汉十六帧。北宋苏轼藏有贯休罗汉画，并见到浴国寺的法真大师处的贯休十六罗汉本，且为其作赞。苏轼又在广州清远峡宝林寺见到贯休的十八罗汉。宋徽宗（1101—1126）宣和内府藏有二十六件贯休的罗汉画。南宋陆游在浙江会稽县法云寺见过贯休十六罗汉像。南宋末日本留学僧俊芿在临安府购得贯休罗汉画。有宋一代，北至汴京、南至广州、西至四川、东至浙江都有贯休罗汉流传。到明代万历二十年（1592）前后，紫柏尊者即购得贯休十六罗汉画（简称紫柏本）并积极推广贯休罗汉画。④

---

① ［明］顾起元：《懒真草堂集》，台北文海出版社1970年版，第284页。
② 石守谦：《由奇趣到复古——十七世纪金陵绘画的一个切面》，《故宫学术季刊》1998年第15卷第4期，第33—76页。关于金陵尚"奇"的论述参见此文。
③ 陈清香：《罗汉图研究》，台北文津出版社1995年版。以上关于罗汉像及贯休艺术特点参见此文。
④ 李玉珉：《明末罗汉画中的贯休传统及其影响》，《故宫学术季刊》2004年第22卷第1期，第123页。以上关于贯休罗汉画的流传见此文。此文研究指出，虽然紫柏尊者所购得的这套贯休《十六罗汉》原画不存，然而此本与宋代所传的怀玉山本（以官内厅本为代表）的图像略有出入，应是怀玉山本的摹本或再摹本。同时罗汉画在像教上的重要性，应是紫柏尊者积极推广贯休罗汉画的原因之一。

图 3-60-1　明 丁云鹏《应真云汇》(局部)

图 3-60-2　明 丁云鹏《应真云汇》(局部) 　　图 3-60-3　明 丁云鹏《应真云汇》(局部)

　　贯休罗汉图在明末的流传是当时画家学习贯休风格的有利因素。丁云鹏之绘画风格转变便是发生在他与紫柏尊者交往密切时期，他1596年所绘的《应真云汇》①（图3-60：1-3）（台北故宫博物院藏）与紫柏本的贯休《十六罗汉》②（宫内厅本为其再摹本）相似，与丁云鹏早期世态像的罗汉大异其趣。如画中伏虎罗汉与紫柏本的第十一怙罗尊者无异（图3-61）。此

---

① ［明］丁云鹏:《应真云汇》卷 纸本 墨画 664厘米×33.6厘米 台北故宫博物院藏。
② ［五代］贯休:《十六罗汉》轴 绢本 设色 90厘米×45厘米 日本宫内厅藏。

尊罗汉的下一组倚石而坐的罗汉由紫柏本中的第十六罗汉变化（图3-62）而来等。① 通过比较我们可以发现丁云鹏的《应真云汇》主要借鉴了贯休罗汉的造型与动态，他弱化了贯休罗汉像中的排比的线条与形骨的凹凸之处，强化了罗汉的面目特征，多用鬓发与头部的夸张变形相结合表现出罗汉的更多"古怪"之感，而缺少了贯休罗汉的平面装饰效果。

吴彬所画《画楞严廿五圆通佛像》②（图3-63）（台北故宫博物院），成于1617年至1620年间。陈继儒在此跋后有："是册为吴兴潘朗士亲为经营指授，故胡服梵像，意能豪发，皆向笔端出现。"③ 陈继儒所指"胡服梵像"即出自贯休。册中的佛像多用贯休罗汉像中的铁线描法，线条多平行弯曲，呈现平面装饰效果。背景的描绘也多以曲线重叠描绘，具有很强的装饰性，与佛像之线条相呼应。只是册中佛像的形貌面部状态为世态像，并未有贯休罗汉像之过多的凹凸之感。因此，吴彬之佛像较之贯休罗汉像，少了许多古怪，而多以奇特为主。

图3-61 传 五代 贯休《十六罗汉》第十一尊者

图3-62 传 五代 贯休《十六罗汉》第十六尊者

图3-63 明 吴彬《画楞严廿五圆通佛像》

---

① 李玉珉：《明末罗汉画中的贯休传统及其影响》，《故宫学术季刊》2004年第22卷第1期。关于《应真云汇》与贯休罗汉像的关系见此文。
② ［明］吴彬：《画楞严廿五圆通佛像》册 绢本 设色 35.3厘米×62.3厘米 台北故宫博物院藏。
③《晚明变形主义画家作品展》，中国台北故宫博物院1977年版，第23页。

陈洪绶从早期至晚期的绘画，都可以看到贯休罗汉风格的影响。他在《宝纶堂集》卷六有六言绝句三首，其中一首云："莫笑佛事不作，只因佛法不知。吟诗皎然为友，写像贯休是师。"①此诗虽然是作于明亡后，但可以确切地知道陈洪绶在人物画上的确是学习过贯休的风格。

　　而从贯休风格在晚明的流传情况来看，陈洪绶是有机会看到贯休罗汉风格的图像以及丁云鹏、吴彬所画的受贯休风格影响的佛像画。

　　丁云鹏与吴彬皆生活在晚明时代，丁云鹏生于1547年，1628年尚在。吴彬生于明隆庆年间1570年左右，活动于1591年至1643年间。②两人当时都很有画名，尤其佛像绘画为时人所推崇。丁云鹏与陈继儒有往来，如明万历四十年壬子（1612）冬月，丁云鹏以南京所得宋拓《黄庭经帖》示陈继儒、董其昌，陈氏撰并书《丁叟诗》。③此年丁云鹏还在虎丘为陈继儒作《玉川煮茶图》。④虽没有吴彬与陈继儒往来记录，但陈继儒在《画楞严廿五圆通佛像》上的题跋，对于吴彬可谓极为推崇。另外，吴彬与米万钟也是好友，而陈洪绶之岳父来斯行在北京之际与米万钟有交往，来斯行有《九日米仲诏寅丈招饮白园不赴分韵得咸子》一诗。米万钟于1612年至1614年间营造勺园，吴彬为其座上客。来斯行有《九日集勺园》。陈洪绶很有可能因为陈继儒、来斯行等人之间的关系，知道并看到丁云鹏与吴彬之画作，对两人佛像绘画以贯休罗汉造型为变化依据应当有所了解。

　　陈洪绶学习贯休像，与吴彬、丁云鹏的选择角度有所不同，他取的是贯休罗汉像中的"形骨古怪"特点。为表现出罗汉的形骨古怪，贯休将罗

---

① ［明］陈洪绶：《宝纶堂集》，康熙三十年刻本，《清代诗文集汇编》，上海古籍出版社2011年版，第753页上栏。

② 此年份参见《晚明变形主义画家作品展》第21页中关于吴彬卒年的考证。作者根据台北故宫博物院所藏《十八应真卷》中款属："癸未初秋，长州吴彬图于金陵客舍"，定其作品最晚年限在1643年。而吕晓在《吴彬、米万钟"勺园图"初探——兼谈吴彬与米万钟的交往》一文中认为吴彬《十八应真卷》上款"长州"与吴彬籍贯不符，且创作水平与吴彬之作相去甚远。因此定吴彬最晚作品为台北故宫博物院所藏1636年《观音大士像》。因未有更深入的考证此笔者保留最初为1643年之说。

③ 冯勇：《陈继儒书法年表及相关问题研究》，南京师范大学2006年硕士学位论文。文中有："按《中国书法大成》第六册第367页有此作墨迹本，定名为《黄庭经跋》。末有作者自记云'壬子冬日，访南羽先生于虎丘，公出示此卷，赏鉴不已，作短歌记之，陈继儒。'可知此诗乃记事，非跋《黄庭经》。《中国书法大成》提法不确。"

④ 冯勇：《陈继儒书法年表及相关问题研究》，南京师范大学2006年硕士学位论文。

汉画成"庞眉大目,朵颐隆鼻"之貌。为突出表现形体的骨感,贯休强化了人物形骨边缘的凹凸之感。如《第三尊者》(图3-64)、《第十二尊者》(图3-65)等。陈洪绶画于1615年的《无极长生图》(图3-66)轴中所称之无量缘寿佛者,在面部的刻画上取此特点:额突、庞眉、大眼、隆鼻、耳垂。在整体的造型上,陈洪绶弱化了贯休人物形骨边缘处的强烈凹凸之感,转变为整体的方形,突出人物头部的整体骨感。

图3-64 传 五代 贯休《十六罗汉》第三尊者

图3-65 (传)五代 贯休《十六罗汉》第十二尊者

图3-66 明 陈洪绶《无极长生图》(局部)

贯休《十六罗汉》除了在面貌上具有异常之处,运用排比的线条也是他表现罗汉状貌奇特的重要手法之一。如额、眼、颧骨、颈部、胸口等表现形骨之处多用排比曲线重复勾勒,而衣纹与山石也是用同心圆之曲线排比勾勒,这样强化了罗汉的骨感,在视觉上具有很强的平面装饰效果。然而贯休在平面曲线的重复排列中,线条仍然是依附于人物的形体结构,并未破坏人物各个部位的比例关系。陈洪绶约画于天启年间的版画《水浒叶子》,[①]为突出鲁智深(图3-67)的和尚形象,运用贯休罗汉造型,头部为"朵颐隆鼻"之特点,衣纹亦是排比的同心圆线条。但是与贯休的装饰线

---

① [明]陈洪绶:《水浒叶子》纸本 木刻 黄君倩刻本 全册共二十三全页 画框约18厘米×9.4厘米 李一氓藏。

条相比，陈洪绶的排比线条完全平面化，仅仅通过强调起止处的转折来表现形体，在整体视觉效果上较贯休之画更为平面。

　　陈洪绶将佛教人物中的贯休罗汉造型，也运用到人物画中。如画于1639年的《摹李公麟乞士图》①（图3-68）中的男子形象，约画于1642年的《玉川子像》②（图3-69）中的老妇人形象，其画面因为人物造型的古怪而具备了"奇"的特性。

图3-67　明 陈洪绶《水浒叶子》中《鲁智深》

图3-68　明 陈洪绶《摹李公麟乞士图》（局部）

图3-69　明 陈洪绶《玉川子像》（局部）

　　陈洪绶表现"奇"的另一种方式，是在绘画中借用古器物造型。前文已经提到，由于古代的习俗与事物和晚明读者之间隔着久远的年代，已不再是日常生活经验的一部分，因此容易产生"奇"的效果。陈洪绶画于1625年左右的版画《水浒叶子》，被张岱称为是"古貌古服、古兜鍪、古铠胄、古器械，章侯自写其所学所问已耳"，③说明陈洪绶借用了古物元素，来表现人物之特征。

---

　　① ［明］陈洪绶:《摹李公麟乞士图》轴 绢本 设色 己卯（崇祯十二年1639）36.4厘米×26.2厘米 故宫博物院藏。
　　② ［明］陈洪绶:《玉川子像》轴 绢本 设色 50.2厘米×27.9厘米 程十发藏。
　　③ ［明］张岱著，夏咸淳、程维荣校注:《陶庵梦忆·西湖梦寻》，上海古籍出版社2001年版，第99—100页。此文也见于李一氓旧藏本《水浒叶子》卷首，为张岱书"缘起"，文字缺损较多。

目前已经有研究者指出，陈洪绶直接将《考古图》书中的古器物图谱的造型与纹样运用其中，如《考古图》①（图 3-70）中的单伯彝圆满的器形，饰以双线勾勒的团花，上圆下方，纯是平面的造型空间，而陈洪绶的《水浒叶子》中九纹龙史进（图 3-71）的造型上部圆润、疏密相济，中部饰以圆转之图形、密而简，中下部大疏，下部略繁而方，骨与手似器物之双耳，圆而润，特别是头部帽子造型似是完全抄自图谱。另外还有《水浒叶子》中的青面兽杨志（图 3-72），陈洪绶纯粹把人物画成了一个古青铜器物的感觉，类似如《考古图》中文旅鬲（图 3-73）等。②

图 3-70　北宋 吕大临《泊如斋重修考古图》单伯彝

图 3-71　明 陈洪绶《水浒叶子》中《史进》

图 3-72　明 陈洪绶《水浒叶子》中《杨志》

图 3-73　北宋 吕大临《泊如斋重修考古图》文旅鬲

---

① ［北宋］吕大临编撰：《泊如斋重修考古图》，北京图书馆出版社 2003 年版。
② 周颢：《〈考古图〉及其类似古器物图谱与陈洪绶的绘画造型》，《国画家》2006 年第 9 期，第 62—65 页。

陈洪绶何以会选择在《水浒叶子》中借用《考古图》中的古器物图谱作为其创作的来源？考察当时人们对于《考古图》等古器物图谱的视觉经验将有助于理解陈洪绶的这一创作手法。

在晚明，由于社会承平已久，江南经济富庶、文化发达。滥觞于北宋的古铜器鉴赏进入明代，随着文人对古代的崇尚、古物市场的兴盛，对于古铜器的鉴赏也进入了一个不同于宋代鉴赏的阶段。宋代赵希鹄在《洞天清禄集》中指出当代的仿古器是无可观。明初曹昭所著《格古要论》中也不重视仿古器。到了明代晚期高濂的《遵生八笺》则开始对宋以降的仿古铜器给予了正面的评价，并且只要仿古器质料纯净、铸造精致、精神风雅者，亦可得到鉴赏家的高度评价。在这样的风气下，无论是收藏家还是制造者，都需要建立一套系统的古器物知识。而这些知识的获得，一方面是来源于《洞天清禄集》《格古要论》等纯文字的鉴赏书籍，而另一方面便是透过《宣和博古图》或是《考古图》等图录直接获得古器物的图像信息进行鉴赏或是铸造。

就《宣和博古图》来说，目前所存世的晚明诸多版本，卷帙皆十分庞大，但画幅较宋《宣和博古图》则缩小了许多，原因在于方便携带、随时查考。而且从嘉靖七年（1528）至万历三十一年（1603），今日所见至少就有七个版本的《宣和博古图》。《宣和博古图》与《考古图》中的图像还被撷取在《古器具名》《古玉图谱》一类图谱中，《三才图会》这类日用书籍也出现了与《古器具名》中古器图谱相类的图像。由此看来《考古图》《宣和博古图》等图录在晚明不但一再被印行，同时也被撷取成各种不同的形式出版，这一方面说明晚明对于古器物知识的兴趣，另一方面也可说明无论是上层精英或是下层百姓都能通过各种出版物获得对于古器物图像的知识。

《考古图》与《宣和博古图》的具体影响还直接反映在绘画创作上。博古图此类题材在明中期以后相当流行，有时与雅集图结合。在博古图中，不可或缺的便是文人与古铜器。对于注重描摹的画家而言，描绘古器物并不是一件容易的事，因此借鉴古器物图谱便是最为便捷的途径，如晚明时期（传为刘松年）《博古图》（图3-74：1-2）中的器物，就明显与《宣和博古图》中的器物图相对应。《考古图》与《博古图》应当是当时画家描绘古铜器的参考。①

图 3-74-1 传宋刘松年《博古图》

图 3-74-2 传宋刘松年《博古图》（局部）

  有鉴于人们对古器物知识的共同视觉经验，以及在绘画中直接借鉴古器物图谱的方法，陈洪绶借用《考古图》中的图谱，创作出能够被当时人欣赏，而又具有"奇"的效果的版画《水浒叶子》也就不足为奇了。现存陈洪绶画作中有大量青铜器物的写实描绘，如其1619年所画《摹古册》中《铜盆印月》（图3-75）、《早年画册》中的1622年画《铜瓶插荷》（图3-76）、《花鸟草虫册》中的《铜瓶蔷薇》（图3-77）、《铜瓶白菊》（图3-78）等，都是以青铜器为对象创作的，说明陈洪绶有一定的青铜图像来源，或是对照真实铜器写生，或是手头拥有如《考古图》或是《宣和博古图》一类的青铜类书籍。

---

① 许雅惠：《晚明的古铜知识与仿古铜器》，《古色——十六至十八世纪艺术的仿古风》，台北国立故宫博物院2003年版，第264—275页。关于《考古图》及《宣和博古图》在晚明的流行参见此文。

总之，陈洪绶书画风格中的"奇"，都与时风有着密切的联系。陈洪绶敏锐地捕捉到晚明世人的尚"奇"心理，并总能够找到体现时风特点的方法，创作出符合尚"奇"时风的作品。

图 3-75　明 陈洪绶《摹古册》中《铜盆印月》

图 3-76　明 陈洪绶《早年画册》中《铜瓶插荷》

图 3-77　明 陈洪绶《花鸟草虫册》中《铜瓶蔷薇》

图 3-78　明 陈洪绶《花鸟草虫册》中《铜瓶白菊》

第三节 商业出版

明代的刻书、出版业出现了盛极一时的局面。而就传统出版官刻、家刻、坊刻的格局而言，商业出版的主体是书坊。明代书坊主要集中于南京、苏州、建阳、杭州、徽州、北京六个地区，约五百家。据陈昭珍《明代书坊之研究》统计为四百零五家，刻书一千一百三十二种，其中建阳一百五十一家，刻书五百六十种；浙江五十家，刻书一百零四种；金陵九十二家，刻书二百四十三种；苏州三十六家，刻书七十四种；北京九家，刻书三十五种；新安三家，刻书二十六种；富沙三家，刻书三种，此外未确定地点六十一家，刻书八十七种。① 杜信孚《明代版刻综录》统计为四百零九家。郭孟良《晚明商业出版》一书根据杜信孚、杜同书《全明分省分县刻书考》统计，仅江苏（尚不包括松江府）书坊即达三百五十一家，刻书一千零三十五种；浙江九十五家，刻书一百八十六种；福建二百五十七家，刻书九百四十七种；北京二十三家；徽州三十家。包括六大中心的上述地区合计已达七百五十六家，尚未统计全国其他地区零星的书坊，应当说五百家书坊也仍旧是保守估计。商业出版又不仅仅局限在坊刻，当指为满足市场需求、获取商业利润而进行图书生产和传播的出版行为，包括坊刻和家刻中大量的应市场而从事编、刻、印、销的部分。因而，商业出版的单位和产品，若是加上家刻的话，则要远远高于上述坊刻的统计数量。②

为了适应市场的需求，晚明的商业出版的产品种类繁多，大致有四类：一是经典普及类，包括四部经典的各个层次文本；二是通俗文艺类，包括戏曲、小说等市民文学或通俗文艺读物；三是教育科考类，包括官方的儒家经典读本、科举时文选集以及启蒙教育读物；四为民生日用类，包括医药养生、历书及日用类书、生产生活类书等。其中最具有商业出版特色而且数量较大、影响深远的是通俗文艺类中的戏剧、小说和教育科考类中的科举诗文。③

---

① 陈昭珍：《明代书坊之研究》，《古典文献研究辑刊》第七编第一册，台北花木兰文化出版社 2007 年版。
② 郭孟良：《晚明商业出版》，北京中国书籍出版社 2011 年版，第 10 页。
③ 郭孟良：《晚明商业出版》，北京中国书籍出版社 2011 年版，第 10—11 页。

陈洪绶积极地参与戏剧出版活动以及叶子牌的创作，这两类都是当时具有较高商业价值的出版物。陈洪绶在从事商业活动时，依然是遵循陈继儒的模式，尽量将商业与文化结合，即通过商业性的出版物来传播他和友人的思想观念与政治诉求。

一、戏剧版画

戏曲是传统社会最为平民化的一种文化娱乐形式。明代戏曲分为杂剧、传奇两大类，杂剧指戏曲之短者，"自一折至六七折皆有之"；传奇则指戏曲之长者，多至数十折，因其中北少而南多，故称南戏[1]。戏曲出版有所谓"当场之书"，即专供艺人演出的剧本，"案头之书"，即专供阅读的剧本。在明代前期，戏曲多是传抄，很少刊刻流传，大规模的出版传播是嘉靖以后的晚明时代。

明代从嘉靖、隆庆年间开始，戏曲活动达到了空前的兴盛，戏曲出版也继之而起。万历时期则进入中国戏曲史上的黄金时代，一方面戏曲创作繁荣，另一方面戏曲演出活动的兴盛，刺激了戏曲出版业的发展。据统计，现存明代剧本刊刻于万历间的杂剧三百一十多种，传奇一百四十多种，分别占整个明代的 66.6% 和 52.21%，其中绝大多数产生于万历中后期。如果加上刊刻于天启、崇祯年间的六十八种杂剧、一百零七种传奇，所占比例则分别达到 80% 和 90% 以上。由此统计可见戏剧已成为商业出版的大宗。建阳、南京、苏州、杭州、徽州各大出版中心的主要书坊无不致力于此，一些有实力、有专长的私刻家也加盟其中，形成了不少专业的戏曲书坊。[2]

戏曲出版物为了增加竞争力，在不断提高书籍质量的同时，也在设计制作、整理方式、创作题材上形成了戏曲出版物的自身特色。

从设计制作方面看，版式设计、朱墨套印以及插图方面都十分的精致与复杂。其中插图又是戏剧出版中的关键环节，《〈牡丹亭还魂记〉凡例》说："戏曲无图，便滞不行，故不惮仿摩，以资玩赏，所谓未能免俗，聊复

---

[1] 当然杂剧和传奇的区别不仅在于长短，声腔体系和表演方法也都有很大差别。明代中后期的杂剧在声腔和唱法上受传奇同化很厉害，并以单折杂剧为特色。南戏是宋元时期与北方的杂剧同时流行于南方的地方戏曲，比杂剧具有更为深厚的说唱文学特色，可以很长，达到几十折，可以两人和多人对唱，使用南方声腔，这些都对后来的明代传奇有更为直接的影响。

[2] 郭孟良：《晚明商业出版》，中国书籍出版社 2011 年版，第 83—85 页。

尔尔。"① 为此书坊主经常会请名家参与戏剧版画的制作。陈洪绶便是两次被邀请参与《西厢记》的版画制作。

从整理方式上看，戏曲出版物会有方便读者的注释、音释、点板，导读和相应的名家点评，以及戏剧实践的修改、更定。陈洪绶即为孟称舜的《古今名剧合选》中的《眼儿媚》《桃园三访》写点评，为李廷谟《徐文长先生批评北西厢记》及孟称舜《节义鸳鸯冢娇红记》写题词。

从创作题材看，有伦理、爱情、仙佛、时事等题材。从江南各书坊曲选刊本的情况来看主要有《琵琶记》《西厢记》《玉簪记》《破窑记》《荆钗记》《金印记》《拜月亭》《投笔记》《红叶记》《十义记》《四节记》《目连记》《浣纱记》《古城记》《越鲤记》《金貂记》《红拂记》等，这些曲目大部分是爱情题材，可以看出爱情题材在戏曲题材中是较为流行的一类。其中《琵琶记》与《西厢记》是最为畅销的戏剧曲选刊本，几乎也是每个书坊的必本。陈洪绶专门为《西厢记》绘制插图。第一次是为李廷谟订正《徐文长先生批评北西厢记》所画莺莺娇艳妩媚；第二次他为张深之所画《正北西厢》（《张深之先生正北西厢秘本》简称《正北西厢》）莺莺端庄大方。这两种莺莺像都与当时市场上流行的莺莺像不同，其原因一方面是陈洪绶的绘画风格在不同时期具有不同的特点，另一方面应当是陈洪绶为了增强市场之竞争力而特意设计出符合剧本之内容的新形象。由马权奇撰陈洪绶书《叙》中说张道浚"又得远收太原薄田以脱粟饭客"，可以知道陈洪绶为张深之所画《正北西厢》当有一定的报酬。② 无论是从参与的曲本，还是从事的点评及题跋写作来看，陈洪绶选择的戏曲版画都具有浓郁的商业气息。但是仔细考察陈洪绶参与出版的友人情况，会发现陈洪绶在选择具有较高商业价值的出版物的同时，也十分重视文化传播功能，他和友人们运用流行的戏曲出版物宣扬他们的戏曲观念。

崇祯庚午（1630），陈洪绶第一次参与戏曲版画的出版。在杭州的灵鹫峰他为李廷谟订正《徐文长先生批评北西厢记》（简称《延阁本北西厢》），书写了《题辞》，并在卷首画有一幅姿态妩媚的崔莺莺像（图3-79）。

---

① 天启五年武林版画刻本《〈牡丹亭还魂记〉凡例》，北京大学图书馆编辑：《珍本戏曲丛刊》第6册，学苑出版社2003年影印本。
② 郭孟良：《晚明商业出版》，北京中国书籍出版社2011年版，第87—88页。晚明戏曲出版的特点参见此书。

第二次是崇祯十二年（1639）十二月，陈洪绶为孟称舜的《节义鸳鸯冢娇红记》画了四幅娇娘像（图 3-80：1-4），还专门写了点评。同月中，陈洪绶又为张深之的《正北西厢》创作了六幅插图（图 3-81：1-4），并代马权奇书写了序言。此书参订词友有三十二人，其中马权奇、孟称舜、祁鸿孙、张遂宸与陈洪绶相识。另还有未计名的官宦若干，可知《正北西厢》一书的勘定与出版，规模非常庞大。

图 3-79　明 陈洪绶《延阁本北西厢》

图 3-80-1　明 陈洪绶《节义鸳鸯冢娇红记》

图 3-80-2　明 陈洪绶《节义鸳鸯冢娇红记》

图 3-80-3　明 陈洪绶
《节义鸳鸯冢娇红记》

图 3-80-4　明 陈洪绶
《节义鸳鸯冢娇红记》

图 3-81-1　明 陈洪绶《张深之先生正北西厢秘本》

图 3-81-2　明 陈洪绶《张深之先生正北西厢秘本》

图 3-81-3　明 陈洪绶《张深之先生正北西厢秘本》

图 3-81-4　明 陈洪绶《张深之先生正北西厢秘本》

陈洪绶参与的这三次戏剧版画，都与越中之友人关系密切。其中李廷谟为山阴人，孟称舜是会稽人、马权奇为会稽人、参订张深之《正北西厢》的祁鸿孙是山阴人。陈洪绶与李廷谟、孟称舜、祁鸿孙是好友，马权奇与孟称舜又是好友。李廷谟不仅是陈洪绶之友人，与孟称舜也应当有交往，在陈洪绶写给李廷谟的信中反映了三人交往之情况。① 陈洪绶有《短札致三兄》：" 弟已诺朱、孟二兄，商刻文一事，不得留三兄话，歉不可言；相爱如三兄，当不相责也。恒如在金家庙，可招之归。晚际可期一语否？草草。弟绶顿首。公振告辰李五兄知己。"② 其中朱为朱士服、孟为孟称舜；三兄指：公振、告辰（李廷谟）及李五兄。由陈洪绶所说" 相爱如三兄"，知陈与李为极好的朋友。他专为《延阁本北西厢》作了《题辞》：

---

① ［日］小林宏光：《陈洪绶版画创作研究》，卢辅圣主编：《陈洪绶研究》，上海书画出版社2008年版，第81页。小林宏光在此文提到此画创作原委时，由于没有对《延阁本北西厢》充分论证，而提出："有款记的插图中，唯陈洪绶的《莺莺像》与戏剧内容有关，所以受到专设一页写款书的特别对待。是因为李告辰同陈洪绶关系亲密，还是因陈洪绶名重一时？现在还无法下结论。"

② ［美］翁万戈编著：《陈洪绶》上册，上海人民美术出版社1997年版，第128页。

今人读书，不唯不及古之人穷思极虑，即读古人所评注之书亦然。古人读书，必有传授，至于笺注疏释，考订句读，殚一生之力而读之。经子以降，虽稗官歌曲皆然也。今人读一书，无有传授，笺注疏释，考订句读，涉猎焉而已；稗官歌曲与经子皆然也。此无他，古人视道无巨细，皆有至理，不敢苟且尝之。今人于道，无巨细，率苟且尝之，罕得其理。入理不深，故读赝本、原本不能辨；往往赝本行而原本没矣。如文长先生所评北西厢赝本，反先行于世。今之真本出，人未必不燕石题之者，李子告辰有忧之。予以为今人中，果无古人之穷思极虑者乎？子忧过矣！庚午清秋洪绶书于灵鹫之五松阁。①

从陈洪绶所提"赝本""原本"和"真本"可知，陈洪绶对于晚明行世的大量徐评赝本情况非常了解。作为李廷谟的好友，陈洪绶写此篇《题辞》的目的是极力肯定李廷谟此次刊行的为真正的徐文长本。②

孟称舜与陈洪绶的关系良好。《宝纶堂集》卷五《邀孟子塞丁卯九月》："吾思孟十四，的的是吾兄。诗与文皆淡，神和品共清。不能常痛饮，每想数同行。今到西湖上，何为游不成。"③陈洪绶与孟称舜多有戏剧上的切磋。崇祯六年（1633）夏，陈洪绶专门为孟称舜的《古今名剧合选》中的《眼儿媚》《桃源三访》和《花前一笑》杂剧三种作了评点。从点评可以看出陈洪绶有较高的戏剧修养，与孟称舜戏剧创作观念一致。

孟称舜在《古今名剧合选》中所选作品都是以是否传情，传情是否恰当精妙为戏曲批评的重要依据。他的"传情"观念是："词无定格，要以摹写情态，令人一展卷而魂动魄化者为上。"而在《古今名剧合选》的《智勘魔合罗》批语评点中他即指出："曲之难者一传情，一写景，一叙事。然

---

① ［美］翁万戈编著：《陈洪绶》下册，上海人民美术出版社1997年版，第49—50页。
② 蒋星煜：《六种徐文长本〈西厢记〉的真伪问题》，《西厢记的文献学研究》，上海古籍出版社2007年版。此文详尽分析了陈洪绶题词中所提到徐本的赝本、原本及真本的问题。蒋星煜认为李廷谟此本虽然有题词、叙、序、凡例、跋语之类，但是却没有一种证据能说明此本为徐文长本，并且此书之前的青藤道人题词并非李廷谟所秘藏，而是"先行"的徐文长本中的《题词》。如果先行的是赝本，那么《题辞》便是"赝本"了，置于卷首便没有意义。这样并不能证明李廷谟此本为真本。虽然蒋先生在此提出李廷谟与陈洪绶都没有办法证明此本为徐文长批评本，他本人却已在前文中通过分析肯定了李廷谟刊定的此本为徐文长批评本。
③ ［明］陈洪绶：《宝纶堂集》卷五，康熙三十年刻本，《清代诗文集汇编》，上海古籍出版社2011年版，第726页下栏。

传情、写景犹易为工，妙在叙事中绘出情景来则非高手未能矣。"孟称舜强调成功的戏曲作品，必须能使传情与写景、叙事三者巧妙融合，在"叙事中绘出情景来"，这才是符合戏曲本身固有特点的传情论。[1]陈洪绶在做点评时也极力强调作品的"传情"之处，秉承了孟称舜之"传情"观念。如对于《眼儿媚》的点评，陈洪绶多用"情"字，如"莫能为情，会真不足多也"[2]"婉丽入情"[3]"通篇绘情绘景，疑有神功"[4]"数枝皆从前词演出，情文委□，烟波万千"。[5]在《桃源三访》一剧中，正文中评："花为谁娇，情根暗种"[6]"不知因甚忽地情连两下，绝有根蒂"[7]"情之妙在转"[8]"原只一面，怎生着醋？非醋也，思极而怨也。情真意真"[9]等。

在张深之《正北西厢》的参订词友中马权奇与孟称舜为同乡，马权奇年长于孟称舜，二人同处读书，相互研辩，结下了很深的友谊。马权奇在《娇红记》题词中记有与孟称舜"同研席""辩问往复"的经历："孟子塞，方行纤视之士也。与余同研席，时余壮而子塞弱冠耳，然其心则苍然，好读《离骚》《九歌》，讽咏若金石。余时治韩婴诗传，与之辩问往复，未尝不叹谓三益也。"[10]两人不仅为学问上的知己，在戏剧创作观念上也有共鸣。孟称舜初期的杂剧如《花前一笑》等内容多为演绎文人风流逸事，受到"老生夙儒"等非议，"乡人颇有警之者"。马权奇却慧眼识珠，指出杂剧《花前

---

[1] 武影：《孟称舜戏剧研究》，安徽师范大学2005年硕士学位论文，第17页。
[2] ［明］孟称舜：《泣赋眼儿媚》，周藩宪王著，孟称舜点评，朱曾莱订正：《古今名剧合选》，《新镌古今名剧柳枝集》，第1b页。
[3] ［明］孟称舜：《泣赋眼儿媚》第二折，周藩宪王著，孟称舜点评，朱曾莱订正：《古今名剧合选》，《新镌古今名剧柳枝集》，第9a页。
[4] ［明］孟称舜：《泣赋眼儿媚》第三折，周藩宪王著，孟称舜点评，朱曾莱订正：《古今名剧合选》，《新镌古今名剧柳枝集》，第10a—10b页。
[5] ［明］孟称舜：《泣赋眼儿媚》第三折，周藩宪王著，孟称舜点评，朱曾莱订正：《古今名剧合选》，《新镌古今名剧柳枝集》，第12a页。
[6] ［明］孟称舜：《桃源三访》楔子，周藩宪王著，孟称舜点评，朱曾莱订正：《古今名剧合选》，《新镌古今名剧柳枝集》，第2a页。
[7] ［明］孟称舜：《桃源三访》第一折，周藩宪王著，孟称舜点评，朱曾莱订正：《古今名剧合选》，《新镌古今名剧柳枝集》，第3b页。
[8] ［明］孟称舜：《桃源三访》第二折，周藩宪王著，孟称舜点评，朱曾莱订正：《古今名剧合选》，《新镌古今名剧柳枝集》，第9b页。
[9] ［明］孟称舜：《桃源三访》第二折，周藩宪王著，孟称舜点评，朱曾莱订正：《古今名剧合选》，《新镌古今名剧柳枝集》，第11b页。
[10] ［明］马权奇：《鸳鸯冢题词》，［明］孟称舜撰，陈洪绶点评：《新镌节义鸳鸯冢娇红记》，明崇祯刻本。

一笑》主要不在于唐伯虎的风流逸事，而是抒发文人知音难求的人生感慨："余每曰：'使挑人者必唐伯虎，受挑女郎必如知唐伯虎而后可，车来贿迁之事，久宜断迹于世矣。'"①而这种见解正与《花前一笑》主旨相同。②

祁鸿孙（1611—1657），字奕远，年十七补弟子员。独喜豪奢，为人通放不羁，读书不守章句，广交游以延声名。周人之疾，单门寒族之士。因其广交友人，崇祯十六年（1643），其父凤佳去世后吊唁者达数千人。甲申（1644）之变时，岁荒，祁鸿孙家食客恒满。祁鸿孙为戏曲行家，蓄有家优。明亡后，祁鸿孙参加郑遵谦组织的江上义师，并与郑遵谦共迎鲁王监国绍兴。祁鸿孙授兵部尚书职，清吏司员外郎，进阶奉直大夫，赐节盖印绶，出监江上四十八军事。义师失败后，祁鸿孙遣散宾客，后卒于吴门。③在《宝纶堂集》中有多首诗词反映了陈洪绶与祁鸿孙的往来情况：《丁亥（1647）人日至奕远蒋氏山庄示予新诗索和》《祁奕远以诗招予入化鹿庵索和用韵》《奕远寄诗招入化山》《过奕远平园归却寄》《看祁奕远蒋氏山庄》。两人不仅是好友，还经常有书画上的交往，如《祁奕远以杜少陵寄王中允诗韵索赋走笔书扇》《祁奕远馆余竹雨庵问余行藏即出黄石斋先生所书扇上诗索和随书其后》《祁奕远初度作诗自觞索和即用韵书便面》等。陈洪绶约画于1639年的《松溪图》上有两人共同贺寿之题款："门人陈洪绶、祁鸿孙恭上许夫子，洪绶写。"④

祁鸿孙叔叔祁彪佳虽没有参与这几次的戏剧活动，但与陈洪绶、马权奇都是友人，同孟称舜的关系也极为亲密。祁彪佳曾经组织枫社，经常将友人聚集一处，交游唱和，成员有王思任、倪元璐、张岱、孟称舜等十余人。孟称舜积极地参与枫社的各类活动。

由祁彪佳写给孟称舜的书信，可以知道，祁彪佳与孟称舜在戏剧艺术上的见解相同。《里中尺牍》己卯（1639）春夏季册《与孟子塞》："契阔如许，时形梦寐。弟近来为俗冗困迫，山水友朋都无寄托，自觉形秽，惟仁兄高斋静课，如天际真人，可望不可即矣。披对妙辞，即实甫再生，义

---

① ［明］马权奇：《鸳鸯家题词》，［明］孟称舜撰，陈洪绶点评：《新镌节义鸳鸯冢娇红记》，明崇祯刻本。内容有缺，据吴庆晏2009年硕士论文《孟称舜研究》补充。
② 吴庆晏：《孟称舜研究》，华东师范大学2009年硕士论文，第33—35页。孟称舜与马权奇交往参见此文。
③ 张能耿：《祁承爜家世》，北京出版社2004年版，第160—164页。
④ ［美］翁万戈编著：《陈洪绶》上册，上海人民美术出版社1997年版，第75页。

仍复出，不足匹。此种笔舌，弟谓无论说性说情，但到极至，便是第一义谛。闻家兄向劝以净业勾销艳语，不知此正是庭前柏子，岩下花香，逗露消息，痴人乃作词场观耳。读未终篇，惟有合掌礼拜，安能复赘一言也哉。家兄近病颇剧，今幸愈矣。不尽驰厌。"①祁彪佳的兄长祁麟佳要孟称舜"以净业勾销魂艳语"，反对孟称舜戏剧中的谈情说性，而祁彪佳则对孟称舜《娇红记》中突出"情"之特点表示赞同，他认为："无论说性说情，但到极至，便是第一义谛。"

在戏剧艺术上，陈洪绶与孟称舜、马权奇、祁彪佳等友人达成共识，即在作品中以体现人物至情至性之特点为主旨。陈洪绶的戏剧版画作品也是为贴切地表达友人戏剧观念而创作的。

《延阁本北西厢》中的崔莺莺，与辽宁省博物馆所藏《簪花仕女图》仕女风格相似，酥胸微露，动态婉转，一手持团扇，一手轻捏衣带，呈现了一种风流妩媚，万种风情之姿态，即是与张生初见时"尽人调戏、亸着香肩，只将花笑捻"的美艳莺莺，也像极了《就欢》一折那个"羞答答不肯把头抬，只将鸳枕捱。云鬟仿佛坠金钗，偏宜松髻儿歪"的大胆追求爱情的莺莺。对于这种人物的处理，蒋星煜指出，"这倒是一种精神上比较放松或内心感到惬意受用的常有的表情。在《西厢记》原著的《佛殿奇逢》一出中，张君瑞所唱〔元和令〕的结尾三句是：'他那里尽人调戏，亸着香肩，只将花笑捻。'陈老莲这幅画不仅是画的一个唐代的美人，对《西厢记》原著中莺莺的体态和神情是花了一番揣摩功夫的"。②

虽然没有陈洪绶对于创作此一莺莺像的文字之记载，但是他所创作这一"尽人调戏、亸着香肩，只将花笑捻"之形象却与徐文长对此本莺莺的批评气味相通：

〔元和令〕颠不剌的看了万千似这般可喜娘罕曾见，则教人眼花缭乱口难言，魂灵儿飞在半天，尽人调戏，亸着香肩，只将花笑捻。

---

① 赵素文：《祁彪佳研究》，浙江大学2003年博士论文，第227页。
② 蒋星煜：《陈老莲彩笔画莺莺》，《西厢记的文献学研究》，上海古籍出版社1997年版，第569页。

刺音辣从束，不从束，与刺音大不同，觯音朵。①

[眉批]颠者轻狂也，言闺态美矣，而所犯者轻狂耳。今崔既美而不轻狂。何以见之？下尽人调三句是不轻狂处，别说俱不是。颠不刺句起下句可喜。句可喜处于尽人调戏三句。见之宜嗔喜，即西子颦咲皆工。②

《西厢记》的第一折刻意通过张君瑞之眼描绘莺莺之动人姿态，给读者、观者以美好的遐想。而此本在评中指出莺莺"尽人调戏"之美，为"言闺态美矣，而所犯者轻狂耳"。莺莺虽为"尽人调戏"之态，却是"美而不轻狂"的，原因在于"下尽人调三句是不轻狂处"。陈洪绶刻意将莺莺之形象创作为削肩、酥胸、扭转，以其"尽人调戏，觯着香肩，只将花笑捻"之态，表现其不轻狂之处。

强调莺莺的多情妩媚正与李廷谟着力刊刻《延阁本北西厢》目的是一致的，李廷谟说："或有人诮予曰：'经术文章顾不刻，何刻此淫邪语为？'予则应之曰：'要善用善悟耳。子不睹，夫学书而得力于担夫争道乎？'"③李廷谟在这里强调的是："如果能对人们认为是'淫邪语'的《西厢记》善于运用、善于领会，那末其价值不在经术文章之下。"④

李廷谟所指要善加利用的应当是此本中徐文长在批评中强调的一个"情"字，如："惟愿二句，可以明言。梅香四句是私情，难以明言，故暗祷告也。"⑤"情本长，柳丝本短，人本近，天涯本远。今日事已无成。与张无会期，则是情反短于柳丝，人反远于天涯也。此怨恨之词。"⑥"如此其美而又独留情于生，一时若假一时若真，猝难猜料，然未必不真也。因此惑

---

① [明]李廷谟，山阴延阁主人订正：《延阁本北西厢》卷一，明崇祯三年刻本，国家图书馆藏，第5a页。
② [明]李廷谟，山阴延阁主人订正：《延阁本北西厢》卷一，明崇祯三年刻本，国家图书馆藏，第5b页。
③ [明]李廷谟，山阴延阁主人订正：《延阁本北西厢》，明崇祯三年刻本，国家图书馆藏，《李廷谟跋语》。
④ 蒋星煜：《西厢记的文献学研究》，上海古籍出版社1997年版，第310页。
⑤ [明]李廷谟，山阴延阁主人订正：《延阁本北西厢》第一卷第四折，明崇祯三年刻本，国家图书馆藏，第19b页。
⑥ [明]李廷谟，山阴延阁主人订正：《延阁本北西厢》第二卷第一折，明崇祯三年刻本，国家图书馆藏，第2a页。

人，故色性难按，一地胡拿耳，万一拿着亦未见得。"①评中无论"私情"，还是"情长""情短"，又或是"独留情于生"都是对张生与莺莺之间细腻情感的体会与领悟。

此本参与者范石鸣所作的《北西厢记跋》中写道："独惜郑子寸木马尸，蹉跎风月，脂粉无缘，触堦寻尽。数传之后，闻与崔家孃齐眉偕好，托浪子而寄语人间，安知非其情报耶？花笝初放，公案昭然，以王实甫除芙蓉院主，以徐文长领评花录事，以延阁主人典醉红仙史，扫净情尘，打翻魔劫，崔孃有灵，当唧情泉下，思何以酬我。"②范石鸣也是在极力强调西厢是为"情"生之物，而此"情报""情尘""情泉"都与李廷谟刻此徐文长批评本之精神契合。

徐文长之批评、李廷谟之"淫邪语"、陈洪绶之莺莺像都是要借西厢，起到比经术文章更有效的教化人心，疏导性情之用。风流妩媚，万种风情之莺莺像正诠释了整部西厢的一个"情"字。

再看陈洪绶创作的四幅娇红像，与《延阁本北西厢》完全不同。娇娘又恢复到传统女性的文雅内敛之态。陈洪绶创作的不再是风情万种的传"情"崔莺莺，而是死于节义的王娇娘。

孟称舜在《节义鸳鸯冢娇红记》（简称《娇红记》）的《题词》中直接点明宗旨："传中所载王娇申生事，殆有类狂童淫女所为，而予题之节义，以两人皆从一而终，至于没身而不悔者也。"③

他的友人马权奇、王业浩及陈洪绶等人在为《娇红记》作题跋时也表达了这部戏剧的"节义"之观念。马权奇："或曰：'子塞自题云节义者何？'余曰：'此方行纤眹之尤契，亦广大教化之宏愿也。'"④王业浩："且阿娇非死情也，死其节也。申生非死色也，死其义也。"⑤陈洪绶："且若前此讲学解理义者，不免行鸟兽之行，而申娇两人能于儿女婉娈中立节义之

---

① ［明］李廷谟，山阴延阁主人订正：《延阁本北西厢》第三卷第二折，明崇祯三年刻本，国家图书馆藏，第14b页。
② ［明］李廷谟，山阴延阁主人订正：《延阁本北西厢》，明崇祯三年刻本，国家图书馆藏，《范石鸣跋》。
③ ［明］孟称舜撰，陈洪绶点评：《新镌节义鸳鸯冢娇红记》，明崇祯刻本，《孟称舜题词》。
④ ［明］孟称舜撰，陈洪绶点评：《新镌节义鸳鸯冢娇红记》，明崇祯刻本，《马权奇题词》。
⑤ ［明］孟称舜撰，陈洪绶点评：《新镌节义鸳鸯冢娇红记》，明崇祯刻本，《王业浩序》。

标范，其过之不甚远也哉。"①

对于以"节义"为宗旨的娇娘形象的刻画，由陈洪绶的《娇红记》的点评可知，他即关注其绝色模样，如第三出《会娇》一处，娇娘出场：

〔懒画眉〕乱云鬟低绾出汉宫妆，〔掩鬓介〕这金钗敢溜下也。鬓儿边，斜鞬着一枝金凤凰……

陈洪绶评此为："画出绝样丰秀。"②
与申生见面后由申之眼看娇娘：

〔前腔〕……蓦然间翠靥红生两颊旁。怕道不关情，怎便把春情扬……

陈洪绶评："都在别人口中写出娇态。"③

同时陈洪绶又强调其"烈性"真情，如第十出《拥炉》，娇娘与申生相会定终身，娇娘"只要两下心坚，事终有济。若事不济，妾当以死相谢"。④陈洪绶评："决不食言。"⑤第四十三出《生离》，娇娘之父畏惧权势而悔婚，申纯听后却怨前世命悭，娇娘听痛斥申纯："兄丈夫也，堂堂六尺之躯，乃不能谋一妇人。事已至此，而更委之他人，兄其忍之乎？妾身不可再辱，既以许君，则君之身也。"陈洪绶评："烈性如见。"⑥第四十五出《泣舟》中，娇娘与申纯别离，娇娘：

〔前腔〕姻缘分劣，俺和你，不能勾生与同衾，死与同穴，也怎做的两鞍鞴一马，单轮碾双辙。三贞七烈，拼残生都是夙愿前业。妾向时与郎拥炉，谓事若不济，当以死谢。如今死不得同伊死，教我撇也怎生撇。

---

① 〔明〕孟称舜撰，陈洪绶点评：《新镌节义鸳鸯冢娇红记》，明崇祯刻本，《陈洪绶序》。
② 〔明〕孟称舜撰，陈洪绶点评：《新镌节义鸳鸯冢娇红记》第三出，明崇祯刻本，第6b页。
③ 〔明〕孟称舜撰，陈洪绶点评：《新镌节义鸳鸯冢娇红记》第三出，明崇祯刻本，第8a页。
④ 〔明〕孟称舜撰，陈洪绶点评：《新镌节义鸳鸯冢娇红记》第十出，明崇祯刻本，第36a页。
⑤ 〔明〕孟称舜撰，陈洪绶点评：《新镌节义鸳鸯冢娇红记》第十出，明崇祯刻本，第36a页。
⑥ 〔明〕孟称舜撰，陈洪绶点评：《新镌节义鸳鸯冢娇红记》第四十三出，明崇祯刻本，第62b页。

陈洪绶评:"凄婉中作烈性语,如寒蜇夜诉,忽闻秋雁嗦呖。"①

陈洪绶对娇娘为情而伤之态更是怜惜万分。第四十五出《泣舟》,娇娘拖着病体与申纯离别:

〔旦〕小文君缘分薄,没福儿驾香车。〔出断袖介〕谢郎厚爱,今日回思,此景可复得乎?交还你香罗翠袖,恁风流,今生休说。今此一见,遂成永别。你去也终须去,我别也怎生别?

陈洪绶评:"酸酸楚楚,情深百折。"②

申纯因娇娘父悔婚退却,但娇娘:

〔旦〕盟言要忘也怎忘得,我如今这红颜拼的为君绝,便死也有甚伤嗟。

陈洪绶评:"情深百折,流泪满楮。"③

娇申二人自舟中分别时:

〔尾声〕归舟满眼伤愁绝,听何处离鸿哀咽?敢则是俺玉人呵,痛煞煞哭声儿还在也。

陈洪绶评:"余恨千重,余波万叠,至今哭声还在。"④

娇申合冢一节,陈洪绶评:"上逼会真记,下压牡丹亭,一折芳陨一折口逝,并此而三不顾,读者泪湿青衫耶。"

《娇红记》虽写娇娘与申纯至死不渝的爱情,但孟称舜却用诸多笔墨着力于娇娘的性格刻画,娇娘因思念而病将垂危,但是不畏诸多阻扰,尽显为情必死之决心,与申纯犹豫之状相比,娇娘以一病躯而显烈性,则更

---

① [明]孟称舜撰,陈洪绶点评:《新镌节义鸳鸯冢娇红记》第四十五出,明崇祯刻本,第72b页。
② [明]孟称舜撰,陈洪绶点评:《新镌节义鸳鸯冢娇红记》第四十五出,明崇祯刻本,第72a页。
③ [明]孟称舜撰,陈洪绶点评:《新镌节义鸳鸯冢娇红记》第四十五出,明崇祯刻本,第73a页。
④ [明]孟称舜撰,陈洪绶点评:《新镌节义鸳鸯冢娇红记》第四十五出,明崇祯刻本,第76a页。

让观者为之痛彻心扉。陈洪绶所作《题娇娘像》七绝"青螺斜继玉搔头，知为伤春花带愁。别离几经多是恨，汪洋不浊泪中流"①，也正是基于娇娘的"愁""恨""泪"，陈洪绶在点评时才会有多处"痛煞""痛煞"之叹。再看陈洪绶所画之娇娘四像，一拿如意、一拿麈尾、一拿羽扇、一拿菱花镜，皆是端庄秀丽中透出娇态，刚烈坚毅却又让人怜惜，正是陈洪绶心中之"烈性"娇娘之理想面貌。

同月中，陈洪绶又为张深之本《正北西厢》创作了一组不同于《延阁本北西厢》的莺莺像，莺莺体态端庄，体形较娇娘饱满，身体具有微微的倾斜，体现出温柔、含蓄、内敛的气质。马权奇在为《正北西厢》所作序中说：

> 此深老爱惜古人，深老今日者得晞发踏歌与湖海间，又得远收太原薄田租，以税粟饭客，老自苦风，无天涯沦落之感。呼门人鼓筝，侍儿斟酒，以得成此书者，非天子浩荡恩乎！闻深老著左右射览此书时，自不宜醉卧紫箫红友之间，词客伶倌之队。当张侯苏公堤，与虎头健儿戟射焉，图所以报天子尔。己卯暮冬雪中，马权奇题与定香桥。②

此本已经由《延阁本北西厢》中所强调的"情"字转变为马权奇序中所指"报天子"之心，这也正合《娇红记》中孟称舜及其友人们所说的"广教化之宏愿""死其节""死其义""立节义之标范"的最终目的。

陈洪绶为《娇红记》的点评，也明确地指出了《娇红记》与《西厢记》是同为表现"节义"之戏剧：

> "昔人云：'读出师表而不泣下者必非忠，读陈情表而不泣下者必非孝。'吾谓：'读此记而不泣下者必非节义人也。'李卓老称：'作西厢者，必大有感于君臣父子兄弟朋友之间，此记其亦然耶。'此曲之妙，彻首彻尾一缕空□，而幽酸绣艳，使读者无不移情，固当比肩实

---

① 吴庆晏：《孟称舜研究》，华东师范大学2009年硕士论文，第31页。
② 《张深之正北西厢》，西泠印社1993年版，浙江省博物馆藏。

甫，弟视则诚。"①

由此评可以看出，此刻的陈洪绶将《西厢记》与《娇红记》同看作是"有感于君臣父子兄弟朋友之间"的"移情"之作，是要将儿女之情爱转化为报天子的"节义"忠心。

二、水浒叶子

陈洪绶还创作了多种叶子牌，如白描《水浒叶子》、版画《水浒叶子》《博古叶子》等。

叶子属于纸牌的一种。纸牌最早产生于唐代，当时为叶子戏。《世物纪源·博弈嬉戏部》载："……唐末有叶子戏，……今按唐李郃为贺州刺史，与妓人叶茂莲江行，因撰骰子选，谓之叶子戏。"②叶子戏一经产生，即备受世人喜爱，风靡一时，士人、百姓相较之。明代，在叶子戏的基础上又产生了马吊牌。叶子戏与马吊牌二者有许多相似之处，均为纸制，玩法亦大同小异。明人对此游艺的喜爱远远超过了前几代，他们不仅亲自参与制作，许多文人还专门写了相关专著加以介绍，如潘之恒《叶子谱》、冯梦龙《马吊牌经》等。③

按明代潘之恒《叶子谱》、冯梦龙《马吊牌经》的解释，马吊牌博戏四人同玩，因合四十叶纸牌而成，故称叶子戏。叶子即纸牌意。马吊牌又分十字、万字、索子、文钱四门，前两门画《水浒》人像，后两门画钱索图形。在马吊牌中水浒人物是极为流行的题材，一般印有一万至九万不同的水浒人物，即由张叔夜招安梁山泊榜文演变而来。山东的叶子戏玩法与麻将类似，共一百零八张牌，刻印的是梁山一百零八将，据说是源于宋朝为了捕捉一百零八位绿林好汉而衍生出的一种宫廷游戏。纸牌图案中除水浒英雄外还有许仙、青蛇、王道、秦桧等故事人物。④陈洪绶便画有两种水浒叶子，明末时期水浒题材的叶子牌仍旧流行。

---

① ［明］孟称舜撰，陈洪绶点评：《新镌节义鸳鸯冢娇红记》第一出，明崇祯刻本，第1a—1b页。
② 曹连明：《闲话纸牌》，《紫禁城》1990年第6期。
③ 曹连明：《闲话纸牌》，《紫禁城》1990年第6期。
④ 朱纪：《戳子·仿单·马吊牌》，《浙江工艺美术》2008年第9期。

明代纸牌不仅销行范围很广，东至大海、西至徐州、南至淮阴、北至山东边界①，而且价格不菲。陈洪绶版画《水浒叶子》可以周济周孔嘉一家八口；陈洪绶晚年为了生活之际专门画《博古叶子》，他有四言诗铭："廿口一家，不能力作。乞食累人，身为沟壑。刻此聊生，免人络索。唐老借居，有田东郭。税而学耕，必有少获。集我酒徒，各付康爵。嗟嗟遗民，不知愧怍！辛卯暮秋，铭之佛阁。"一套《博古叶子》即可养活一家二十口人。

尽管陈洪绶画叶子牌与养家糊口有密切关系，然考察版画《水浒叶子》之创作过程，会发现陈洪绶创作这种流通极广的作品，或许与表达他和友人们的政治诉求有关。

版画《水浒叶子》（李一氓藏"黄君倩刻本"），全册共二十三全页。画框约纵18厘米，横9.4厘米。页一、二有张岱书"缘起"，页三为王蕴书序。页四前半至页二十三后半为陈洪绶所画水浒四十人及其赞语。每幅上标注由"万万贯"至"空没文"共四种钱数。每幅一人，且每人身旁都标有人物的绰号姓名及赞语。如："宋江，万万贯，呼保义宋江，刀笔小吏，尔乃好义。"（具体内容见附录图表1）

由张岱《陶庵梦忆》卷六"水浒牌"一则中记载我们可以了解到此幅叶子的创作缘由：

> 古貌古服、古兜鍪、古铠胄、古器械，章侯自写其所学所问已耳。而辄呼之曰"宋江"，曰"吴用"，而宋江、吴用亦无不应者；以英雄忠义之气，郁郁芊芊，积于笔墨间也。周孔嘉丐余促章侯，孔嘉丐之，余促之，凡四阅月而成。余为作缘起曰："余友章侯，才足拨天，笔能泣鬼。昌谷道上，婢囊呕雪之诗；兰渚寺中，僧秘开花之字。兼之力开画苑，遂能目无古人，有索必酬，无求不与。既蠲郭恕先之癖，喜周贾耘老之贫。画《水浒》四十人，为孔嘉八口计。顿使宋江兄弟，复睹汉官威仪。伯益考著《山海》遗经，兽毹鸟氄皆拾为千古奇文；吴道子画地狱变相，青面獠牙尽化作一团清气。收掌付双荷叶，能月继三石米，致二斗酒，不妨持赠；珍重如柳河东，必日灌

---

① 朱纪：《戬子·仿单·马吊牌》，《浙江工艺美术》2008年第9期。

蔷薇露，薰玉蕤香，方许解观。非敢阿私，愿公同好。"①

陈洪绶创作此套版画的目的是为了周济张岱的好友周孔嘉一家八口。作为叶子一般有两种形式，一为纸牌，一为酒筹。②"黄君倩刻本"的《水浒叶子》上并没有注明"某某饮"字样。如若陈洪绶所画这套《水浒叶子》是从商品的角度出发而创作，那为什么在此套叶子的刻行中却没有刻注"某某饮"有酒筹功能的字样？这套没有酒令的《水浒叶子》刊行好后，它如何在游戏中使用？或许其创作出来仅是供人收藏？还是另有意图？

再来细读王雩在叶子前所作序言：

水浒者，忠义之别名也，文士笔端造化，偶尔幻出；虽然，非幻也。呼保义、黑旋风、浪子青，诸名相幻，而忠义两字，入火烧乎？入水泐乎？陈子从幻中点此一段不幻，光明豪端生□。以此四十人，不烧不泐者，正告天下。嗟乎！陈子而为此也，□使陈子而为此也？颂曰：水浒匪假，世界空立，政如笔端，忠义□泣。惟百八人，□此四十，进退予敚，厥义不衰。作叶子观，其眼如粒。菌阁主人王雩题。③

王雩的这篇序言，先是强调所作水浒人物的"忠义"的特性，然后指出水浒人物为陈洪绶"从幻中点此一段不幻"，从而"光明豪端生"。最后是为水浒英雄正名，并用陈所画人物来"正告天下"。那么，是什么样的原因刺激王雩要宣扬水浒人物的忠义之气，其中是否有更深刻的含义？

仔细分析陈洪绶所处时代的水浒观念，或许会对此套张岱和王雩所宣扬的水浒"忠义"有更深的认识。在明代，对于《水浒传》一书有着多方面的态度，一是以明代嘉靖五年进士田汝成为代表，认为此书是奸盗脱

---

① [明]张岱著，夏咸淳、程维荣校注：《陶庵梦忆·西湖梦寻》，上海古籍出版社2001年版，第99—100页。此文也见于李一氓旧藏本《水浒叶子》卷首，为张岱书"缘起"，文字缺损较多。

② 裘沙：《〈水浒叶子〉研究》，《陈洪绶研究——时代、思想和插图创作》，人民美术出版社2004年版。此文对于叶子牌有详细的讨论。

③ [美]翁万戈编著：《陈洪绶》上卷，上海人民美术出版社1997年版，第171页。

骗机械甚详,然变诈百端,坏人心术之书。一是张凤翼在《水浒传序》认为此书非为诲盗之书,而是在消弭那些名虽非盗而实为窃国之贼的贪官污吏,小说中所塑造的人物,亦非寇,而是御寇者。另外,便是明代文人李贽在《忠义水浒传序》中认为《水浒传》中的那些叛逆者都是"大力大贤有忠有义之人",并把此书与诗经、秦汉散文、唐诗、元曲并论,推为明代文学代表,是"古今至文"。①

同时,明代政府对于《水浒传》的态度在不同时期也有所不同。在明代初期,明太祖朱元璋在登基伊始便宣布基本的国策为"朕恒谓治国之要,以教化为先",将程朱理学定为官方哲学。对于各类出版物的印刷、销售、收藏有着严格的控制。《水浒传》一书在当时未得到大面积的传播。到明代中晚期情况发生变化,嘉靖时期,由司礼监经厂刊刻了《水浒传》,政府对于《水浒传》一类的通俗小说采取了认同的态度。当时推崇和热衷通俗小说的显宦名士比比皆是,而《水浒传》在这一通俗读物的热潮中也是备受当时各阶层的追捧。作为明代的最高统治者,明宪宗和明武宗对通俗小说就很热衷。明神宗便很爱读《水浒传》。至崇祯十五年(1642),由于当时各地不断有造反势力出现,尤其以梁山李青山造反为最盛,因此兵部尚书建议查禁《水浒传》。但是,在这样的禁令之下仍然有金批《水浒传》和《三国》《水浒》合刻的《英雄谱》连续出版。②

另外,"作为市民文学的《水浒》故事中所写的宋江起义,是一起因朝廷不明、英雄失路而引起的四方豪杰聚集举事的反抗行动,所反映的主要是中国封建社会特别是宋代政治中的人才问题"。到了明代人才问题变得更加复杂起来,"特别是明代中晚期的才智之士,内迫于建功立业和人身自由两种欲望,外承受政治上的打击和思想上的禁锢两种压力,他们与统治阶级当权集团的矛盾更加急剧,他们对怀才不遇受压抑被埋没的痛苦感受更加深刻,他们对施展抱负自由发挥的呼唤也更加强烈!""我们现代很多人看《水浒》偏爱其中写阶级斗争之类的因素,自有其原因和理由。但由此而认定古人赞美《水浒》就是赞美农民起义等,则实在是一个误会"。③其实,明代文人对于《水浒传》中"忠义"思想的赞美主要还

---

① 齐鲁青:《明代〈水浒传〉批评的理论演进轨迹》,《内蒙古大学学报》1996年第2期。
② 万梦蕊:《明代〈水浒传〉传播初探》,华东师范大学2006年硕士学位论文。
③ 廖可斌:《〈水浒〉与明代的"〈水浒传〉热"》,《浙江学刊》1990年第1期。

是借水浒发其为朝廷所用的"忠义"之心，是将朝廷不能任人唯贤的失望寄托于《水浒传》中。既然将水浒人物比之于当时的人才，当时有哪些人才是需要王崇奋笔疾书地宣扬？而在当时又有哪些人是能拥有"不烧不泐者，正告天下"之名呢？陈洪绶"从幻中点此一段不幻"，从而"光明毫端生"，是针对何种"黑暗"而生的？

回顾陈洪绶所经历的万历、泰昌、天启和崇祯这四朝中，朝廷人才问题达到极限的莫过于天启朝。明熹宗继位后，便重用"目不识丁"的魏忠贤，将他破例提升为司礼监秉笔太监。魏忠贤在熹宗皇帝的庇护下，一步步篡权，终于"身受三爵，位崇五等，极人臣未有之荣"，形成了明代又一个宦官专权的局面。① 面对魏忠贤的专权，天启朝有一批与之相抗衡的正直官员。这批官员被魏忠贤一派阉党目之为"东林党"。《明史》记载：

> 初，神宗在位久，怠于政事，章奏多不省。廷臣渐立门户，以危言激论相尚，国本之争，指斥宫禁。宰辅大臣为言者所弹击，辄引疾避去。吏部郎顾宪成讲学东林书院，海内士大夫多附之，"东林"之名自是始。……天启初，废斥殆尽，识者已忧其过激变生。及忠贤势成，其党果谋倚之以倾东林。而徐大化、霍维华、孙杰首附忠贤，刘一燝及尚书周嘉谟并为杰劾去。然是时叶向高、韩爌方辅政，邹元标、赵南星、王纪、高攀龙等皆居大僚，左光斗、魏大中、黄尊素等在言路、皆力持清议、忠贤未克逞。②

正是因为有叶向高为代表的一批大臣一直坚持"言路""清议"才使得魏忠贤等一批阉党在天启初年不再有大的动静。

到了天启四年，阉党与东林党的对峙进入了白热化状态。魏忠贤为了铲除异己，制造了"六君子"事件，杨涟、左光斗、魏大中、袁化中、周朝瑞、顾大章等统统被诬以纳熊廷弼贿。此"六君子"相继死于狱中。其他反对魏阉的缪昌期、高攀龙、周顺昌、李应升、黄尊素、周起元等都被诬以他罪，削籍逮捕。③ 魏阉一党为了更好地打击异己，用朝廷的名义在

---

① 王世华：《论魏忠贤专权》，《安徽师范大学学报》（哲学社会科学版）1980 年第 4 期。
② ［清］张廷玉等撰：《明史·卷三百五·列传·宦官二》，中华书局 1974 年版，第 7817 页。
③ 王世华：《论魏忠贤专权》，《安徽师范大学学报》（哲学社会科学版）1980 年第 4 期。

天启五年（1625）十二月，颁布了《东林党人榜》："……将一切党人姓名罪状榜示海内，使其躲闪无地，倒翻无期。……其一切党人，不拘曾否处分，俱着该部院会同九卿科道从公查确，集议奏请，将姓名罪状并节次明旨，刊刻成书，榜示海内，垂鉴将来……"①"（崔）呈秀乃造《天鉴》《同志》诸录，王绍徽亦造《点将录》，皆以周元标、顾宪成、叶向高、刘一燝等为魁，尽罗人不附忠贤者，号曰东林党人，献于忠贤。忠贤喜，于是群小益求媚忠贤，攘臂攻东林矣。"②

《天鉴录》《同志录》《点将录》等都是魏忠贤的党羽为攻讦陷害东林党人所制造的黑名单。除以上三种黑名单外，还有《东林朋党录》《盗柄东林伙》《伙坏封疆录》《同心录》《石碣录》《伪鉴录》《蝗蝻录》《秕稗录》等。③其中的《点将录》，全名为《东林点将录》，是一份用《水浒传》天罡地煞名，配东林诸人的名单。这份名单共有109位东林党人的名字，每个人的姓名前都冠以《水浒传》中梁山头领的星宿和绰号（详见图表2）。如：

总兵都头领天魁星及时雨大学士叶向高；总兵都督头领天罡星玉麒麟吏部尚书赵南星；马军五虎将天勇星大刀手左都御史杨涟；马步三军头领天异星赤发鬼左通政司刘宗周；正先锋天杀星黑旋风吏科都给事中魏大中……④

魏阉党人的用意很明显，用此一黑名单的形式将"魔君""贼人"的梁山头领的绰号安在东林党人的头上，以暗指东林党人是与梁山"贼人"一样的恶徒邪党，从而达到对东林党人进一步诬蔑陷害的目的。

再看陈洪绶版画《水浒叶子》，与水浒人物相对应的当时党争中的多位被迫害的人物，及东林党人中的重要官员都被陈洪绶选入作品中（详见附录图表1、图表2），且人物赞语大多是强调人物的"忠义"之情，或是

---

① 《明熹宗实录》（卷六十六），台北中央研究院历史语言研究所影印校勘本1962年版，第3131页。
② ［清］张廷玉等撰：《明史·卷三百五·列传·宦官二》，中华书局1974年版，第7819页。
③ 李乔：《笔挟风霜的〈点将录〉》，《炎黄春秋》2006年第8期。
④ ［明］王绍徽：《东林点将录》，四库全书存目丛书编纂委员会编：《四库全书存目丛书》第107册，济南齐鲁书社影印本1997年版，第692—695页。

赞颂水浒人物不畏强权之刚烈性格。如："呼保义宋江，刀笔小吏，尔乃好义；玉麒麟卢俊义，积粟千斛赀盗粮，积钱万贯无私囊；大刀关胜，轶伦超群，髯之后昆，拜前将军；赤发鬼刘唐，民脂民膏，我取汝曹，泰山一掷等鸿毛；黑旋风，杀四虎，奚足闻，悔不杀封使君。"

宋江的"好义"、卢俊义的"无私囊"、关胜的"轶伦超群"、刘唐"泰山""鸿毛"之精神、李逵"悔不杀封使君"的胆识等，无不显示出陈洪绶对于水浒人物身上所具备的义胆与无畏豪情的钦佩。而在魏阉一党所作《东林点将录》一书中，宋江对应的为叶向高、卢俊义对应的为赵南星、关胜对应的为杨涟、刘唐对应的为刘宗周、李逵对应的为魏大中。当然，由于当时魏阉一党仅是为了诬蔑攻击而造，大多牵强附会，因此在水浒人物与当时东林党之间并不是完全的对应关系。但是面对这样的激烈党争之状况，陈洪绶与其友人当是知晓。① 那么，他们是否有可能借《水浒》之名作一篇回应魏阉一党，支持东林党人，正告天下的宣言书呢？了解陈洪绶及其友人对天启年间党争的态度能更有效地回应这一疑问。

在天启三年（1623）春，陈洪绶在他的第一任妻子来氏卒后便北上进京，准备求取功名。到了天启四年（1624），陈洪绶在北京一直生病至五六月份才渐愈。六月底便返回了诸暨。② 陈洪绶在北京期间必然能对于朝廷政局之紧张气氛有所洞察。天启元年（1621）十月时，刘宗周上《感激天恩疏》，首次弹劾魏忠贤和保姆客氏。天启四年（1624）十一月，刘宗周上书弹劾魏忠贤，结果被削革为民，回到绍兴。天启五年（1625），魏忠贤在制造"六君子"事件后，刘宗周作有《吊六君子赋》。之后，"七君子"：高攀龙、周起元、缪昌期、周宗建、李应升、周顺昌、黄尊素被捕，并且波及到刘宗周。刘被迫携子课读于韩山草堂，专用慎独之功。③

---

① 《酌中志》卷十一《外廷线索纪略》云："《点将录》《天鉴录》《同志录》并《东林姓名》共四个摺子，只永贞、元雅、文辅三人各袖藏一份……其后年月渐久，逆贤、李朝钦及李、石、涂亦不甚避人，凡行一事即公然曰：'某系某录某摺有名'，各家官人始知所由来。体乾、永贞等身在事中，累臣亦目击耳闻最悉，恨彼时不曾设法暗抄下全名，为今日印证耳。"可知《点将录》虽为阉党秘密名单，但其党人当时就曾有过公开之言论暴露其中名单，陈洪绶等人当有知晓的可能。《明代笔记小说大观》第四册，上海古籍出版社2005年版，第2951页。
② 黄涌泉编著：《陈洪绶年谱》，人民美术出版社1960年版，第22—24页。
③ 陈永革：《儒学名臣——刘宗周传》，浙江人民出版社2005年版，第55—66页。

陈洪绶蕺山同门及复社友人在此一时期同样都有所作为。

孟称舜专门针对魏珰而创作了《郑节度残唐再创》，马权奇为其点评说："此剧作于魏监正炽之时，人俱为危之，然使忠贤及媚忠贤者，能读此词，正如半夜闻鹃，未必不猛然发深痛也。"

魏学镰，字子一，崇祯癸未年进士，入翰林。复社成员。上海图书馆藏陈洪绶《行书致研祥札》："眷社小弟……前兄过弟，弟以俗事还山……振公法兄高谊……前所恳尚书拟题，万乞图之。何时还姚江，便道可复过弟不。魏子一岁底果入越不？见道阁、俨公等法兄，各为道悬悬……研祥老盟兄我师。"①从信中所涉及人物可知陈洪绶与魏学镰相识。《复社姓氏传略》卷五《浙江嘉兴府》："魏学镰：字子一，忠杰公大中子，大中以珰□毙狱。学镰伏阙讼父怨，并白兄学洢死孝状，又沥血上疏劾阮大铖、傅櫆交通逆奄诸罪。奉诏子大中□学洢配父祠。癸未学镰成进士，入翰林。时贼蹈太原，学镰请东宫或二王往镇南服，又言当纠和畿部辅义士为勤王师。迨城陷，作绝命词，自缢死。学镰痛父诏狱之惨，终身布衣不重味。母病割臂肉，和药进乃疗。"②由此知魏学镰之父魏大中，为六君子之一，被魏珰害死狱中。魏学镰能够伏阙讼父怨，并白兄学洢死孝状，又沥血上疏劾阮大铖、傅櫆交通逆奄诸罪。

倪元璐在崇祯登基之初，辩东林、崔魏之正邪，奏请速毁《三朝要典》。

张岱在《四书遇·孟子·反经章》中写道："救世君子所以思狂思狷，正要与吾党共鼓舞庶民。庶民既兴，野夫游女皆有志气骨力，那阉媚风气如云雾之消散，何独一二乡愿？故曰'斯无邪慝矣'。可知今日奄奄不振。只是世无大力君子。"面对"世无大力君子"的天启朝，张岱十分称赏杨涟与左光斗等人的大无畏精神。在他所著《石匮书·杨涟左光斗列传》中一字不漏地照录了杨涟上疏弹劾魏忠贤二十四大罪状，揭露了魏忠贤"初犹谬以小忠、小信、为人性倖恩，继乃敢为大奸、大恶以乱政"使得"掖廷之中，但知有忠贤，不知陛下；都城之内，亦但知有忠贤，不知有陛下"的狼子野心。③由此看来，陈洪绶的友人在面对朝政危机之时，都用

---

① 《上海图书馆藏明代尺牍》第八册，上海科学技术文献出版社2002年版，第104页。
② [清]吴山嘉:《复社姓氏传略》，杭州古旧书店1961复制，南郊堂藏版，第299—230页。
③ 佘德余:《都市文人——张岱传》，浙江人民出版社2006年版，第58—59页。

自己的方式表现了忧国如家、直拔无私、力救时弊、置生死于度外的儒学品格。

王亹（1587—1667），本名资治，后改亹，字予安，号石衲，又号道樗，出家后号大侹，绍兴长桥人。少孤，由叔父舜鼎抚养成人。南明时曾任兵部职方武库司郎中。与陈洪绶为好友，为"云门十才子"之一，入蕺山弟子籍。①《宝纶堂集》有《约王予安同入云门为终老之计》等诗多首。陈洪绶为王亹《匪石堂诗》作序，《匪石堂诗》中记有多首两人唱和雅集之诗词，如《与玄趾（王毓蓍）桐风馆看章侯画作》②等。又张岱在《祭周戬伯文》中说："余独邀天之幸，凡生平所遇，常多知己……余好诗词，则有王予庵、王白岳、张毅儒为诗学知己。余好书画，则有陈章侯、姚简叔为字画知己……"③由此知张岱与陈洪绶、王亹三人关系非常好。王亹在反对阉党之行为，其立场即与张岱及陈洪绶一致。

另外，陈洪绶本身有着创作《水浒》人物的经验，他大约19岁时便画有《水浒叶子》，现有白描《水浒叶子》存世；28岁之前就画有《水浒图卷》，将水浒人物塑造得"奇形怪状、凛凛有生气"，为王铎、陈万言等众多友人推崇。④而在画此本水浒时，却"凡四阅月而成"，可见对此幅作品的重视程度。既然如此重视，而叶子在刊刻之初又不是为了在现实的游戏中运用，或许是它具有传达支持东林党人之政治信息的重要功能。

如果说版画《水浒叶子》是具有极强的政治意味的创作，它的创作年代便有可能在魏阉一党当政或是事败后不久，如此方能显现出王亹在序中所申明的迫切之情："水浒匪假，世界空立，政如笔端，忠义□泣。惟百八人，此四十，进退予敓，厥义不袭。作叶子观，其眼如粒。"

天启七年（1627）秋，熹宗崩，信王立，是为崇祯帝。未久魏忠贤即伏诛。张岱在阉党事败后，因"好事者作传奇十数本，多失实"，便"为删改之，仍名《冰山记》"。张岱所作之《冰山记》在"城隍庙扬台，观

---

① [明]董玚：《蕺山弟子籍》，《刘宗周全集》第六册附录，浙江古籍出版社2007年版，第614页。
② [明]王亹：《匪石堂诗》，《上海图书馆未刊古籍稿本》第四十六册，复旦大学出版社2008年版，第31—32页。
③ [明]张岱著，云告点校：《琅嬛文集》，岳麓书社1985年版，第174页。
④ 黄涌泉编著：《陈洪绶年谱》，人民美术出版社1960年版，第29页。

者数万人,台址麟比,挤至大门外",场面十分轰动。张岱在其父的寿辰之上,还特意上演了此戏,并在其友人刘半舫的建议下,对此剧进行了诸多的改订。① 而且,张岱友人周孔嘉在天启五年(1625)便僦居于绍兴的轩亭之北,此段时间,张岱"每至其家,剧谈竟日"。张岱与周孔嘉在这段时间有意请陈洪绶创作《水浒叶子》也是有可能的。那么,由周亮工在《读画录》中所记:"初画楚辞像刻于山阴,再刻水浒牌行世,及崇祯间招入为舍人使临历代帝王图像"来看,此水浒牌当创作于崇祯之前,即是魏珰当权之时。陈洪绶应是和张岱、王疇一起有意识地通过水浒人物来表现东林党人"忠义"之气节。

陈洪绶从市场的角度出发,参与的都是报酬较高的出版活动,一方面陈洪绶能够获取较高报酬,另一方面这些快速流通的出版物在陈洪绶及其友人宣扬他们的文化及政治观念上也起到了非常重要的作用。

---

① [明]张岱著,夏咸淳、程维荣校注:《陶庵梦忆·西湖梦寻》,上海古籍出版社2001年版,第123—124页。

第四章　陈洪绶明亡后身份的转变

陈洪绶明亡前多在仕途上努力，人生理想是在政治上有一番作为。尽管因为经济上的困境，被迫以卖画为生，但始终不愿将自己看作是职业画家。因为是生员出身，拥有着天然的文人身份，陈洪绶交往的浙江画坛的友人也都是倾向于松江派的绘画言论。陈洪绶也因为陈继儒、浙江友人、北京友人的提携，在绘画上获得了较高的声誉。但是为了谋生，陈洪绶又必须考虑市场需求，因此绘画风格极为多样，有松江派喜欢的元人风格、也有迎合尚"奇"口味的绘画风格。同时，陈洪绶还通过戏剧版画及叶子牌等商业出版物表达戏剧观念与政治诉求。在明亡前陈洪绶很看重文人画家与职业画家之间的差异，因此有"书画耻流传"之语。陈洪绶作为一位文人画家，在平衡精神追求与解决生活压力的关系上做了非常多的努力。

明清易代之际，随着鲁王政权的失败，陈洪绶的仕途希望彻底破灭。以卖画为生的生存方式也因为明清易代而发生了意义上的改变。明亡后的卖画成为遗民"隐处"的一种方式，也是士大夫保节的一种手段。绘画成为遗民文化的重要部分，是传递遗民思想，保存汉文化之重要方式。陈洪绶也因此能够心安理得地将画业看作是寄托理想抱负的正途。

第一节　仕途希望的彻底破灭

对陈洪绶明亡后在鲁王监国时期的活动，文献有两种记载。一是孟远在《陈洪绶传》中记："明年江干兵起，鲁国据东浙，隆武拥闽粤。素闻绶名，争征召，或授以翰林，或授以御史。绶笑曰：'此固烂羊侯尉也。余所以混迹人间世者，以世无桃源耳。即王侯将相、钟鸣鼎列，古人犹比之郊牺者，而谓余为此乎？'"①由此段的记载看来，陈洪绶并未参与鲁王或唐王的政权。原因是陈洪绶并不看重功名利禄。

二是《宅埠陈氏宗谱》记："洪绶，字章侯，号老莲又号悔迟，生万历戊戌十二月二十七日。崇祯时入监，考取积分贡生，未几归里，及鲁藩王监国授翰林院待诏。"②

张岱在《石匮书后集》中有记："陈洪绶，字章侯，诸暨人，为诸生，鲁王监国，授翰林待诏。"③

毛奇龄《陈老莲别传》中也记："崇祯末，愍皇帝命供奉，不拜，寻以兵罢。监国中待诏。"④三组材料记录的是陈洪绶接受鲁王征召，并为翰林待诏。

以上对陈洪绶是否接受鲁王征召有两种截然不同的说法，解决这一问题当对我们了解陈洪绶明亡后在鲁王时期的活动有所帮助。虽然目前未有直接材料显示陈洪绶在此期间的活动情况，但笔者尝试结合当时之政治状况及陈洪绶友人之行踪对此一问题进行考证。

清顺治二年（1645），潞王降清，浙江省会杭州被清军占领，不少州县也递上了降表，归顺清朝。"闰六月初旬，颁开剃之令，人护其法，道路汹汹；又郡县奉檄发民除道开衢为驰马之地，人情益惶忧"。在这种情形下，亡国之痛加强迫剃头点燃了一场反清之火。闰六月初九日，明原任九江道佥事孙嘉绩起义于余姚，杀清朝委署知县王玄如。初十日，生员郑遵谦起兵于绍兴。十二日，又发生了宁波的抗清运动。

浙东各地反清运动起来后，明原任管理戎政兵部尚书张国维和在籍官僚陈函辉、宋之普、柯夏卿商议，认为亟须迎立一位明朝宗室出任监国，而当时在浙江的明朝亲王、郡王中只有在台州的鲁王朱以海没有投降清朝，他便成为浙江复明势力拥立的唯一人选。闰六月十八日，张国维等人奉笺迎朱以海出任监国；二十八日又再次上表劝迎。朱以海到达绍兴后，于七月十八日就任监国，改明年为监国元年。⑤

---

① 吴敢点校：《陈洪绶集》，浙江古籍出版社1994年版，第587—588页。
② ［清］陈遹声辑述：《宅埠陈氏宗谱》卷四十一，宣统刻本，第30—31页。
③ ［清］张岱：《石匮书后集》卷六一，［清］顾廷龙主编：《续修四库全书·史部·别史类》第318—320册，上海古籍出版社2002年版，第750页上栏。
④ 吴敢点校：《陈洪绶集》，浙江古籍出版社1994年版，第590页。
⑤ 顾诚：《南明史》，光明日报出版社2011年版，第186页。

鲁王绍兴监国后曾至张岱家中，陈洪绶与张岱一起接驾。张岱在《陶庵梦忆》里有《鲁王》一文：

> 福王南渡，鲁王播迁至越，以先父相鲁先王，幸旧臣第。岱接驾，无所考仪注，以意为之。踏脚四扇，氍毹借之，高厅事尺，设御座，席七重，备山海之供。鲁王至，冠翼善，玄色，蟒袍玉带，朱玉绶，观者杂沓，前后左右，用梯、用台、用凳，环立看之，几不能步，剩御前数武而已。传旨："勿辟人。"岱进，行君臣礼，献茶毕，安席再行礼。不送杯箸，示不敢为主也。趋侍坐，书堂官三人，执银壶二，一斟酒，一折酒，一举杯，跪进上。膳一肉簋，一汤盏，盏上用银盖盖之，一面食，用三黄绢笼罩，三臧获捧盘加额，跪献之。书堂官捧进御前，汤点七进，队舞七回，鼓吹七次，存七奏意。是日演《卖油郎》传奇，内有泥马渡康王故事，与时事巧合，睿颜大喜。二鼓转席，临不二斋、梅花书屋，坐木犹龙，卧岱书榻，剧谈移时，出登席，设二席于御坐傍，命岱与陈洪绶侍饮，谐谑欢笑如平交。睿量宏，已进酒半斗矣，大犀觥一气尽，陈洪绶不胜饮，呕哕御座旁。寻设一小几，命洪绶书策，醉捉笔不起，止之。剧完，饶戏十余出，起驾转席。后又进酒半斗，睿颜微酡，进辇，两书堂官掖之，不能步。岱送至同外，命书堂官再传旨曰："爷今日大喜，爷今日喜极！"君臣欢洽，脱略至此，真属异数。①

鲁王至张家的原因是张岱父亲张耀芳曾经与鲁献王有旧交，鲁王是"幸旧臣第"之举。张岱《家传》："（张耀芳）甲子丁卯，闱牍甚佳，而又不售，是年五十有三矣。诸叔父劝驾，乃以副榜贡谒选，授鲁藩长史司右长史。鲁献王好神仙，先子精引导，君臣道合，召对宣室，必夜分始出。"②

陈洪绶也参加了这次接驾。原因之一是其曾于崇祯十六年（1643）三四月间被召为中书舍人，迎接鲁王当为前朝旧臣之分内之事。第二个原

---

① ［明］张岱著，夏咸淳、程维荣校注：《陶庵梦忆·西湖梦寻》，上海古籍出版社2001年版，第140—141页。
② ［明］张岱著，云告点校：《琅嬛文集》，岳麓书社1985年版，第165页。

因，陈洪绶与张岱为好友，参与张家迎接鲁王之宴会也是情理之中的事。

从"命岱与陈洪绶侍饮，谐谑欢笑如平交。睿量宏，已进酒半斗矣，大犀觥一气尽，陈洪绶不胜饮，呕哕御座旁。寻设一小几，命洪绶书策，醉捉笔不起，止之。"后命书堂官再传旨曰：'爷今日大喜，爷今日喜极！'君臣欢洽，脱略至此，真属异数。"可知鲁王对于张、陈二人的表现极为满意。张岱与陈洪绶皆被授予官职，张岱被授兵部职方部主事，陈洪绶被授翰林待诏。

然张岱在两个月后便辞去职务，逃亡嵊县山中。九月，方国安令县官上门促行，要张岱商榷军务，张岱至顺治三年（1646）正月方才决定出行，后又因背上生疽，留连病榻，梦祁彪佳劝他还山，完成《石匮书》，便未出仕。此年六月清兵攻陷绍兴，鲁王走舟山，张岱先是在越王峥避难，后又逃亡嵊县。在陈洪绶明亡后所作的诗歌中，未见两人此后交往材料。

王思任与陈洪绶为忘年好友，《嘉庆山阴县志》卷十四《乡贤二》载其鲁王监国时之事迹："鲁王监国，擢礼部右侍郎，屡疏极言官乱民乱饷乱士乱之失，乞休不听，曰江上之事，不腊矣。未几失守，构亭凤林祖墓旁，曰孤竹庵，绘像曰采薇图。巡按御史王应昌，请拜新命，王思任复书谢之，绝食七日卒，目不瞑。时丙戌九月廿二日。祀乡贤。"可知，他在鲁王监国时，为礼部右侍郎，且多有上疏，但未被鲁王接受。鲁王走舟山，他则隐居凤林。后清廷请其出仕，王思任绝食而死。

在王思任归隐的三个月中，陈洪绶《宝纶堂集》有多首与他往来的诗文。《王遂东先生游普济寺招予小隐凤林》："稻粱谋拙入珠林，道念争如俗念深。吃饭未能齿粒粒，感君招隐桂森森。草鞋钱尽千峰暮，木杵机锋万壑阴。公案陈言休再举，声虽在指不离琴。"①《王遂东游普济寺招予凤林小隐和韵之二》："刀兵相逼入丛林，已愧南询行脚深。香饭一盂图报答，数峰几点写萧森。白狼童子行前路，黄面堂头惜寸阴。人尽入山深亦浅，苏门难抚一弦琴。"②

---

① [明]陈洪绶：《宝纶堂集》卷八，康熙三十年刻本，《清代诗文集汇编》，上海古籍出版社 2011 年版，第 761 页下栏—762 页上栏。
② [明]陈洪绶：《宝纶堂集》卷八，康熙三十年刻本，《清代诗文集汇编》，上海古籍出版社 2011 年版，第 764 页下栏。

郑遵谦也是陈洪绶的好友，字履公，余姚临山卫人，为诸生。崇祯十六年（1643），许都策划反贪官之暴动，并在很短的时间内攻克了附近几个县，后绍兴推官陈子龙凭借个人关系对许都招降，并承诺保证他的安全，不料许都被巡按御史左光先处死。郑遵谦为许都的生死之交，东阳起事后，他也准备响应，但因被其父郑之尹（曾任山西按察金事）关在房中，才未能实现。1645年，潞王降清后，浙东郡县也望风归附，绍兴府通判张愫降清被任命为知府，彭万里任会稽知县。郑遵谦的父亲郑之尹也亲赴杭州剃发降清。郑遵谦则决意起兵反清，并在此年闰六月初十日树立大旗，招兵誓师，有众数千人。并将张愫、彭万里斩首。为了解决义军粮饷，郑遵谦召集曾任明朝尚书的商周祚、姜奉元等人筹款。后郑之尹劝其投降，他也毫无动摇。

鲁监国政权成立后，郑遵谦被任为义兴伯。《浙东纪略》中记其在鲁王监国期间之行程：

（乙酉1645年八月）廿五日，大会西陵，定沿江防守汛地：方国安营七条沙；马士英驻内江新坝；王之仁营四兴；张国维驻内地长河；孙嘉绩、熊汝霖，营龙王塘；章正宸、沈宸荃、钱肃乐等，上下协防；郑遵谦营小亹；于颍驻内江渔浦；北洋协镇张名振守三江；南洋协镇吴凯，同副总刘穆，据险策应；国安以其侄方应龙出余杭，方元科出六和塔，而自率师由江上接应。议既定，加熊汝霖、孙嘉绩，总都督院；章正宸、沈宸荃，协理寺院；钱肃乐佥都御史；于颍巡抚浙江。又复派饷。在朝不置户部总饷官，谓以浙东诸郡赋供应诸军，不患不足。金华八县，为张国维、朱大典两督师分割；方国安食衢严并绍；王之仁原自定海来，食甯；吴凯原自临海来，食台；诸义旅各食其邑。余者听凭解部，以便区分，温处两府佐之。①

（九月）十三日，北兵大至，营兵悉奔，而端士犹与监纪推官何之杰、都司郑大道等，互射不休，其余孙嘉绩、钱肃乐、沈宸荃、郑

---

① ［清］徐芳烈：《浙东纪略》，乐天居士辑：《痛史二十种》铅印本第十种，商务印书馆民国6年（1917），第7b页。

遵谦等，皆亲冒矢石，桴鼓率先。①

（十二月）十五日，监国复至萧，乃议分门夺入。定期以二十四日丑时，官义齐会，水陆竞进，以王□俊奉命为督阵使，遍历诸营上流五云一带，如正阳钱塘等门，则方国安、张维所分也；下流姜家嘴一带，如太平艮山等门，则王之仁、熊汝霖、陈潜夫等所分也；再下则章正宸、孙嘉绩、钱肃乐、沈宸荃、方端士助之；最下则吴凯、郑遵谦等复助之。是日，北亦大费区画，议背城一战以决胜负。孰意大帅无筹，惟知督促而前，深入陷中。北佯败，引方兵径进，北乃以一枝从万松岭截其军前之精锐，不得出，后无救援。而纷纷败走之徒，且扬帆直归本营，二三千选锋，尚可策应而为转胜之兵者，乃竟置之不题一字。方国安惟知痛哭，一筹莫展，而诸下亦莫肯为数千人出一议者。惟是威远伯方元科兵最号雄武，而又泥于术士之言，始终按兵不出一旅，方且以幸全为得计。虽下流熊汝霖等冒矢石，躬亲督战，北亦狼顾胁息。然而胜者自胜，负者自负，于斩将搴旗，终莫效也。南兵杀伤更多，江上军声为之大阻。自此以后，遂不复频言陆战矣。是时淮抚田仰带兵数千从海上来，遂命入阁。②

（丙戌1646年一月）初三日，连日复渡，扬帆而进，北以飞炮御之，每半渡，课而返，若游行者然，间或有歼，亦无几也。时□游急，方国安移镇焉。婺饷缺，张国维暂归矣。其余义旅无船、无饷者，或归瓜沥，或住民房，或扎内地，虽各营俱有留守，而真正任事者，惟西陵王之仁、龙王塘、熊汝霖，及小疊郑遵谦耳。③

（六月）初四日，北兵至暨阳。马士英携家眷匿嵊县大岩山中，居数日，入四明山之金钟寺剃发，北至出降。北尽杀其兵于林中，令骑一驴之台州招降方国安。国安已渡黄岩，与北隔江。北白标先至，方元科欲尽杀将士妻妾，决死一战。国安犹豫不忍，北兵抄出后路。马士英适至为先容，诸军一夕圆帽成，发尽落，头尽白，人尽清矣！

---

① [清]徐芳烈:《浙东纪略》，乐天居士辑:《痛史二十种》铅印本第十种，商务印书馆民国6年（1917），第10a页。

② [清]徐芳烈:《浙东纪略》，乐天居士辑:《痛史二十种》铅印本第十种，商务印书馆民国6年（1917），第12a—12b页。

③ [清]徐芳烈:《浙东纪略》，乐天居士辑:《痛史二十种》铅印本第十种，商务印书馆民国6年（1917），第12b页。

方国安出，方元科等亦降。

鲁监国浮海依肃靖伯黄斌卿，江上熊汝霖、郑遵谦、钱肃乐、冯元飚、沈宸荃，及平湖马万方，并张肯堂、朱永佑、吴钟峦等，相继共依焉……①

又《东南纪事》记"丙戌三月朔，杭州开堰放舟，遵谦从之仁迎击，获铁甲八百与军资。五月，师溃于江。遵谦将家属浮海，从鲁王至舟山"。②

由此可知，郑遵谦是鲁王抗清将士中较为重要的力量。丙戌年（1646）五月，郑遵谦领导的义师在杭州溃败。郑遵谦随同鲁王走舟山。时郑彩专政，郑杀大学士熊汝霖，又指示部将吴辉，诈邀郑遵谦，郑被擒，遥祭拜熊汝霖后跳海死。可知在1646年六月郑遵谦离开绍兴，同年跳海死。

陈洪绶在《宝纶堂集》中有三首与郑遵谦之诗：

其一，《郑履公祁奕远刘道迁与老莲茸屋若耶溪上期金道隐来避乱不至》："莫怨无琴鹤，浮踪听世人。诸君茸小屋，待汝过酣春。离乱应怀我，移居先买邻。江东米不贱，岂得再逡巡。"③

其二，《郑履公若耶溪阁杏花盛开大雨见招却书》："细雨杏花发，种花人闭关。感时难驻色，促我过开颜。避乱皆余事，聊生只得闲。小楼供笔札，许画米家山。"④

其三，《雨中看桃花赴履公邀》："催花雨杂妒花风，华故商量早晚红。嫩蕊琼枝虽电影，落英结子了天工。因缘可惜休辞湿，郡邑平安不易逢。一日得游如两日，笔床茶灶寄刀弓。"⑤

---

① ［清］徐芳烈：《浙东纪略》，乐天居士辑：《痛史二十种》铅印本，商务印书馆民国6年（1917），第十种，第18a页。
② ［清］邵廷采：《东南纪事》，《续修四库全书·史部·别史类》第332册，上海古籍出版社，第55页下栏—56页上栏。
③ ［明］陈洪绶：《宝纶堂集》卷五，康熙三十年刻本，《清代诗文集汇编》，上海古籍出版社2011年版，第722页上栏。
④ ［明］陈洪绶：《宝纶堂集》卷五，康熙三十年刻本，《清代诗文集汇编》，上海古籍出版社2011年版，第729页下栏。
⑤ ［明］陈洪绶：《宝纶堂集》卷八，康熙三十年刻本，《清代诗文集汇编》，上海古籍出版社2011年版，第762页上栏—762页下栏。

从诗题"期金道隐来避乱"知诗当作于明亡后，而考郑遵谦之行程，此诗当作于鲁王监国期间。郑遵谦、祁鸿孙、刘道迁（待考）与陈洪绶四人共同在绍兴若耶溪旁修建新屋，又"诸君葺小屋，待汝过酺春。离乱应怀我，移居先买邻。江东米不贱，岂得再逡巡"，①当知陈洪绶顺治三年（1646）春移居若耶溪上。

祁鸿孙与郑遵谦的关系较好，在郑遵谦起义后，他便招祁鸿孙入义师。祁鸿孙与郑遵谦共同迎接鲁王监国绍兴。祁鸿孙授为尚书兵部职方，清吏司员外郎，进阶奉直大夫，赐节盖印绶，出监江上四十八营军事。他在职期间裂缯帛为旗，戈矛剑戟森列，往来钱塘江上。但因义师统帅争权不一，纵兵士四出掳掠，民不堪命，祁鸿孙为此堪忧，认为义师不能久守。鲁王走舟山后，祁鸿孙遣散家中宾客，只身走匿深山。与陈洪绶交往较多，并多对陈洪绶有经济上的支持。而陈洪绶所作《郑履公祁奕远刘道迁与老莲葺屋若耶溪上期金道隐来避乱不至》即反映了陈洪绶与祁鸿孙在鲁王监国期间的交往。由此知，在鲁王监国期间，张岱、王思任、郑遵谦、祁鸿孙等人是陈洪绶主要交往之友人。

然而与陈洪绶接受鲁王监国之翰林待诏一职相矛盾的是，在崇祯甲申（1644）五月，福王朱由崧即位南都，改元弘光。九月时，友人王璠及王素中劝其参加弘光政权在南京开设的科举考试，陈洪绶却严辞拒绝，有七言诗三首：

　　二王莫劝我为官，我若为官官必瘝。几点落梅浮绿酒，一双醉眼看青山。
　　腐儒无可报君仇，药草簪巾醉暮秋。此已生而不若死，尚思帝里看花游。
　　借得青藤挂席门，父书一束暴朝暾。二王若说为官事，捉鼻休辞老瓦盆。②

诗中坚决不出仕之心可见一斑。何有此矛盾之处？这与时局的变化密

---

① 吴敢点校：《陈洪绶集》卷五，浙江古籍出版社1994年版，第109页。
② ［明］陈洪绶：《宝纶堂集》卷九，康熙三十年刻本，《清代诗文集汇编》，上海古籍出版社2011年版，第796页下栏。

切相关。

崇祯甲申（1644）三月十九日，李自成的军队攻入北京，崇祯帝在煤山自缢身亡，大明王朝覆灭，陈洪绶的好友倪元璐也以身殉国。知道亡国的消息后，孟远《陈洪绶传》记："甲申之难作，栖迟吴越，时而吞声哭泣，时而纵酒狂呼，时而与游侠少年，椎牛埋狗，见者咸指为狂士。绶亦自以为狂士焉。"①

胡其毅《陈章侯先生遗集序》记："先生于甲申变后，绝意进取，纵酒使气，或歌或泣，其胸中磊落之概，托诸诗文，奇崛不凡，翰墨淋漓，绘事超妙，颇自以为狂者，较之颠米，又何让焉。"②

陈洪绶虽悲痛无比，然此刻并未到绝望之时。主要是因为福王朱由崧在南京监国，建立南明，在当时的明人心中明朝还有重新复起的希望。陈洪绶的老师，刘宗周即被诏为左都御史原官。在南明朝刘宗周多次上疏献计，然都未被福王采纳。后刘宗周回到绍兴，与门人编订《中兴金鉴》，希望福王能够借鉴。另一位老师黄道周，则被任命为礼部尚书，后请命到绍兴祭奠大禹陵。祁彪佳则同史可法一同迎福王监国，并自请命仍原衔安抚，即为苏松巡抚。后又功升大理寺丞，擢右佥都御史，留为江南巡抚。就陈洪绶的官场友人之变故来看，除友人倪元璐殉国外，其他师友则都仍旧为南明效力，南明仍旧保持着明亡前之官员格局，虽然陈洪绶并未有前往南明参加科举之心，但对当时之政治时局仍旧表示高度的关注，并对复国仍旧有信心，南明弘光隆武元年，清顺治二年乙酉（1645），陈洪绶在给其侄子的诗中写道：

流血天心见，不惟春雪多。凶丰无两事，南北莫谁何。酒劝长星酒，河防（泄洛河）。牡丹灯月下，箫鼓尽悲歌。

忠义乾坤绝，奸雄良不多。复仇谁与计，（和）议奈他何。半壁窥游骑，三军畏（渡）河。酒徒忧社稷，宁去听儿歌。

春雪卧不稳，衣冠为盗多。皇天非好杀，劫运至如何？大帅难当贼，奸臣导（渡）河。须眉效巾帼，漆室倚同歌。

---

① 吴敢点校：《陈洪绶集》，浙江古籍出版社1994年版，第587页。
② 吴敢点校：《陈洪绶集》，浙江古籍出版社1994年版，第583页。

此地军声大，山东（义）士多。旌旗父老望，饿虎甲兵何。天子弹丸地，长城衣带河。栖霞被木叶，山鬼听吾歌。

　　赤心民不少，白发无我多。志力都无用，今诗将奈何。花好明越水，杀气遍淮河。日日愁离别，惊心鸟莫歌。

　　忠（义军）难起，痴顽老子多。可怜先帝恨，乃属竖儒何！痛哭书空上，神昏（呼渡）河。逢人示诗句，谁与我行歌？①

　　诗中可以看出陈洪绶强烈的复国之心。也就在此年五月十五日，陈洪绶与赵伯章一起至祁彪佳家，向他通告清军逼近南京的消息。

　　到了五月二十四日，清军占领南京，福王出走，马士英挟潞王朱常涝逃至杭州。接着江南苏松各城先后被清军占领。六月，清贝勒博洛兵临杭州，潞王开城投降。此时整个局势已经非常明朗，明朝复国之梦完全破灭。陈洪绶的老师、友人也便纷纷殉国，刘宗周绝食、祁彪佳沉水、王毓蓍投水、祝渊投缳。虽然陈洪绶对儿女亲家王毓蓍投水极为悲痛，在《挽王正义先生》的长诗中却可看出陈洪绶曾劝其放弃殉节之念："予曾相解说，汝莫责斯人。金玉心熏久，衣冠认岂真。……弱女方窥户，雏儿怯负薪。若能摇意念，挥去定精神。"②

　　陈洪绶此刻选择并不殉节之原因，从其友人之抗清活动中能窥一二。王毓蓍死于六月二十二日，而陈洪绶之友人郑遵谦在六月初十日起义抗清，并且祁鸿孙也加入进去。与郑遵谦同时起义的，还有明原任九江道佥事孙嘉绩起义于余姚，又十二日，宁波府也爆发了抗清运动。可见当时浙东一地抗清活动不断。而浙东的反清活动，和当时唐王在福建的隆武政权有一个重大区别：浙东是在本地当权官绅已经投降清朝以后，一批有志之士激于剃发易服，揭竿而起，不顾杀身亡家的危险而展开反清复明的运动。其中的骨干成员大多数是些地位比较低的明朝生员和中、下官员。如郑遵谦便是生员出身，而在宁波鄞县反清的董志也是生员，董志在决定起

---

　　① ［明］陈洪绶：《宝纶堂集》卷五，康熙三十年刻本，《清代诗文集汇编》，上海古籍出版社2011年版，第722上栏—下栏。括号内为康熙本缺字，根据吴敢依光绪本补入。见吴敢点校：《陈洪绶集》，第109—110页。

　　② ［明］陈洪绶：《宝纶堂集》卷五，康熙三十年刻本，《清代诗文集汇编》，上海古籍出版社2011年版，第741—742页。

兵之际曾经遍谒在籍各乡绅，均遭拒绝，后余姚起事的孙嘉绩对其起兵进行支持。可以说浙东的抗清事业是在孙嘉绩、郑遵谦、董志等当地官员及底层生员为主要成员，并且得到当地百姓支持的条件下形成的。正是在这样一批地位低下的成员进行抗清的努力下，鲁王监国绍兴成为可能（鲁王监国于台州，后迁绍兴）。①陈洪绶曾长期属于生员之列，虽然曾获中书舍人一职，但地位不高，仅为簪笔之臣。陈洪绶的友人祁鸿孙、张岱也都是生员身份。身份较低的文人能够成为复兴国家之栋梁，这也可作为陈洪绶与张岱等人不选择殉节而接受鲁王征召之重要原因。

再看陈洪绶丙戌年（1646）与鲁王监国时的友人之行程，如陈洪绶《自序避乱草》：

> 弗迟自五月之役，逃命至鹫峰寺，从鹫峰寺至云门，结茅薄坞……五六月间，其知得生者欤？五月至十二月间其知死而复生者欤？②

陈洪绶是在五月郑遵谦杭州一役失败后才转而隐居。祁鸿孙则在义师失败后，遣散宾客，只身走匿深山。王思任则是归隐凤林，而郑遵谦与鲁王至舟山。陈洪绶在鲁王监国失败后，仕途上的希望彻底破灭，他没有殉节，也没有出仕清廷，而是选择做遗民。

第二节 "画中甲子自春秋"

丙戌年（1646）五月，陈洪绶在郑遵谦杭州一役失败后，开始了遗民生涯。他选择逃禅作为遗民隐处的方式，虽然为僧，却并不礼佛事，云门出家半年后又回到绍兴。虽有僧人身份，却是一位以卖画为生的职业画家，卖画也成为陈洪绶作为遗民的重要"隐处"方式。以遗民身份卖画，绘画便成为了一种文化保护的重要手段，拥有遗民身份的画家与明亡前的无论是文人画家、还是职业画家所承担的文化意义完全不同，以此陈洪绶

---

① 顾诚：《南明史》，光明日报出版社2011年版，第186—192页。
② ［明］陈洪绶：《宝纶堂集》卷一，康熙三十年刻本，《清代诗文集汇编》，上海古籍出版社2011年版，第680页上栏。

将政治上的抱负转向画业,努力开宗立派。

一、逃禅与卖画

作为遗民,身处新朝,出处大节是关涉到遗民身份的首要问题,也是遗民之为遗民的道德底线。刘宗周尝言:"国破君亡,吾辈不能死,又有一番出处。"① 遗民未死而选择生,出与处是不得不面对的选择。明遗民和清初士人一般是主张遗民于易代之际"处"而不出的。张岱在《石匮书后集》卷二十三《乡绅死义列传总论》中曰:"若夫罢职归田,优游林下,苟能以义卫志,以智卫身,托方外之弃迹,上可以见故主,下不辱先人,未为不可。"② 将"出处"视为遗民士人之"大端",也是作为遗民应有的姿态。③

在明清易代之际,遗民"隐——处"的方式大约有以下几种:或家居而终生不履城市,这些人中有的课徒授学,借以自给,亦借以传递汉文化薪火,有的潜心著述,以学术思想垂示后人;或隐于泉石,抱亡国之戚以终其身;或逃之释氏,以保全名节;或躬耕自给,不乞食于人;或诗酒流连,与世相忘;或隐于医,既救人之急,亦借以自隐;或怀铅椠入桂人之幕,以解衣食之虞。

其中选择逃禅不外乎有四种原因,一是避清廷之胁迫,在清初大势追捕抗清志士的环境下,逃之方外较之遁迹林泉更为安全。二是图谋再造,是一种秘密进行反清斗争的手段。三是逃禅洁己,即是看重名节的清白,不剃发、不易服、不履清士。四是心灵的慰藉和补偿,即"禅悦,明季士大夫风气也"。考察陈洪绶丙戌年之行状,他的逃禅当为躲避追捕与逃禅洁己。④

清顺治三年丙戌(1646)六月,绍兴被清军攻陷,鲁王逃亡入海,清兵俘虏不计其数,陈洪绶也在其中。大将军抚军固山命他作画,陈洪绶坚决不动笔;继而拔刀相逼,仍旧不画。后来了解到他喜好酒色,就改变方

---

① 孔定芳:《论遗民之出处》,《历史档案》2009 年第 1 期。
② [清]张岱:《石匮书后集》,[清]顾廷龙主编:《续修四库全书·史部·别史类》第 320 册,上海古籍出版社 2002 年版,第 556 页下栏。
③ 孔定芳:《论遗民之出处》,《历史档案》2009 年第 1 期。
④ 孔定芳:《清初遗民社会——满汉异质文化整合视野下的历史考察》,湖北人民出版社 2009 年版,第 72—89 页。

法,"以酒与妇人诱之",陈洪绶才开始动笔作画。画好后,陈洪绶借口要为作品署名以及再做渲染,将画索回,夜晚他抱着画假装入睡,并伺机逃跑。逃出后,陈洪绶先是在杭州飞来峰上的灵鹫寺躲了一段时间,然后潜回了家乡诸暨。在诸暨的云门寺剃发为僧。从此陈洪绶改号悔迟、悔僧,亦号云门僧、云门僧悔等。在陈洪绶出家云门前,即开始用"悔"字。南明弘光隆武元年、清顺治二年(1645),二月,陈洪绶在绍兴龙山为张葶作杂画册十对幅,并钤盖"陈悔公氏"章。陈洪绶以"悔"字为号,实从此时开始。出家后即沿用之。①

然陈洪绶在云门出家的半年时间内,并未从事礼佛事宜,他主要是以僧人身份作为掩护,为家眷及自己寻找较好的隐居之所。在此年八月,陈洪绶在云门、化山一带寻找可以结茅隐居的地方,并最终在离祖茔三四里的薄坞寻找到了较为合适的隐居之所。"丙戌夏,悔逃命山谷多猿鸟处,便薙发披缁。岂能为僧,借僧活命而已……"②其活命之说便是指逃禅既可以逃脱追捕又可逃禅洁己,避免剃发着满服的耻辱。

陈洪绶在云门出家隐居期间,虽然躲过了清兵的追捕与剃发的耻辱,但是却面临了较为严峻的经济困境。陈洪绶在丙戌(1646)八月,与家人同在薄坞隐居,作有题为《且止》的八首五言律诗,其三为:"啼霜白雁至,秋草命将邻。自分为儒者,谁知作罪人。千山投佛国,一画活吾身。身贵今堪贱,随他终日贫。"③即可知陈洪绶在云门为僧期间仍旧是靠卖画维持生计。而陈洪绶所面临之经济困境又为明遗民之普遍现象。

失节仕清的汪琬曾有言论专述明遗民之穷困为古之罕见:"古之君子欲进则进,欲退则退,未有不浩然自得者也。今之君子侧身迟回于进退之际,恒皇皇焉不能自主者,何也?非其人为之,其时为之也。古之君子力耕以为食,力蚕以为衣,俯仰身世,无求而皆给。故当其不得志而退也,毕其生可以无闷。今之君子仰无以养其亲,俯无以畜其妻子,饥寒之患,迫于肌肤,此其时与古异矣。虽不得志,其能遁世长往,浩然于寂寞无人

---

① 吴敢:《丹青有神——陈洪绶传》,浙江人民出版社2008年版,第139—154页。陈洪绶在鲁王政权失败后的行踪参见此书。
② [明]陈洪绶:《宝纶堂集》卷四,康熙三十年刻本,《清代诗文集汇编》,上海古籍出版社2011年版,第707页上栏。
③ [明]陈洪绶:《宝纶堂集》卷五,康熙三十年刻本,《清代诗文集汇编》,上海古籍出版社2011年版,第725页上栏。

之地哉？吾以是知其难也。"①

由此可知，作为遗民，陈洪绶迫于生计而无法将逃禅作为单纯的全身洁己之途径，也不可能以逃禅来作为心灵慰藉的途径。陈洪绶多次在诗中强调自己被迫逃禅之举："国破家亡身不死，此身不死不胜哀。偷生始学无生法，畔教终非传教材。柴屋大都随分去，莲宗小乘种因来。定来金界和银界，永去歌台与舞台。"②一旦外界形式有所好转，陈洪绶便离开云门，将卖画作为其遗民"隐处"之方式。

在陈洪绶以僧人身份隐居薄坞期间，其主要友人为山阴祁氏家族中的祁骏佳、祁鸿孙、祁理孙，还有鲁仲集、王紫眉、刘北生、王思任、云门寺僧三宜和尚等人。

陈洪绶在薄坞隐居，主要是祁骏佳和祁鸿孙慷慨解囊，资助其移家费用。宝纶堂集中有《奕远赠予移家之资却赠即书扇上》。

祁骏佳（1604—1681），字季超，号渥水。《梅墅祁氏谱》中记祁骏佳"孝友性成，上事父兄，下抚群弟，人无闲言。弱冠补博士弟子员拔贡，入礼部。举进士不第，时崇祯之癸酉也。京师晏安而府君之心穷隐忧语，诸在位皆以为不然，府君则取贡牒焚之，示不复进取，向大明门叩头洒泪，驰归家。入会稽山中筑室，携家人居之万竹园，屋清泉远，阶临大溪，溪西即秦望山麓，云门诸寺在焉。府君恒策蹇乱流，往从诸僧人游，归则静坐一室，遂顿超玄悟忘生死，齐得丧矣"。由此可知，祁骏佳在明崇祯元年（1628）岁贡，崇祯六年（1633）拔贡入礼部，举进士不第，十分懊恼，即将贡牒焚毁，以示不复进取之心。归家后携家人入居云门山谷万竹园。明亡后，祁骏佳信佛。祁俊佳也是一位剧作家，曾创作剧本《鸳鸯锦》。③

祁俊佳与陈洪绶多有交往。崇祯十三年（1640）六月二十三日，祁骏佳在绍兴曾请严湛临摹陈洪绶佛像。按祁彪佳"祁忠敏公日记"庚辰六月记："二十三日，季超兄延严水子模陈章侯诸佛像。……"④明亡后，祁骏佳和侄子祁鸿孙共同资助陈洪绶之生活，陈洪绶有《卜居山薄坞去祖茔三四

---

① 孔定芳：《清初遗民社会——满汉异质文化整合视野下的历史考察》，湖北人民出版社2009年版，第84页。引文转载此书。
② 吴敢点校：《陈洪绶集》，浙江古籍出版社1994年版，第388页。
③ 张能耿：《祁承㸁家世》，北京出版社2004年版，第143页。
④ ［明］祁彪佳：《祁忠敏公日记》，北京图书馆古籍出版编辑组编：《北京图书馆古籍珍本丛刊》第20册，北京图书馆古籍出版1998年版，第833下栏。

里许感祁季超奕远叔侄赠资》。

刘北生（生平待考），曾在这年的冬天为陈洪绶击阮消愁，陈洪绶感激而作《杂画册》八幅相赠。第一幅人物上有题："山居卧病，北生闻之，冒雨过问，且为搒阮遣愁，写之以志感也。绶。"① 陈洪绶有诗《寄刘北生道迁兄弟兼谢留予避兵马坞》："乃弟儿方病，其兄病未痊。乱邦增逆境，留我颇无钱。学佛尝秋月，吟诗劳暮年。弟兄如就我，松舍两三椽。"② 知刘北生在兵灾时对陈洪绶有帮助。

鲁集，字仲集，号翟庵，会稽人，《越画见闻》记其："画特浓郁善作雨景由其胸有书卷，故气厚而深。"③《明画录》记"鲁集字仲集，会稽人，诸生有名。善书法，所画山水出入宋元诸家，秀润合格"。④ 结合两处文献可知，鲁集为诸生，善书画，画学元人诸家。为"云门十才子"，陈洪绶《宝纶堂集》有诗多首写给鲁集。

《留别鲁仲集季栗兄弟还秦望即约新春入城卖画》："乱后难留客，客留亦甚难。绸缪忘日夕，饕餮复多餐。鸡犬声犹寂，人家还未安。老僧书一束，归坐石盘盘。"⑤

《怀仲集》："耻入名流鲁仲集，鼹鼠饮河好米汁。堙户杜墙事秘笈，生吞活剥耻相袭。醉后细语与长谈，手辟玄黄鬼神泣。少时兄弟相读书，老来父子相纂辑。国亡家学皆收拾，令吾梦寐力不及，酒病贫病年五十。春风日落愁空山，吾怀此老斜阳立。"⑥

《鲁仲集八十日内亡一子一女愁病却慰》："弱女非男良胜无，珠儿珠女两焦枯。从来情钟难宽大，再世为儿事岂诬。骨肉爱根谁断得，爷娘遗体也须扶。当今豺虎吞人日，不免扶携迁徙乎？"⑦

---

① 吴敢：《丹青有神——陈洪绶传》，浙江人民出版社2008年版，第152页。
② 吴敢点校：《陈洪绶集》，浙江古籍出版社1994年版，第379页。
③ ［清］陶元藻：《越画见闻》，卢辅圣编：《中国书画全书》第10册，上海书画出版社1993年版，第773页下栏。
④ ［清］徐沁：《明画录》，卢辅圣编：《中国书画全书》第10册，上海书画出版社1993年版，第24页下栏。
⑤ ［明］陈洪绶：《宝纶堂集》卷五，康熙三十年刻本，《清代诗文集汇编》，上海古籍出版社2011年版，第728页下栏。
⑥ ［明］陈洪绶：《宝纶堂集》卷七，康熙三十年刻本，《清代诗文集汇编》，上海古籍出版社2011年版，第756页下栏。
⑦ 吴敢点校：《陈洪绶集》，浙江古籍出版社1994年版，第235页。

《留别鲁仲集季栗兄弟还秦望即约新春入城卖画》:"可叹老鼱头,累人何日休?无书亲赠与,阙米友相赒。世法涂鸦报,僧规念佛酬。讲堂椒柏酒,留我两三瓯。"①

《鲁仲集寄烛腐书谢》:"古有爱麻腐,前身是道人。鲁生今寄我,使我徼前因。"②

上述诗皆写于明亡后,陈洪绶在避乱时与鲁集共同进城卖画,两人感情极好。

王毓芝,字紫眉,为刘宗周女婿。③入蕺山弟子籍。④与陈洪绶为好友。陈洪绶《宝纶堂集》有多首与之唱和之诗,《流光寄王予安紫眉》《止宿王紫眉公路家》《昭君怨寄王紫眉》《王紫眉寄赠却谢》《止宿王眉公家》等。明亡后,王毓芝经常接济陈洪绶。

经过半年的逃禅生涯,陈洪绶于清顺治四年丁亥(1647)三月从薄坞搬到绍兴,专门以卖画为生。并在1649年来到杭州,居吴山火德庙卖画。逃禅不再是其"隐处"方式,陈洪绶成为身着袈裟的职业画家。

陈洪绶由明朝的生员、中书舍人成为鲁王监国时期的翰林待诏,再到清初遗民,其身份的变化也使他对明亡的看法及对待画业的态度发生了较大的转变。

清顺治三年(1646)至顺治四年(1647),陈洪绶以僧人身份隐居薄坞,多首诗中表达了不能以身殉国,只能以僧活命,以画求生计的无奈之举。《且止》一诗,其四:"净土开生路,名山收废人。可怜从圣教,竟不识君臣。沉醉胡无耻,丹青枉有神。埋忧买岩石,樵牧喜高邻。"⑤在丁亥(1647)九月,陈洪绶居绍兴卖画期间,因清朝官吏的残酷行径,引起诸暨的民众暴动,诸暨典史郝朝宝、教谕方杰被杀,知县刘士瑄请来兵马剿戮,杀灭百姓数千家。这件暴行震惊四野,因为事关家乡百姓的安危,陈洪绶十分痛心,他前后写了四首纪事诗《盗贼》,以泄愤慨。其中第二首

---

① 吴敢点校:《陈洪绶集》,浙江古籍出版社1994年版,第381页。
② 吴敢点校:《陈洪绶集》,浙江古籍出版社1994年版,第384页。
③ 黄涌泉编著:《陈洪绶年谱》,人民美术出版社1960年版,第80页。
④ [明]董玚:《蕺山弟子籍》第六册附录,《刘宗周全集》,浙江古籍出版社2007年版,第614页。
⑤ [明]陈洪绶:《宝纶堂集》卷五,康熙三十年刻本,《清代诗文集汇编》,上海古籍出版社2011年版,第725页上栏—下栏。

这样写道:"淳邑新为盗,使君故食人。处心图县令,借口号顽民。白刃既如意,黄金复等身。绣衣今按法,怨气颇为伸。"①第四首诗:"[明]朝瓦解处,盗国贼民多。虽或犹天意,其如人事何。满庭蓝面鬼,作镇白踰婆。若有秦公在,先清表里疴。"②陈洪绶体会到明朝灭亡的一个重要原因是心为盗贼而身居官位的不良官吏太多,致民不聊生,终致揭竿而反。

陈洪绶还写有二首《夜雨》:"小楼夜雨读书声,志在新朝得令名。可叹故朝何事误,小楼夜雨众书生。莫笑前朝诸老成,盗泉未饮肆讥评。当年幸落孙山外,今夜无惭听雨声。"③在诗中他总结了明朝灭亡的另一个原因:文人相互讥评而造成的激烈党争,终使整个统治阶层趋于瘫痪。④

由这一时期的诗词内容可知,陈洪绶已经不再仅是停留在对故国的哀痛以及自己借僧苟且活命的无奈之举上,而是痛定思痛的反思明朝灭亡之原因。就遗民思想而言,陈洪绶已经较为冷静地面对了明朝灭亡的事实。虽然诗中仍旧有自责的声音出现,但更多地表现为豁达与冷静。

在思想转变的同时,陈洪绶也开始有意识地将明亡前的理想抱负寄托到绘画上,顺治三年(1646)九月初九日,陈洪绶的友人朱之榖(待考)携子来访,陈洪绶以酒相待,并作《云门寺九日》:"九日僧房酒满壶,与人听雨说江湖。客来禁道兴亡事,目悔曾为世俗儒。枫树感怀宜伏枕,田园废尽免追呼。孤云野鹤终黎老,古佛山癯托病夫。草木撩人梅绕屋,作花作实秃翁羞。须留原觉人惊眼,刀冷迟于夏剃头。运内君臣轻社稷,画中甲子自春秋。遗黎只有莲宗愿,壮不如人老合休。"⑤"画中甲子自春秋"之语点明陈洪绶已将画业视为正途。

不仅如此,陈洪绶在此后的诗中一有机会便不断地强调画业之重要,以及自己对绘事之认真态度。陈洪绶《作饭行》中语:"阿爷乞作饭,阿嬷莫作糜。食糜非不惯,三餐无乃疲。逃生欲得生,乃与死为期。乞作一顿

---

① [明]陈洪绶:《宝纶堂集》卷五,康熙三十年刻本,《清代诗文集汇编》,上海古籍出版社2011年版,第733页上栏。
② [明]陈洪绶:《宝纶堂集》卷五,康熙三十年刻本,《清代诗文集汇编》,上海古籍出版社2011年版,第733页上栏。
③ [明]陈洪绶:《宝纶堂集》卷九,康熙三十年刻本,《清代诗文集汇编》,上海古籍出版社2011年版,第782页上栏。
④ 吴敢:《丹青有神—陈洪绶传》,浙江古籍出版社1994年版,第158—160页。
⑤ [明]陈洪绶:《宝纶堂集》卷八,康熙三十年刻本,《清代诗文集汇编》,上海古籍出版社2011年版,第766页下栏。

饭,饱死松柏陲。爷怒咄小子,爷苦汝蚩蚩。縻非容易得,汝爷心血为。父执祁长者,怜爷生无资。教爷作画卖,养活诸小儿。为爷招同好,作为绝妙辞。爷故疮遍体,寒疾又不支。冷雨打破窗,霜风割瘦肌。晨兴便吮笔,薄暮犹运思。一笔违古人,颜面无所施。食事为之废,游盘为之迟。虽在忧患中,诸画实神奇。不敢事苟且,谓人以可欺。欺人得钱财,生平窃耻而。画故难急救,宁费日与时。博得钱数贯,俾汝果腹嬉……"①

诗中表明陈洪绶在薄坞期间生活十分贫困,必须要靠画业为生,但画业不仅是谋生的手段,他不敢在绘画上轻易草率从事,欺人钱财。此时,陈洪绶在画业上可谓十分用心。他已经转变了明亡前"书画耻流传"轻视画业之心了,表现出在绘画上有所作为的一番抱负,《病中》第四首:"有事惟疗病,无心卜吉凶。主人常问答,二竖任相攻。作画名根出,吾家自立宗。时时具此想,药气不需浓。"②开宗立派成为陈洪绶的奋斗目标。

二、明亡后的赞助人

明亡后,从事绘画是陈洪绶的主要活动,其中越中友人、书画收藏家及清廷汉官是其主要的赞助人。

(一)越中友人

绍兴张氏家族张名子、陶氏家族陶渚等好友多对陈洪绶有经济上的支持,而陈洪绶为他们作画也多是出于友情,在明亡前陈洪绶就与这两家保持了较为良好的关系。

1. 陈洪绶不仅与张岱是好友,与张氏家族中的其他人也十分熟络。

张峥,字平子,为张岱之弟,与陈洪绶同为蕺山书院同学。③陈洪绶为其作《张平子品山拈序》,1630年还曾画人物画贺张峥乔迁新居,画上题"洪绶写贺平子社兄卜居。庚午冬日"。④

张陛,字登子,号小隐山人,张岱之弟,在绍兴有南华馆。以贡生授内阁撰文中书兼翰林待书。顺治二年补镇江推官。八年抵广东任四会县

---

① 吴敢点校:《陈洪绶集》,浙江古籍出版社1994年版,第374页。
② [明]陈洪绶:《宝纶堂集》卷五,康熙三十年刻本,《清代诗文集汇编》,上海古籍出版社2011年版,第726页下栏。
③ [明]董玚:《蕺山弟子籍》,《刘宗周全集》第六册附录,浙江古籍出版社2007年版,第614页。
④ 黄涌泉编著:《陈洪绶年谱》,人民美术出版社1960年版,第42页。

令，旋调博罗。康熙十五年授延平府同知，署邵武府，兼沙邑令，后卒于官。[①]著有《南华山房稿》。吴其贞《书画记》卷五记有其收藏之画："倪云林《竹影纵横图》纸画一幅……黄大痴《蓬莱第一峰图》绢画横披一幅……陆天游《溪乐图》纸画一幅……宋徽宗《写生水草鸳鸯图》纸画一幅……王若水《祖寿鸡图》纸画一幅……五图观于扬州张登子寓。登子讳陛，绍兴人，世宦后，以贡生选为镇江府司李。为人风流，雅好古玩，虚心推敲于人，并不自矜。时癸卯七月六日。"[②]此可一窥其收藏之行为，又可补张陛之生平。陈洪绶在《宝纶堂集》中有多首写给张陛的诗，《赠张登子》《寿张登子》《柬登子》《与登子》等。上海博物馆藏陈洪绶《杂画四开》中有唐九经对题："壬辰春，顾松老邀饮于此，尚有章侯，今不可得，为之怆然。"又题跋："南华馆诗，馆在南门之外，乃登老别业也。甲午春，招郡守施长也，二府吴素求，司李史紫崖同集，因纪其胜……十年后，岁次乙巳，复荷招饮，小诗鸣谢，登老持册属书，因录以就正焉。"[③]由此可知在1652年陈洪绶与唐九经、顾松交等人在张陛的绍兴南华馆中聚会，且将此画赠予张陛。

张萼初（？—1646），字介子，又字燕客，张尔葆子。因张萼初为家中的独子，被母亲溺爱，而养成了"躁暴螯拗"的性格。但其年幼便有异质，七岁入学就能"书过口即能成诵"，"长而颖敏异常人，涉览书史，一目辄能记忆。故凡诗词歌赋，书画琴棋，笙箫弦管，蹴鞠弹棋，博陆斗牌，使枪弄棍、射箭走马，挝鼓唱曲，傅粉登场，说书谐谑，拨阮投壶，一切游戏撮弄之事，匠意为之，无不工巧入神"。张萼初喜欢修补所收古器。曾在昭庆寺以三十金买一灵璧砚山，因见其山脚块磊，尚欠透秀，于是用钉搜剔，结果分为两半，张萼初气愤之余，将此砚山连带紫檀座一起砸毁。顺治二年隆武元年（1645）"乙酉，江干师起，燕客以策鲁王，拟授官职。燕客释属，即欲腰玉。主者难之。燕客怒，不受职。寻附戚畹，破格得挂印总戎。丙戌，大清师入越，燕客遂以死殉。临刑，语仆从曰：'我死，弃我于钱塘江，恨不能裹尸马革，乃得裹鸱夷皮足矣。'后果如其

---

① 佘德余：《张岱家世》，北京出版社2004年版，第72页。
② ［清］吴其贞，邵彦点校：《书画记》，辽宁教育出版社2011年版，第195页。
③ 《南陈北崔——故宫博物院上海博物馆藏陈洪绶崔子忠书画集》，上海书画出版社2008年版，第101页。

言。"① 由此知张萼初参加了抗清，并于1646年以死殉节。陈洪绶与张萼初有交往，在《宝纶堂集》中有《饮瑞草溪亭书示燕客二首》。顺治二年乙酉（1645）仲春时，陈洪绶在张燕客家临摹作画，《杂画册》中《芙蓉》一开："乙酉仲春，洪绶画于龙山官署。"②

张佳，字宜仲，又字名子，生平不详。《张岱诗秕》卷四中有《赠名子弟（病易四年）二首》。祁彪佳《寓山注》有其诗。明亡后，在经济上接济陈洪绶，陈洪绶有诗《归自渡东桥柬谢张名子惠米》专门柬谢张佳。

张墨妙，生平不详。为张氏家族九山伯子（九山伯待考）③。顺治五年（1648）的正月初八，陈洪绶画《古木竹石图》相赠，并有题诗："身如喜舍寺檀香，画得仪容百尺疆。莫向老僧饶舌去，法流堂北自商量。戊子榖日写于张墨妙之高寄轩。"④ 知两人有书画之往来。

释弘礼（1600—1668），字具德，绍兴人。为张岱族弟（名待考）。初为锻工，后跟随临济宗三峰月臧禅师研习佛法。受刘宗周之请主持广孝寺，又至庆云、地藏、天宁等寺弘扬佛法。后主持灵隐寺，灵隐寺于1640年被大火所毁，弘礼广募钱财，重新修建，于1660年方完工。⑤ 张岱《西湖梦寻》卷二《灵隐寺》中记："明季昭庆寺火，未几而灵隐寺火，未几而上天竺又火，三大寺相继而毁。是时唯具德和尚为灵隐主持，不数年而灵隐早成。盖灵隐自晋咸和元年，僧慧理建……至崇祯十三年（灵隐寺）又毁。具和尚查如通旧籍，所费八万，今计工料当倍之。具和尚惨淡经营，咄嗟立办。其因缘之大，恐莲池金粟所不能逮也。具和尚为余族弟，丁酉岁，余往候之……"⑥ 据此可知，具德和尚为其族弟。

又《清杭州灵隐寺沙门释弘礼传》记："释弘礼，字具德，姓张氏，绍兴人。初为锻工，好与黄冠游。有紫阳洞苏道者，教以息养方。本天台小

---

① [明]张岱著，云告点校：《琅嬛文集》，岳麓书社1985年版，第183—186页。
② [明]陈洪绶：《杂画册》之《芙蓉》纸本 水墨 设色 乙酉（顺治二年1645）24.3厘米×31.2厘米 台北故宫博物院藏。
③ 佘德余：《张岱家世》，北京出版社2004年版，第74页。
④ 《大风堂书画录》，民国铅本，第35b页。
⑤ [明]张岱著，夏咸淳、程维荣校注：《陶庵梦忆·西湖梦寻》，上海古籍出版社2001年版，第188页。
⑥ [明]张岱著，夏咸淳、程维荣校注：《陶庵梦忆·西湖梦寻》，上海古籍出版社2001年版，第188页。

止观与首楞严合,因读是经而发正信,投普陀宝华庵仲雅,祝发既受具,乃参三峰汉月臧禅师,因承记莂授以临济正宗。是宗在明初法运中微,汉月初从折竹洞悟,彻尽法渊,后乃得源流于金粟悟,而其始终加护者,则在网宗。网宗者全提五家宗旨,而于临济则从一句中分宾主,玄要照用,堂奥森严,使学者不滞鑑觉洞抉佛祖心髓。弘礼闻之,亟往参叩,时汉开法安隐以本来面目示之,苦求未得,偶窥镜见影,被同侣一推,猛然有省,由是精进服勤。左右历三峰邓尉者,十有七载彻悟宗旨,遂承衣拂。三峰既殁,同参潭吉忍著五宗救。弘礼赞助居多,书成而阐扬网宗,三峰道法始晓然于天下。虽当时辩难三峰者,持论不无异同,是书一出淆讹立判矣。潭又告寂,弘礼归隐云门,御史念刘公请主广孝寺,陶谏学人,名动诸方,继迁安隐、显宁。复应江北请,说法泰兴之庆云,秦邮之地藏、维扬之天宁。嗣居佛日、灵隐、会稽、华严、径山先后十坐道场,开大法门,雷震海内。在天宁日,湖海浩归,衲侣犇奏,所谓五千衲子下扬州者纪其实也。灵隐方兴,巨工事同开创,大殿火,重新之施者,坌集购大木于深山,人力罕致。一夕,雷雨暴洪汛涨浮涌,毕达,缺一石础,感神示梦,因之募得,故功成,钜丽甲于天下。又以其余葺浙之广孝、安隐、法相、灵峰诸寺,而径山频以兴复,请乃以灵隐付其徒晦山。而自往径山,将兴法席为弟子巨渤封塔。再至天宁,临行机语皆似息机投老者。既至七日,刻晷为筳,热香礼佛,五鼓易衣端然坐逝,时康熙丁未十月十九日也,寿六十八,僧腊四十七塔于灵隐慧日轩。"①可知修建灵隐寺的弘礼具德与张岱《灵隐寺》中所记修建灵隐寺的具和尚为同一人,即同指张岱族弟。陈洪绶画《问道图》,图中一僧正面端坐,上有金字标写"具德",当是画弘礼具德。

2. 陈洪绶与绍兴陶堰的陶家也有较多往来。

陶渭,字去病,号秋原。诸生。《族谱》有传:"府君讳渭,字去病,号秋原,大父愚溪公季子也。大父尝多病,自君诞生后,病辄愈,因以命名焉。②府君幼而敏,稍长过目即成诵,下笔数千言立就。大父特钟爱

---

① 衡阳喻谦昧庵氏编辑:《清杭州灵隐寺沙门释弘礼传》,白化文、张智主编:《中国佛寺志丛刊》第五十七卷,广陵书社2005年版,第8661—8663页。

② [美] Hsing-li Tsai, *Chen Hongshou's Elegant Gathering: A Late Ming Pictorial Manifesto of Pure Land Buddhism*, Ph.D.diss., University of Kansas, 1997.

之,曰是'必振我家声者'。年十二,大父以谒选卒于都,府君昼夜悲泣者数年。大母朱安人虽日慰之,勿能止也,自后尝善病。年十六受知于督学黎公元宽,补博士弟子。性好古诗文赋,不喜为章句。自十三经暨汉魏以来乐府歌诗,不数年尽通其义。既而自思,但究经旨,不通今古,学问虽醇,率多拘滞;若剧谈王霸,经纬治乱,非史不可。因取二十一史批阅评注,五六年间驰骋上下数千百年事,讨论精确,悉能详记。有问难者辄抒发义蕴以对。吾乡称淹贯者以府君为首焉。大母谢世,哀毁如大父时,与伯父析产不问肥瘠,善观子平,曰:'达人知命,吾命薄,非仕路中人。'遂绝意进取。以诗文自娱,遨游山水间,与姜公与可绮季,祁公奕庆,族祖水师、天章,从父容庵、燕公辈为诗文之会,名曰废社,志可知已。营别墅于云门西渡,与外祖祁公季超同建义仓,凡捐输收掌支给籍稽,丝毫不爽……"①可知陶渻仅为诸生,未获功名,但喜研究学问。陶渻在明亡后创立了"废社",成员有姜绮季、祁理孙、陶履平、陶朗雯等人。从陈洪绶的《宝纶堂集》中可知陶渻是陈洪绶极为要好的朋友。陈洪绶有《陶去病赠米烛书写》《题陶水师研》《寄陶去病》《陶去病赠米赠烛书谢时去病夫人卧病》,可知在明亡后陶渻经常在经济上资助陈洪绶。陈洪绶也参与了陶渻组织的一些活动,如为陶渻的"废社"作诗《姜绮季赴天章子山二陶子废社诗寄陶水师去病暨二陶子》,皆为亡国之悲痛语。陈洪绶还曾在张尔葆旧居万玉山房与陶渻、祁骏佳、金无炼、陈怀归、祁理孙、祁班孙聚会,陶渻在诗集《文漪堂诗》中有《中秋集万玉山房步奕庆韵同季超先生陈章侯金无炼陈怀归祁奕庆奕喜》以记之。他还有多首作与陈洪绶之诗,《步陈章侯韵却赠》《步陈章侯韵》等。陈洪绶为陶渻画《雅集图卷》(上海博物馆藏)以纪念其祖父陶允嘉、族中名士陶望龄、陶奭龄与当时的公安派袁宗道、袁宏道的交谊。

陶履平,"履平,字水师,号曙斋,石梁公长子,为文简公后。少即从公讲学阳明书院,阐明性道之旨。长而好学,为诸生有声,性果毅不苟取。与荫入南雍,文简公门下争馈遗之,坚不受。有欲为之乡举地者,公慨然曰:'文章自有真遇合,奚可强也'。且使以是售人,其谓我何,辍不就试而归。归则专精著五经,皆有解义。又尝补《字汇》订诗余,生平

---

① [清]陶元藻:《会稽陶氏族谱》卷十八,中国国家博物馆藏,第30a—32a页。

慕唐白居易为人，所作诗近之，而古体尤胜。年七十七犹编缀先世遗稿，未尝少倦。疾革，手书一绝，以遗子孙曰：'掺觚当此际，微喘不留余，遥想赵无恤，三年读父书。'遂卒。宗人闻之，泣下相谓：'吾族失典型矣。'"①

陶履平为陶渚"废社"成员，且与陈洪绶关系甚好。北京故宫博物院藏有陈洪绶写给陶履平之亲手信札——《行书致水师札》二通（约1630年）："眷弟洪绶顿首上，水师契友阁下，曩者远辱慰问，尚未有一答酬也。无数种情，一时难悉，欲长纸一札寄兄，浪迹武林，游鳞无便，徒劳思积南浦，恨压春草矣。昨归，讯吾兄起居于家兄，知念弟特甚。尊使至，启手教，如见汤水之婢，慰甚，喜甚。令叔先生厚贶谨拜领。尊命敢不竭此驽力，第恐辱命，奈何！五泄云门之约，当俟秋深气爽时，箸筇绊鞿，为忘返之游可也。弟乍归，事积心烦，不能稍写旷怀，俟刘兄返棹，历历数也。使旋，草率此达，文孙丈不及另启，幸为致声。金望云想犍饭如故，见时幸为一言，秋深时必携此君来一话也，弟又言。"

第二札："情事已悉前书矣。牛头兴作，金钱苦不能聚，敢告善知识为我布施少许，或广劝人布施，或以请佛像相劝，益我多多矣。水仙一纸寄怀巨标为一言。小弟洪绶顿首白事。水师道兄。"②由两信中内容可以看出，两人多有交往，且陈洪绶也曾赠画给陶履平。

从陈洪绶与张、陶两家的关系来看，陈洪绶为两家所画作品，一方面是出于经济上的原因，另一方面应是较多的友情在内。

（二）收藏家

明亡后陈洪绶与收藏家多有交往。

林廷栋，字仲青，号苍夫居士。生平不详，陈洪绶在杭州卖画时，林廷栋对他多有经济上的支持。顺治八年（1651）间，陈洪绶与林廷栋的书画往来极为频繁，四、五月为林廷栋画《溪山清夏图卷》并在此卷上专门谈及他对当时画坛状况之态度，表明反对陈继儒"宋人不能单刀直入，不如元画之疏"的观点，提出了"唐韵、宋理、元格"绘画创作理论，明确

---

① ［清］陶元藻：《会稽陶氏族谱》卷十四，中国国家博物馆藏，第6b—7a页。
② 故宫博物院编：《徐邦达集》卷七，紫禁城出版社2006年版，第1333—1335页。文中："按水师姓陶，号去病，《宝纶堂集》中有《诗寄陶水师去病暨二陶子》诗，又《题陶水师砚诗》。"徐邦达此处为误。水师与去病为两人，即陶履平及陶渚，两人当为同族叔侄关系。

了希望振兴画学之态度。林廷栋当与陈洪绶在绘画上有着共同见解，陈洪绶才能在为他所画的作品中阐发艺术思想。同年，陈洪绶还为林廷栋制作了《摹古双册》十幅，为精品之作。陈洪绶《宝纶堂集》有《宿林苍夫家》："春月客窗满，明朝天气佳。湖船云即买，书画任安排。老景如斯好，家山不去怀。烧焚遍村落，未得缚荆柴。"①其中"书画任安排"知林廷栋是陈洪绶的赞助人。林廷栋在顺治七年（1650）的春天专邀陈洪绶参加他家举行的戏曲活动，陈洪绶《宝纶堂集》卷九有《送春》，此诗的序为："庚寅四月三日，林仲老书邀老迟云：明日邀次升、元方、老莲弟，尔暨郎君，儒行过我眉舞轩。已约尹文老、萧数青为酒录事，有顾烟筠笛弦索，汪抑仙胡琴箫鼓，秦公卓笙管，王苏州、璈老文唱流水，以送春归。时节因缘，都不恅惚，必戴星寒裳、伧父屡将及乎寝门之外矣。即以书示尔暨六郎云：如此高会，若不多读两句书，写得数个字而赴之，不惟有愧残春，兼之惭负贤主，我亦作大士一躯，咏贫士传数则而去，乃示此诗。"②诗为："送春邀我两红裙，急管繁弦争暮云。书画课程当早尽，老夫聊此致殷勤。"③此年六月，陈洪绶又在林家画了送给周亮工的《陶渊明归去来图》。

戴茂齐，与陈洪绶相交二十年。《新安戴龙峰先生传》中："先生之幼子茂齐，二十年兄事洪绶，属洪绶以为传者，以人皆知洪绶之不肯为谀墓者也。"④陈洪绶为戴茂齐画有多幅作品。顺治六年(1649)六月，《饮酒祝寿图》轴，戴茂齐为其哥哥茂才四十寿求画："茂才道盟兄于己丑季夏四旬初度，其弟茂齐索画寄寿。寿酒当俟太平时，与丁秋平为黄白之游索饮耳。老迟洪绶。"⑤又有《抚乐仕女图》轴，款题："□柄芙蓉绕碧沙，数声玉□□枇杷；太君勉而觞□酒，用慰山阴道士耶？通□子陈洪绶画上老伯母

---

① [明]陈洪绶：《宝纶堂集》卷五，康熙三十年刻本，《清代诗文集汇编》，上海古籍出版社2011年版，第725页上栏。
② [明]陈洪绶：《宝纶堂集》卷九，康熙三十年刻本，《清代诗文集汇编》，上海古籍出版社2011年版，第798页下栏。
③ [明]陈洪绶：《宝纶堂集》卷九，康熙三十年刻本，《清代诗文集汇编》，上海古籍出版社2011年版，第798页下栏。
④ [明]陈洪绶：《宝纶堂集》卷一，康熙三十年刻本，《清代诗文集汇编》，上海古籍出版社2011年版，第686页下栏—687页下栏。
⑤ [明]陈洪绶：《饮酒祝寿图》轴 绢本 设色 169.5厘米×67.9厘米 哈利孙藏。

寿。"①

陈洪绶曾书旧作在一手卷上赠予戴茂齐,前三首收入《宝纶堂集》卷九。未收入者中有:"乐山爱水来吴山,念水思山忆我乡;若得身吴而梦越,生前久矣在西方。久不过茂齐道弟,半阁半月,又不入南山看木樨,岂不有负秋值哉!已与坚约重阳前后,为断桥三日饮。不知当晴否耳。老莲洪绶。"②

顺治八年(1651)七月十五日陈洪绶在吴山火德庙之西爽阁上写《姜绮季手录陈诗老莲自叙》中云:"绮弟以老莲诗送愁,不知老莲与绮弟四月间坐吴山望西湖,坐西湖望吴山,笔墨半作佛事,绮弟消老莲躁气,老莲增绮弟画学,僧不必高,不拈公案,吾得一无又。道不必仙,不谈龙虎,吾得一善长。客不必才,子逐名航,吾得一茂齐。虽刀槊声时一入耳,步虚声,梵呗声,韵语声映而去矣,何愁哉!……"③又洪绶手书《戴茂齐像赞》云:"深入物理,流转人情,非道不动,无韵不生。此大作手,而示人以能与不能,吾经营名航三十余载,不意天壤之间乃有戴卿,传卿神者,无如老莲之酒兴!"④知戴茂齐与陈洪绶为知己。

同年暮秋,陈洪绶《春风蛱蝶图》上又跋:"辛卯暮秋,老莲以一金得文衡山先生画一幅,以示茂齐,茂齐爱之,便赠之。数日后,丁秋平之子病笃,老莲借茂齐一金,赠以资汤药。孟冬,老莲以博古叶子饷茂齐。时邸中阙米,实无一文钱,便向茂齐乞米,茂齐遗我一金。恐坠市道,作此酬之,以矫夫世之取人之物,一如寄焉者。"⑤可知陈洪绶为丁秋平之故向戴茂齐借金,后又作《博古叶子》还其人情。陈洪绶家境窘迫,家中无米,戴茂齐又借金,陈洪绶又作《春风蛱蝶图》以酬。可知陈洪绶晚年在经济上多受到戴茂齐的资助。戴茂齐是陈洪绶此一时期的主要赞助人。

---

① 陈洪绶《宝纶堂集》南开本卷九有《寿戴茂齐母》:"万柄芙蓉映碧沙,一声铁笛弄琵琶;太君勉尔觞天酒,用慰山阴道士耶?"与画中出入较多,现以画中题诗为准。[明]陈洪绶:《抚乐仕女图》轴 绢本 设色 124.7厘米×61厘米 西泠印社藏

② [美]翁万戈编著:《陈洪绶》上册,上海人民美术出版社1997年版,第136页。

③ [明]陈洪绶:《宝纶堂集》卷一,康熙三十年刻本,《清代诗文集汇编》,上海古籍出版社2011年版,第679页下栏。

④ 吴敢点校:《陈洪绶集》,浙江古籍出版社1994年版,第553—554页。

⑤ [明]陈洪绶:《春风蛱蝶图》长卷 绢本 设色 24.6厘米×150.9厘米 上海博物馆藏。

（三）贰臣赞助人

作为遗民，出处是其保节之必要手段，与出仕清廷的贰臣往来，显示了遗民的复杂心态。而作为贰臣，"好士养士，特别是资助那些以节操自许的遗民士人，可以藉此弥补和重塑自己破碎毁裂的人格形象。明遗民虽然身处草野，却因其大节无亏、占据道德制高点，而能引导当时的社会主流舆论。他们对于某一贰臣士人的良好评价，甚至可以改善和消解其人因失节而在士人群体中产生的负面印象。这是清初贰臣乐于与明遗民结交的更深层的原因"。①

当时任两浙都学使的李际期，知道陈洪绶家境贫困，馈赠以三百金，陈洪绶归还不成，谓："'余既为僧，已无家矣。为僧而复与士大夫交而以利往，是僧以为家也。庚生素知我，而奈何出此。' 乃列其乡里平昔交友之穷困者，计其缓急，以为厚薄，瞬息散遗尽，家骆骆待举火，不顾也。"② 由陈洪绶不肯接受李际期之馈赠来看，他与清廷官员似乎有意保持距离。

陈洪绶与周亮工在明亡后的关系极为复杂，在明亡前陈洪绶与周亮工为莫逆之交，而到了明亡后由于周亮工出仕清廷，陈洪绶对于好友的失节一直耿耿于怀，陈洪绶有《道隐（金堡）书来道周元亮见怀却忆》："怀从良友写，书自贼中来。世乱盟新好，天崩困美才。子情我已悉，我意子能猜。得与先生过，云门辟草莱。"③ 诗中已经明确要与周亮工划清界限。因此周亮工曾与顺治六年己丑（1649）北上京城，经过杭州时向陈洪绶索画，但陈洪绶坚不落笔。到了顺治七年庚寅（1650）周亮工再入闽，五月会陈洪绶于杭州，陈洪绶为他画四十二幅作品，其后又为周亮工作《陶渊明归去来图》，陈洪绶还曾为周亮工画《出处图》，有《寄周陶庵》一诗："别后病三日，始成出处图。松栖处士迹，骑拥武侯躯。酷学高人笔，深摹伟丈夫。吾思易地语，予忍负之乎？"④ 从诗文可以看出，陈洪绶希望通过《出处图》来劝周亮工解印归隐。而《陶渊明归去来图》当中所画陶渊

---

① 白一瑾：《论清初二臣和遗民交往背后的士人心态》，《南开学报》2011年第3期。
② ［清］孟远：《陈洪绶传》，吴敢点校：《陈洪绶集》，浙江古籍出版社1994年版，第588页。
③ ［明］陈洪绶：《宝纶堂集》卷五，康熙三十年刻本，《清代诗文集汇编》，上海古籍出版社2011年版，第728页下栏。
④ ［明］陈洪绶：《宝纶堂集》卷五，康熙三十年刻本，《清代诗文集汇编》，上海古籍出版社2011年版，第720页下栏。

明解印一段当也具有同样的寓意。可知陈洪绶改变对周亮工之态度，应是希望借画起到劝诫其归隐之功效。

周亮工与陈洪绶的多位书画赞助人也有交往，林廷栋便是其中之一。陈洪绶有《喜周元亮至湖上》其二："索画苍夫任，生绡伸丽人。云车骢马日，桃叶大堤春。笔墨神霄谱，装潢鸾雀新。开看湖上月，箫鼓杂嘉宾。"① 诗是周亮工到达杭州之时所作，陈洪绶与之会面时专门提及林廷栋，当知三人之间关系较为密切。顺治七年（1650）陈洪绶为周亮工作画又有四十二种之多，作画地点在定香桥，即林廷栋家，其中还有林廷栋之友人萧数青在旁。到了1651年六月，陈洪绶专门为周亮工画《陶渊明归去来图》而地点也是在林廷栋家中，并且把在林廷栋家作画之情景详记于画上："庚寅夏仲，周栎老见索。夏季林仲青所，萧数青理笔墨于定香桥下。"周亮工有《行书诗轴》即赠予林廷栋。② 可知周亮工与林廷栋相识。

周亮工还曾为陈洪绶推荐过收藏之友人，即杨思圣。杨思圣是在顺治八年（1651）才与周亮工相识，周亮工向杨思圣极力推崇陈洪绶之画作。因此，当杨思圣至杭州时，特意与陈洪绶会面，两人相见甚欢。陈洪绶专为其作画数幅。

对两浙观察使南生鲁，陈洪绶也表现得较为殷勤，《南生鲁四乐图》③ 是陈洪绶与门人严湛、儿子陈字共同合作而成的。前有唐九经④的序及题

---

① ［明］陈洪绶：《宝纶堂集》卷五，康熙三十年刻本，《清代诗文集汇编》，上海古籍出版社2011年版，第720页上栏。
② 凌利中：《陈洪绶琐考》，《上海文博》2008年第10期。
③ ［明］陈洪绶、严湛、陈字：《南生鲁四乐图》卷 绢本 设色 己丑（顺治六年 1649）30.8厘米×289.5厘米 苏黎世利特伯格博物馆藏。
④ 唐九经，顺天府宛平县籍，浙江绍兴府会稽县人（《明进士题名碑录》第七册第32b页）。曾为长州知县，淮州推官、监藩镇军事御史。天启四年甲子科举人（《康熙稽县志》卷二十《选举志·举人》），崇祯十年丁丑科刘同升榜进士（《康熙稽县志》卷二十《选举志·进士》）。工书，有《狮子林帖》（黄涌泉《陈洪绶年谱》第108页）。与陈洪绶为好友，在陈洪绶《杂画册》（四开）的第三开上，唐九经记录了两人在1652年一起饮酒之事："壬辰春，顾松老邀饮于此，尚有章侯，今不可得，为之怆然。"（《南陈北崔》上海书画出版社2008年12月第一版第一次印刷 第99—110页上海）大约于1650年间陈洪绶即为唐九经画多幅作品，且都是精品之作。如《溪山放棹图》轴，款题："唐豫老属，迟和尚缓画于狮子林。"《山水人物图》轴，款题："唐豫老师兄属，陈洪绶画。"还为唐九经画有《为豫和尚画册》八开。从两人的交往情况看，唐九经当与陈洪绶在艺术创作上有一定的切磋。他评陈洪绶的绘画："章老生不满六旬，其笔墨凡四变，少而妙，壮而神，老则化矣。其变也大率十年一转，兹其由少而壮，出妙入神之时也。章老尝自评云：'余画至老虽绝笔墨之蹊，然欲反而为壮时所为，则又不能，以老近略而壮必求详也。'观此始知其评不谬。"（《陈洪绶集》第612页）。

诗，序写："予友陈章侯，下笔妙天下，而又不肯轻为人设一笔。独见我鲁生先生，欣然为绘四图，且索题于予……"可知陈洪绶与南生鲁关系较好，并且为南生鲁画有多幅写生像。而南生鲁与黄澍则为好友。黄澍曾写信给周亮工说其在顺治六年（1649）时，在南生鲁家观陈洪绶为他创作的数十种写生图。而在顺治七年（1650）黄澍又同周亮工一起观看陈洪绶之画册四部，并且黄澍也曾经拥有过陈洪绶作品，只是全部毁于兵灾。可知黄澍在这段时间内往来于陈洪绶的这些友人之间。陈洪绶的杭州友人与曾在北京交往的友人之间也都互有往来。

由此既可看出，周亮工、黄澍、南生鲁等具有贰臣身份的友人群体在明亡后对陈洪绶的绘画大加赞助并极力宣传，为其创造了较好的作品流通环境。陈洪绶在1649年至1650年间对于周亮工前后态度的转变，或许与黄澍等友人在其中起有调和作用也未可知。

第三节　行乐图与遗民心态

考察目前存世的陈洪绶作品，明亡前陈洪绶的绘画作品中没有行乐图题材，也没有与波臣派合作的作品。明亡后这类题材及合作方式明显增多。

在明亡前，陈洪绶与波臣派的往来记录不多，只有在张岱的《不系园》记有陈洪绶与曾鲸的一次会面，而且两人都在现场作画：

> 甲戌十月，携楚生住不系园看红叶。至定香桥，客不期而至者八人：南京曾波臣，东阳赵纯卿，金坛彭天锡，诸暨陈章侯，杭州杨与民、陆九、罗三，女伶陈素芝。余留饮。章侯携缣素为纯卿画古佛，波臣为纯卿写照，杨与民弹三弦子，罗三唱曲，陆九吹箫。与民复出寸许界尺，据小梧，用北调说《金瓶梅》一剧，使人绝倒。是夜，彭天锡与罗三、与民串本腔戏，妙绝；与楚生、素芝串调腔戏，又复绝妙。章侯唱村落小歌，余取琴和之，牙牙如语。纯卿笑曰："恨弟无一长，以侑兄辈酒。"余曰："唐裴将军旻居丧，请吴道子画天宫壁度亡

母。道子曰：'将军为我舞剑一回，庶因猛厉以通幽冥。'旻脱缞衣，缠结，上马驰骤，挥剑入云，高十数丈，若电光下射，执鞘承之，剑透室而入，观者惊栗。道子奋袂如风，画壁立就。章侯为纯卿画佛，而纯卿舞剑，正今日事也。"纯卿跳身起，取其竹节鞭，重三十斤，作胡旋舞数缠，大噱而罢。①

明亡后，陈洪绶的绘画作品中与波臣画派的合作便有了明显的增加。如为何天章所画《何天章行乐图》②（图4-1）："洪绶补衣冠，门人严水子补图。"卷后周之恒七言古风跋："李子畹生信名手，摩君道范善思维。"可知此卷是由李畹生绘制肖像，陈洪绶绘制衣冠，严湛补景。

为具德弘礼所画《问道图》③（图4-2）款题："问道图，陈虞胤传写，洪绶画衣冠泉石，严湛设色。"可知此图也是陈洪绶与波臣派画家合作完成的。《楼月德像》（图4-3）："徐易传写，洪绶画衣裳。"④楼月德（1599—1651），字端清，为陈洪绶堂弟陈洪诺之妻。画此像时，楼月德已经去世，是一张为亲友画的纪念像。⑤《授经图》（图4-4）的款题是："徐易写像，陈洪绶画衣冠。"⑥两幅人物画都是由徐易画像，陈洪绶补衣冠。徐易描绘人物脸部面貌，是曾鲸派的正统肖像画，衣服和布景则是陈洪绶绘制。

这些波臣派的画家中李畹生、陈虞胤皆不可考。

---

① ［明］张岱著，夏咸淳、程维荣校注：《陶庵梦忆·西湖梦寻》，上海古籍出版社2001年版，第58—59页。
② ［明］陈洪绶、严湛、李畹生：《何天章行乐图》卷 绢本 设色 25.3厘米×163.2厘米 苏州博物馆藏。
③ ［明］陈洪绶、陈虞胤：《问道图》卷 绢本 设色 34.3厘米×375.7厘米 北京故宫博物院藏。
④ ［明］陈洪绶、徐易：《楼月德像》轴 绢本 设色 120.4厘米×47.4厘米 浙江省博物馆藏。
⑤ 陈洪诺（？—1658），字季良，号良庵，明邑庠生，陈于揵的幼子，陈洪绶的堂弟。（史大成：《明邑庠生良庵陈公传》见《宅埠陈氏宗谱》卷二 赞述）陈于来在陈洪绶画《楼月德像》轴上跋："孺人讳月德，字端清，闾里邑庠生楼公日章长女，生长素封，作配阀阅，既孝且顺，克俭而勤，不苟言笑，不好游观，不事祈祷，一切男子流蛊惑而堕术者，孺人皆不蹈焉。先方伯之后独良庵广其先业，其亦内助之力欤，子七女三，连年避居，男女各亡其一，痛悼成疾，时寓山阴朱氏之万青轩。生于明万历己亥（1599）八月十九日亥时，卒于清顺治辛卯（1651）十月初九酉时，享年五十有二，葬于五十八都峰甲山唐甸亭子峰。介庵于来谨识。"
⑥ ［明］陈洪绶、徐易：《授经图》轴 绢本 设色 89厘米×48.5厘米 温州市博物馆藏。

徐易，《国朝画识》中记其为"杭州人，善山水花卉，笔墨古秀，傅色雅淡。至于传写大像尤为艺冠。衣纹身法大雅不群"。①《越画见闻》云："徐易，字象九，山阴人。工于写真，画徵录云，徐易曾波臣弟子。"②虽然对徐易的具体籍贯文献记载不一，但他作为曾鲸的传人，在肖像画方面的高超技法是被公认的。

图4-1 明 陈洪绶、严湛、李畹生《何天章行乐图》

图4-2 明 陈洪绶、陈虞胤《问道图》（局部）

---

① ［清］冯金伯：《国朝画识》，卢辅圣主编：《中国书画全书》第10册，上海书画出版社2009年版，第660页下栏。
② ［清］陶元藻：《越画见闻》，卢辅圣主编：《中国书画全书》第10册，上海书画出版社2009年版，第774页上栏。

图 4-3　明 陈洪绶、徐易　　　　图 4-4　明 陈洪绶、徐易
　　　　《楼月德像》　　　　　　　　　　《授经图》

这些合作的作品还有一个的特点是陈洪绶专门负责衣冠部分的绘制，即使不是和波臣派合作，也是由陈洪绶亲自绘制衣冠，如为南生鲁所画《南生鲁四乐图》①（图4-5）就是陈洪绶负责绘制肖像、衣冠，严湛与陈字设色。

---

①［明］陈洪绶、严湛、陈字：《南生鲁四乐图》卷 绢本 设色 已丑（顺治六年1649）30.8厘米×289.5厘米 苏黎世利特伯格博物馆藏。

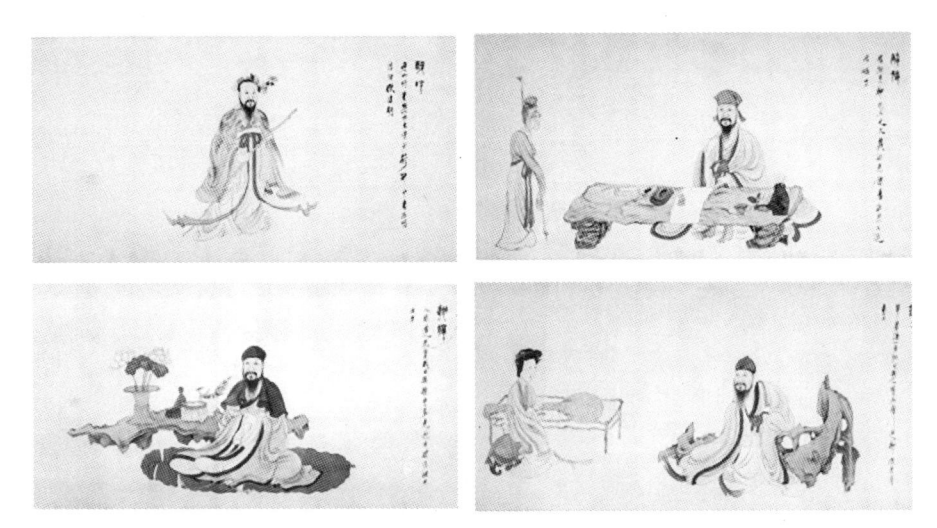

图 4-5　明 陈洪绶、严湛、陈字《南生鲁四乐图》卷（局部）

　　在明亡前陈洪绶就有入室弟子多人，如施闰章《学馀堂诗集》中有《观严水子画人物引》："晚传二子早升堂，吮墨含毫同侍侧。山子过从忆鉴湖，淋漓染翰多欢娱。五年以后水子至，笔势不与章侯殊。"① 又考，崇祯十三年（1640）六月二十三日，祁骏佳在绍兴曾请严湛临摹陈洪绶佛像。按祁彪佳"祁忠敏公日记"崇祯庚辰（1640）六月记："二十三日，季超兄延严水子模陈章侯诸佛像。……"② 可知在明亡前陈洪绶的弟子已经可以独立完成创作了。

　　严湛，字水子，山阴人，陈洪绶弟子，"善人物花鸟。洪绶得意之笔常倩其设色。深得师门器重，老莲尝自题《眷秋图》云：'洪绶老矣，人物一道，水子用心。'"朱彝尊称陈洪绶赝本"多系其徒严水子、山子、司马子羽辈所仿"。③

　　陈字（1634—？），初名儒桢，小名鹿头，字无名，又字名儒，号小莲。太学生，考授州同。韩氏生。配周氏。陈字"善书画，绰有父风，笔墨脱作家习气，画人物花草，迥别异常。明亡后，承父志，绝意进取。工诗文，蕴不自见，独以画名于时，得之者宝惜如老莲。游迹所至，远近倾

---

① 吴敢点校：《陈洪绶集》，浙江古籍出版社 1994 年版，第 615 页。
② ［明］祁彪佳撰：《祁忠敏公日记》，北京图书馆古籍出版编辑组编：《北京图书馆古籍珍本丛刊》第 20 册，北京图书馆 1998 年版，第 833 页下栏。
③ 黄涌泉编著：《陈洪绶年谱》，人民美术出版社 1960 年版，第 160—161 页。

接，性简抗，傲放不谐于俗。好面折人，意所不屑，辄绝去。有欲得其画者，非所欲，却千金如敝屣，世谓不辱其父。痛其父著述俱不存稿，不惮风雨，从友朋眷亲四方旧雨处搜求之，得诗文十卷，梓行于世，而其论古衡今诸论策终不可得。恸哭曰：'余父诚不欲以是见，为子者安可没吾父乎。'客游者久，归省先茔，则群从俱已式微而鬻诸人矣。字理而反之曰：'此祖宗魂魄之所依，不可以让也。'然家贫甚，恒橐笔作四方游。渡大江，绝淮津，揽维扬汴京之胜，北走京师，遇萧山毛奇龄于汝南，饮酒酣，相顾太息，明日别去。"① 陈字著有《小莲客游诗》一卷，他收集了陈洪绶散佚诗文，编为《宝纶堂集》。

严湛、陈字是陈洪绶绘画风格的重要传人，而波臣画派在肖像画领域中又是极为重要的一派，陈洪绶在画作中明确指出合作的对象，为弟子做宣传当毋庸置疑。若再进一步结合清初时期社会文化政策来考察，发现陈洪绶参与绘制的行乐图，较前代行乐图多了一些特定时代背景下的文化内涵。

首先，从行乐图的性质来看，行乐图的绘制传统通常是像主在生前请画家画生活写照，用以悬挂自赏。所画人物大都全身便装，背景补以山石林泉，或为书斋园圃，以高雅悠闲为旨趣。像主往往还请师友名流在画像周围题咏作赞。② 若按此种传统来看，陈洪绶所绘行乐图为传统行乐图之模式。然陈洪绶所绘行乐图，皆画于顺治六年（1649）左右。无论像主是何种身份，所着服饰及发式都不是清人特征，而为传统的汉人装扮。

以《何天章行乐图》及《南生鲁四乐图》③ 为例，两位像主身份截然不同，一位是隐逸遗民，一位是朝廷官员。两人都曾经任武职，曾到过山东。

何天章曾寄居山东诸城，有过军旅生涯与武职配备。丁耀亢在《何天章行乐图》康熙癸卯年（1663）题跋中写："图成，□□将终老东海"可知，陈洪绶画时，正是何天章退隐之时。又吴琯题跋："赫如渥赭，貌符其

---

① 黄涌泉编著：《陈洪绶年谱》，人民美术出版社1960年版，第157—158页。
② ［台］毛文芳：《图成行乐：明清文人画像题咏析论》，台湾学生书局2008年版，第3—52页。关于行乐图的研究见此文。
③ ［明］陈洪绶、严湛、陈字：《南生鲁四乐图》卷 绢本 设色 己丑（顺治六年1649）30.8厘米×289.5厘米 苏黎世利伯格博物馆藏。

心。此燕山之何子，胡为乎处东海之滨。因带甲满天地，遂抱膝以长吟。泉石寄傲，随隐有人。姑遁迹乎琅琊之本。"可知，何天章当时因为清初之战事纷争，而有意归隐。何天章为遗民身份无疑。

南生鲁则在山东起家，曾任武职。又曾任两浙观察使。在京城也任过职，并喜交士人。曹溶为其肖像画作诗云"不嫌萧管太喧聒，明眸皓齿来京都。古有信陵癖如此，公方得志奚为而。讞狱三旬犴狴空，辟门网尽珠玑士。"①可知南生鲁在当时有信陵君之美誉，为声誉较高的清廷官员。

何天章及南生鲁虽然身份不同，但陈洪绶为两人所画肖像都为行乐图类型。陈洪绶为何天章所画的《何天章行乐图》当中，何天章宽袍舒展，须髯飘动，席地侧坐于两棵古松之下，身后有太湖石一列，左手臂搁于石桌之上，石桌上有瓶菊、笔、砚、盂、兽形镇、生绡等，画幅中间有一女眷，坐蕉叶上，云髻簪花，窄袖宽服，两手一上一下各持一柄宫扇遮胸。画幅左侧有一乐女，侧面跪坐蕉叶上，吹箫伴奏。表现了何天章于私人庭院中与女眷管吹吟歌的行乐图景。

在《南生鲁四乐图》中，陈洪绶以白居易典故画南生鲁变装像。将南生鲁装扮为白居易的四种不同生活状态中，第一是解姬，取材宋代僧惠洪《冷斋夜话》中所载白居易作诗平易通俗，令老妪能解的典故。第二醉吟，将南生鲁装扮为头簪菊花，肩披毛皮，右手斜握长杖的白居易形象。第三讲音，取白居易被贬江州，作《琵琶行》，抒发与琵琶女"同是天涯沦落人"之感慨。第四逃禅，取白居易晚年定居洛阳，栖心于释氏之生活状况。

由陈洪绶为两人所画行乐图来看，陈洪绶面对不同身份之像主似乎并没有刻意用不同的表现手法，都是面部写实，衣冠为宽袍舒展，皆以庭院内部的文房把玩为配景。作为遗民与官员身份的不同像主，为像主题跋之友人以及观者，都对陈洪绶这样的行乐图方式表示了高度认可。

其次，从清廷的文化政策来看，清朝统治者为满族人，在文化品格上是尚武重力，在政体上是八旗制度，在服饰上则穿戴紧瘦的缨帽袍褂，发式上是崇尚剃发，宗教上崇奉萨满教。满族在入主中原的过程中不断地将

---

① [清]曹溶：《题南生鲁观察六真图》，载[台]毛文芳：《图成行乐：明清文人画像题咏析论》，台湾学生书局2008年版，第232页。

其统治的汉族地区逐步的满族化。在进入辽沈地区之初，即开始强迫汉人依满人习俗，更改衣冠服饰。吴三桂降清后，多尔衮即下令"山海关城内军民各剃发"。①满族入京后，又谕兵部："今本朝定鼎燕京，天下罹难军民，皆吾赤子，出之水火而安全之，各处城堡，着遣人持檄招抚，檄文到日，剃发归顺故里……有虽称归顺而不剃发者，是有狐疑观望之意，宜核地方远近，定为限期……凡投诚官吏军民，皆剃发，衣冠悉遵本朝制度，各官宜痛改故明陋习，共砥忠廉，毋朘民自利。"②

清军在南下前，由于汉人的激烈反抗，立足未稳的清政府曾一度缓令剃发易服。然而到了顺治二年（1645）六月，政府开始严令剃发易服，宣谕："各处文武军民，尽令剃发，倘有不从，以军法从事。"③十天后再颁布剃发令："自今布告之后，京城内外限旬日，直隶各省地方自部文到日，亦限旬日，尽剃发。遵依者为我国之民，迟疑者同逆命之寇，必置重罪。若规避惜发，巧辞争辩，决不轻贷。该地方文武各官，皆当严行察验。若有复为此事渎进章奏，欲将朕已定地方人民仍存明制，不随本朝制度者，杀无赦。"④

与此同时，清廷亦强令汉人依满制改易衣冠服饰，所谓"衣帽装束，许从容更易，悉从本朝制度，不得违异"。后又重申："官民既已剃发，衣冠皆宜遵本朝之制。从前原欲即令改易，恐物价腾贵，一时措置维艰，故缓至今日。近见京城内外，军民衣冠遵满式者甚少，仍着旧时巾帽者甚多，甚非一道同风之义。尔部（礼部）即行文顺天府五城御史，晓示禁止。官吏纵容者，访出并坐。仍通行各该抚按，转行所属，一体遵行。"⑤剃发易服令不只是生活习惯的改变，而是汉文化与满文化之间的冲突和斗争。一般的改朝换代只是朝廷变姓易主，衣冠礼乐还是照旧，从士大夫到普通民众的生活，感觉不到多大变化。而像赵宋亡于蒙元、朱明为满清取代，异族入主中原，情况就不同了。王夫之曾说："历代亡国，无足轻重；惟南宋之亡，则衣冠文物亦与之俱亡了。"⑥衣冠文物俱亡，即文明、文化

---

① 《清世祖实录》，《清实录》卷四，中华书局1985年版，顺治元年四月己卯。
② 《清世祖实录》，《清实录》卷五，中华书局1985年版，顺治元年五月庚寅。
③ 《清世祖实录》，《清实录》卷十七，中华书局1985年版，顺治二年六月丙辰。
④ 《清世祖实录》，《清实录》卷十七，中华书局1985年版，顺治二年六月丙寅。
⑤ 《清世祖实录》，《清实录》卷一九，中华书局1985年版，顺治二年七月戊午。
⑥ 陶成章：《浙案纪略》上卷第1章第4节《猛回头》案，国家图书馆出版社2011年版。

之亡，也就是顾炎武所谓的"亡天下"。①

在浙江已经接受了清朝地方官的江阴和嘉定两县城，便因誓死不剃发而发起反抗，守城八十一日，城民"咸以先死为幸，无一从者"。明遗臣中便有很多是选择"留发不留头"，为护发而死。如陈洪绶的老师黄道周抗清兵败被俘，清廷劝降，答曰："吾手无寸铁，何曾不降？"劝者曰："降须剃发。"答曰："汝剃发邪？幸是剃发国来，若穿心国来，汝穿心邪？"②还很多遗民虽不为护发而死，但为了避免剃发的耻辱而选择逃禅，如陈洪绶及其友人金堡、王鄦等人。③由此不难理解作为遗民的何天章，在清朝统治初期仍旧选择以汉代衣冠服饰为其行乐图之形象，即是对于汉代文化之坚守。

南生鲁虽为清朝官员，但为汉族，对于衣冠服饰所代表的汉族文化同样有坚守之心。他这种心理在清朝初期是汉官员的普遍心理。顺治十年（1653）二月，顺治帝谕礼部"一代冠服，自有一代之制。本朝定制，久已颁行，近见汉官人等，冠服体式，以及袖口宽长，多不遵制。夫满洲冠服，岂难仿效，汉人狃于习俗，因而怠懈。以后务照满式，不许异同，如仍有参差不合定式者，以违制定罪"。④由此可见汉人官员虽然在政治统治上是依附于满人，但是在文化上仍旧以汉文化为中心"。⑤

在以发式、服式为代表的汉满文化的斗争中，清廷为安定社会环境，也有妥协之处。徐珂《清稗类钞·服饰类》："国初，人民相传，有生降死不降，老降少不降，男降女不降，妓降优不降之说。故生必时服，死虽古服不禁；成童以上皆时服，而幼孩古服亦无禁；男子从时服，女子犹袭明服。盖自顺治以至宣统，皆然也。"⑥又有"十从十不从"之说。黄浚《花随人圣庵摭忆补篇》载："男从女不从，生从死不从，阳从阴不从，官从隶不从，老从少不从，儒从而道释不从，娼从而优伶不从，仕宦从而婚姻不

---

① ［清］黄汝成：《日知录集释》上册，花山文艺出版社1990年版，第590页。
② ［清］徐鼒：《小腆纪传》，中华书局1958年版，第241页。
③ 孔定芳：《清初遗民社会——满汉异质文化整合视野下的历史考察》，湖北人民出版社2009年版，第104—118页。关于剃发易服令参见书。
④ 《清世祖实录》，《清实录》卷七二，中华书局1985年版，顺治十年二月丙寅。
⑤ 孔定芳：《清初遗民社会——满汉异质文化整合视野下的历史考察》，湖北人民出版社2009年版。关于清初遗民问题的研究笔者多参阅此书。
⑥ ［清］徐珂：《清稗类钞·服饰类》，商务印书馆印行1983年版，第114页。

从,国号从而官号不从,役税从而语言文字不从。"① 在服饰更改过程中的这些变通,为心怀汉文化的遗民和清廷汉族官员提供了表达其汉文化之心理的途径。

南生鲁曾请谢彬为其绘写真图,吴梅村作《南生鲁六真图歌》序引:"山东南生鲁,官浙之观察,命谢彬画己像,而刘复补山水,凡六图。其一坐方褥,听两姬搊筝,吹洞箫。其一焚香弹琴,流泉泻阶下,旁一姬听倦倚石。一会两少年蹴鞠戏,毬掷空中势欲落。一图书满床,公左顾笑,有髫而秀者,端拱榻前,若受书状,则公子也。余二图则画藤桥横断,壑中非人境,公黄冠棕拂,掉首不顾。一则深岩枯木,有头陀趺坐,披布衲即公也。予为作六真图歌,镵之石土,览者可以知其志矣。"② 在此册写真图中,南生鲁将自己装扮为道士像与头陀像,此种装束既可看作南生鲁崇佛尚道之心,也可理解为南生鲁内心保持的以儒佛道三教合一为特征的汉族文化。

而《何天章行乐图》所涉及的人物除画家陈洪绶、像主何天章外,另有为此卷题跋者三十多人,其中人物可考者如方育盛、秦敬传、米汉文、宋琬(1614—1674)、周亮工(1612—1672)、丁耀亢(1599—1669)等人皆为出仕清廷的汉人官员。画卷后题跋的时间有康熙癸卯(1663)、甲辰(1664)、乙巳(1665)、丁未(1667)、戊申(1668)、壬子(1672),从题跋的时间来看陈洪绶早已经过世,清朝也进入较为安定的局面。作为遗民的何天章将其身着汉服的行乐图与清廷的汉人官员共同赏玩,其用意很明显是要传递其作为遗民所保持的汉文化传统。而这些汉官在题跋中宣扬何天章之隐逸身份的同时,也有较多的笔墨描绘画面中何天章之装束、庭院的文玩鼎彝,以及仕女在侧之情景,这些描述也可以说是对画面中的汉文化的一种叙述:如宋琬题跋:"有美君子,高冠长帔。坐抚孤松,佩搴薛荔。石几匡床,焚香点易。名姝侍侧,婵娟妩媚。信陵公子,雄心攸寄,此足以豪,何必骠骑。"秦敬修题跋:"大隐何为者,羲皇以上人。有情声外晓,无字颜中春。松定风俱寂,山高水共因。陶然友大地,茶沸雨前新。"

面对华夏文化之存亡,无论是选择不殉节而著书立说,或是出仕清

---

① [清]黄浚:《花随人圣庵摭忆补篇》,九思出版社1978年版。
② [清]吴梅村:《南生鲁六真图歌并引》,(台)毛文芳:《图成行乐:明清文人画像题咏析论》,台湾学生书局2008年版,第230—231页。

廷，参与政治。易代之际的文人通过对儒学的认同用不同的方式保全汉民族文化。虽然有的方式是通常不太为崇尚忠义节烈的传统观念所赞许，有时甚至成为苟且偷生的一种借口。但无论如何，他们中有些人对新朝的认同，主要不是出于政治、民族，而更多的是出于文化，所谓"道在无南北"是也。明清之交是中国历史上民族矛盾最尖锐、文化冲突最激烈、思想变革最急剧的时期。复杂的社会现实对士大夫阶层的思想观念造成前所未有的巨大冲击，动摇或改变了他们对许多问题的看法，但没有撼动根深蒂固的夷夏观念。①

在此文化背景下，我们不仅看到陈洪绶创作的行乐图像主皆为汉服，其他画家如谢彬所画肖像画中的人物也是身着汉服。谢彬与项圣谟合作的《朱葵石像》，本幅项圣谟款题："松林艐薄，癸巳八月，文侯谢彬为葵石先生写照，孔彰项圣谟补图。"朱时葵，名茂时，浙江嘉兴人，为朱彝尊的叔父。此图也是创作于明亡后，朱葵石也是身着明代之衣冠。这或许可以说明在清初，无论是遗民还是贰臣，画家为他们创作肖像画或是行乐图时，通过图像中的汉族衣冠来表明他们的汉族文化特性是当时汉人文士的普遍心理。

由此，反观陈洪绶在明亡后所作古代人物之宽袍长袖、女性之霞帔云髻、庭院之文玩鼎彝等，因处于明清易代之际的特殊时期，作品中各种图像呈现出来的汉文化特征使得遗民及清廷汉族官员能够产生共鸣，其人物画也具有了更为深刻的文化含义。

---

① 蒋寅：《遗民与贰臣：易代之际士人的生存或文化抉择——以明清之际为中心》，《社会科学论坛》2011年第9期。

第五章　开宗立派

明清易代使得文人画家与职业画家之间的芥蒂自然消除，绘画作为保存汉文化的一种手段，提高了拥有遗民身份的职业画家的地位。陈洪绶也将画业视为千秋功业，通过建立完整的画论与画品体系完成他在绘画上的抱负。

第一节　画论与画品

在明亡后，浙江画坛的格局并没有多大改变，仍旧是以松江派绘画风格为主。陈洪绶与浙江画家也仍旧保持较好的关系。

蓝瑛延续其明亡前的绘画风格，故宫博物院藏顺治十二年（1655）画《仿古山水》①（图 5-1：1-2）册中所学画家赵幹、郭熙、米芾、吴镇、倪瓒、黄公望、赵雍等，大部分属于南宗画家。蓝瑛将历代绘画大师的笔墨进行融合形成了自己的典型山水样式。

蓝瑛与陈洪绶一直保持着较好的关系，《宝纶堂集》卷九《寄蓝田叔》三首："小园近日可邀君，手种梧桐已拂云。半亩清阴吾所欲，一窗秋雨待君分。"②"闻君奇疾近来平，好友惭无馈药情。此后当来修旧好，肯将薄道负平生。""问病灵峰学道宜，也须莲老一商之。可怜染着声歌业，醉后缠头写柳枝。"③

---

① ［清］蓝瑛：《仿古山水》八开册 纸本 设色 乙未（顺治十二 1655）30.5 厘米 ×23.2 厘米 故宫博物院藏。
② ［明］陈洪绶：《宝纶堂集》卷九，康熙三十年刻本，《清代诗文集汇编》，上海古籍出版社 2011 年版，第 784 页下栏。
③ ［明］陈洪绶：《宝纶堂集》卷九，康熙三十年刻本，《清代诗文集汇编》，上海古籍出版社 2011 年版，第 799 页上栏。

图 5-1-1　清 蓝瑛《仿古山水》之《仿米芾》 　　图 5-1-2　清 蓝瑛《仿古山水》之《仿吴镇》

祁豸佳在明亡后画风也没有发生变化，在 1653 年所画的《仿古山水》（图 5-2：1-2）①中他所临仿的画家有：吴镇、赵令穰、董源、赵大年、王蒙、范宽、米芾、黄公望等，其中除赵大年、赵令穰、范宽外，其余为南宗画家。

图 5-2-1　清 祁豸佳《仿古山水》之《仿吴镇》 　　图 5-2-2　清 祁豸佳《仿古山水》之《仿董源》

---

① ［清］祁豸佳：《仿古山水》十二开册 绢本 设色 癸巳（顺治十年 1653）40.3 厘米 ×33.2 厘米 故宫博物院藏。

与陈洪绶有过交往的张学曾，也是学习松江派推崇的董源、倪瓒等文人画风格。周亮工《读画录》载："张尔唯，尔唯太守学曾，又号约庵，山阴人。画仿董北苑。辛卯秋为予作数幅，极为程青溪所赏，题云：此道寥寥得其解者，唯约庵吾友差足与语，不复多见矣。是幅笔意从江贯道来。无可题：虽有六法，而为意本无一法，妙处无他不落有无而已，世之目匠笔者以其为法所碍，其目文笔者则又为无碍所碍，此中关棙，子原须一一透过，然后青山白云得大自在，一种苍秀非人非天。不然者，境界虽奇，作家正未肯耳，然亦不可执定一样见识，以印板画谱甲乙品题，倘有碎须弥乾，蓬莱底汉何妨。更具空中五色以粟米一毫画尽千世古今耶！曹秋岳题云，笔势空苍，吐纳北苑，不作元人佻薄气。栎公虽博赏诸家，终以为正法眼藏。吴梅村题，请看韦白新诗句，能作苏州刺史无。尔唯名家老辈晚得，吾乡一郡论者并其画誓諴之，即此幅真迁倪画脉，萧疏简远，移入诗中，可入香山苏州两府庑，而见怪流俗殊可笑也。"①

　　张学曾与李流芳、董其昌、程嘉燧、杨文聪、王时敏、王鉴、卞文瑜、邵弥等合称为"画中九友"。从存世作品来看，画于崇祯十年（1637）的《山水》②扇面为湿笔写意，风格即接近松江一路。明亡后顺治九年（1652）所画《崇阿茂树图》③（图5-3）与顺治十一年（1654）《为巽翁作山水》④（图5-4）风格接近董其昌的《婉娈草堂图》，顺治十二年（1655）《为子木仿北苑山水》⑤、顺治十三年（1656）《仿倪瓒山水》⑥的山水画分别是仿董源、倪瓒笔意，张学曾画风总体是平淡、萧疏、讲求笔墨韵味，与松江派画风一致。

---

　　①［清］周亮工：《读画录》，卢辅圣主编：《中国书画全书》第七册，上海书画出版社1993年版，第955页上栏。
　　②［清］张学曾：《山水》扇页 金笺 墨笔 16.3厘米×49.7厘米 故宫博物院藏。
　　③［清］张学曾：《崇阿茂树图》轴 绫 墨笔 202.2厘米×52厘米 故宫博物院藏。
　　④［清］张学曾：《为巽翁作山水》轴 绫 墨笔 甲午（顺治十一年1654）190厘米×51.6厘米 故宫博物院藏。
　　⑤［清］张学曾：《为子木仿北苑山水》轴 纸本 墨笔 乙未（顺治十二年1655）93.4厘米×41.5厘米 故宫博物院藏。
　　⑥［清］张学曾：《仿倪瓒山水》轴 纸本 墨笔 丙申（顺治十三年1656）故宫博物院藏。

图 5-3　清 张学曾
《崇阿茂树图》

图 5-4　清 张学曾
《为巽翁作山水》

陈洪绶与浙江的另一位画家沈颢也有往来。沈颢（1586—1661），一作灏，字朗倩、朗臞，号石天、石长天、石天洞长，吴县（今苏州）人。幼读书颖悟，少为县学庠生，乡试屡试不捷，遂绝意仕进，以诗文、书画自娱。书法真、草、隶篆无所不能；画工山水，法近沈周，晚年笔意挺秀，点色清妍，兼写梅花，深知画理。著有《画麈》《枕瓢》《焚研》《画传灯》诸集。

沈颢《画麈》一书成于天启元年（1621）左右，[①] 书中有"分宗"一条：

> 禅与画，具有南北宗分，亦同时气运复相敌也。南则王摩诘，裁构淳秀、出韵幽澹，为文人开山。若荆、关、宏、璪、董、巨、二米、子久、叔明、松雪、梅叟、迂翁以至明之沈、文慧灯无尽。北则李思训风骨奇峭，挥扫躁硬，为行家建幢。若赵幹、伯驹、伯骕、马远、夏珪，以至戴文进、吴小仙、张平山辈日就狐禅，衣钵尘土。[②]

沈颢是"南北宗论"的支持者，但他在作画时并不排斥北宗风格。周亮工《读画录》记："沈朗倩颢，吴人，尝游白门，名噪甚，为予（周亮工）作南北宗各二十幅，俱有妙境，每画成多自题上，亦多韵语。性好徵逐，故不甚为人多贵，每落笔比曰吾家白石翁。晚遂自号石天，自拟在石田上然。"[③] 其中"作南北宗各二十幅"可知沈颢南北宗风格兼长。

从沈颢现存作品来看，其画于崇祯十五年（1642）的《仿古山水》[④] 中便包括有南北宗各家，王维、卢鸿、李公麟、李成、郭熙、翟院深、朱锐、梁楷、李唐等，可知沈颢在绘画创作时，并不局限于南北宗理论。明亡后，沈颢延续之前的绘画风格，顺治十二年（1655）的《山水》册[⑤]（图5-5：1-2）是仿古之作，所选画家有：董源、柯九思、李昇、关仝、陆天

---

① 谢巍：《中国画学著作考录》，上海书画出版社1998年版，第415页。
② ［清］沈颢：《画麈》，黄宾虹、邓实：《美术丛书》第1册，江苏古籍出版社1986年版，第316页下栏。
③ ［清］周亮工：《读画录》，卢辅圣主编：《中国书画全书》第七册，上海书画出版社1993年版，第955页下栏。
④ ［清］沈颢：《仿古山水》十二开册 纸本 设色 壬午（崇祯十五年1642）27.5厘米×21.8厘米 故宫博物院藏。
⑤ ［清］沈颢：《山水》册 纸本 设色 乙未（顺治十二年1655）23.3厘米×28.5厘米 故宫博物院藏。

海、王蒙、黄公望、李成、赵令穰等,既有松江派推崇的南宗画家,也有不被松江派重视的画院画家。当然就沈颢的作品整体风格而言,还是以松江派画风为主。

图 5-5-1　清 沈颢《山水》之《仿董源》

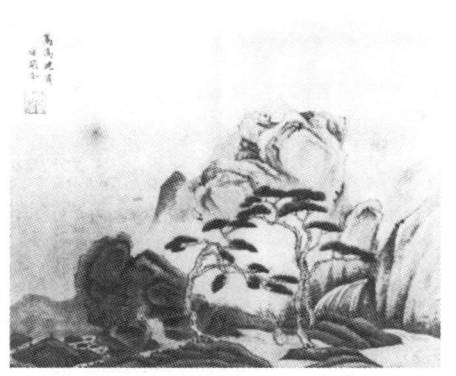

图 5-5-2　清 沈颢《山水》之《仿关仝》

清顺治八年辛卯（1651）八月十五日,陈洪绶在西湖专为沈颢画《隐居十六观》,题云:"老莲无一可移情,越水吴山染不轻,来世不知何处去,佛天肯许再来生。贫儿劣得买秋光,一片肝猪酹草堂,着意欲忘离乱事,重阳不见报重阳。劈阮秋溪月,吾生自可为,难将一生事,料理水之湄。山水缘,犹未断,朝暮定香桥畔,君去早来时,看得芙蓉一半。青盼青盼,乞与老莲作伴。辛卯八月十五夜,烂醉西子湖,时吴香扶磨墨,卞云裳吮管授余,乐为朗翁书赠。洪绶。"[1]可见两人在明亡后是有往来的。

在浙江,松江画派的评价语系也继续使用。张岱在评论蓝瑛《枯木竹石》时说:"黄大痴九十而貌如童颜,米友仁八十而神明不衰,谓其以画中烟云供养也。蓝田叔年至望八,其画枯木竹石,笔力愈老愈健,盖得力于服食烟云者,应亦不少。"[2]在《石匮书后集》中评价张联芳:"董思白曰:'张葆生胸中读书万卷,脚下行万里路,杂怀超旷,自然丘壑,内营成立,

---

[1]　[明]陈洪绶:《隐居十六观》二十页　纸本　设色　辛卯（顺治八年1651）每页21.4厘米×29.8厘米　台北故宫博物院藏。

[2]　[明]张岱著,云告点校:《琅嬛文集》,岳麓书社1985年版,第213页。

鄞鄂随手写出，皆为山水传神。'"①完全是将董其昌《画眼》中的言论照搬过来对张联芳进行评价。②

由此来看，浙江画坛的整体格局并未因明亡而产生太多的变化，浙江画家的风格也并没有发生转变，画论体系也仍旧不出松江派的影响。

在这样的画坛状况中，陈洪绶撰写画论时，却对于松江派倡导的"南北宗论"及"文人画"理论提出了异议，且矛头直指年轻时期曾对他提携过的陈继儒：

> 今人不师古人，恃数句举业饾丁或细小浮名，便挥笔作画，笔墨不暇责也；形似亦不可而比拟，哀哉！欲扬微名供人指点，又讥评彼老成人，此老莲所最不满于名流者也。然今人作家，学宋者失之匠，何也？不带唐流也。学元者失之野，不溯宋源也。如以唐之韵，运宋之板；宋之理，行元之格，则大成矣。眉公先生曰："宋人不能单刀直入，不如元画之疏。"非定论也。如大年、北苑、巨然、晋卿、龙眠、襄阳诸君子，亦谓之密耶？此元人王、黄、倪、吴、高、赵之祖。古人祖述立法无不严谨，即如倪老数笔笔都有部署纪律。大小李将军、营丘、伯驹诸公，虽千门万户，千山万水，都有韵致。人自不死心观之学之耳。孰谓宋不如元哉！若宋之可恨，马远、夏圭真画家之败群也。老莲愿名流学古人，博览宋画，仅至于元。愿作家法宋人乞带唐人，果深心此道，得其正脉，将诸大家辨其此笔出某人，此意出某人，高曾不乱，曾串如列，然后落笔，便能横行天下也。老莲五十四岁矣，吾乡并无一人中兴画学，拭目俟之。③

陈洪绶首先辩证地分析了唐、宋、元各家在绘画方面的时代特点：唐的特点在于"韵"，宋的特点在于"理"，元的特点在于"格"。他特意强调各时代画家在具有鲜明时代特色的同时，又能够将绘画中的各种因素融

---

① ［明］张岱：《石匮书后集》，《续修四库全书·史部·别史类》第320册，上海古籍出版社2002年版，第749页下栏。

② ［明］董其昌：《画眼》，黄宾虹、邓实编：《美术丛书》第1册，江苏古籍出版社1986年版，第126页下栏。

③ ［明］陈洪绶：《宝纶堂集》卷二，康熙三十年刻本，《清代诗文集汇编》，上海古籍出版社2011年版，第694页上栏—下栏。

会贯通，并不拘泥于任何一种模式。无论是唐，还是宋、元，成功的艺术作品都必然饱含着"部署法律"与"韵致"等相通的艺术规律在内。

陈洪绶一生留下的论画文字不多，此段《画论》是陈洪绶在五十四岁时所写，此时明朝已经亡国八年。作为一位前朝的遗民，陈洪绶回顾艺术史时，绘画大师的名单止于元："愿名流学古人，博览宋画，仅止于元。愿作家法宋人乞带唐人……"明代的杰出画家都未能入陈洪绶之眼，对明代的绘画成就只字未提，且指出明人在绘画上的弊端："今人不师古人，恃数句举业饾丁或细小浮名，便挥笔作画，笔墨不暇责也；形似亦不可而比拟，哀哉！……然今人作家，学宋者失之匠，何也？不带唐流也。学元者失之野，不溯宋源也。"针对明代绘画的弊病，陈洪绶提出的解决方案是"如以唐之韵，运宋之板；宋之理，行元之格，则大成矣"。当"果深心此道，得其正脉，将诸大家辨其此笔出其人，此意出某人，高曾不乱，曾串如列，然后落笔，便能横行天下也"。在此文的结尾处，陈洪绶最后点明能在绘画上有所突破的最终目的是希望"中兴画学"。

再来解读陈洪绶所提出的"唐之韵""宋之理""元之格"等绘画观念的具体内涵。

"唐之韵"："韵本是魏晋玄学风气下品藻人物的概念。指的是一个人的形体（包括面容）所显露的神态、风姿、仪致、气质等精神状态的美……绘画讲求气韵的韵，当时指的是画上的人物不仅要画出人的形体，更重要的是要刻画出人的形体中显露出的这种精神状态的美。"①

陈洪绶提出的"唐之韵"，当是指整个唐代绘画的精神状态。唐代的理论家张彦远在《历代名画记》中就已经指出："上古之画，迹简意淡而雅正，顾、陆之流是也；中古之画，细密精致而臻丽，展、郑之流是也；近代之画，焕烂而求备；今人之画，错乱而无旨，众工之迹是也。"②"近代之画"是盛唐之绘画，其特点为"焕烂而求备"，虽然这是针对人物画而提出的，但其"焕烂"所指绘画气势辉煌，色彩绚丽，而"求备"所指技法成熟，表现到位当能够作为唐代的时代风格特点之概述。

陈洪绶的《跋友人画》有对唐代画风之讨论："唐人画法将绝，独先

---

① 陈传席：《中国绘画美学史》上册，中国人民美术出版社2002年版，第99页。
② [唐]张彦远：《历代名画记》，季羡林、徐娟：《中国历代书画艺术论著丛编》第一册，中国大百科全书出版社1997年版，第331页下栏。

生延之。曾见《修竹草堂图》，伯仲右丞，此作神韵过之。张伯雨每叹元人得唐人之韵，惜无唐人之骨。先生特以骨胜，惜伯雨不及见尔。古今赏幽，每有不同之感。庚辰夏仲书于公浦之来章馆。洪绶。"①

陈洪绶对于唐"韵"之理解，还包括唐人画中的"骨"的表现。关于"骨"的概念在东晋顾恺之的《论画》中就已经多处提及："有骨法""有天骨"等。此时的"有骨法"指的是作品对人物外表的描绘，能够反映人物的特性。南齐谢赫提出的"骨法用笔"之含义是：要求通过"用笔"来表现出人物的特征表侯。到了唐代张怀瑾《画断》中说："像人之妙，张得其肉，陆得其骨，顾得其神。"其中的"骨"仍然沿袭前代之观点，指通过清秀的外形刻画特定的人物气质。②由此我们可以知道陈洪绶所注重的唐代绘画之"韵"不仅是包括唐代"焕烂"的画面效果与庞大气势，还应包含画家对物象精神气质的准确体现。

"宋之理"：理，是一个大范畴，绘画的许多方面涉及理，所谓画理者是也。我们可以从两个方面来认识"理"：一是绘画表现对象的理即对表现对象的认识，二是绘画创作的理，即对艺术规律的认识。南朝宋宗炳所说，"应目会心为理"，观察自然景物、酝酿立意时所获得的对象之理。南朝齐梁谢赫提出"穷理尽性"，意思是在动笔画画前，先要透彻地研究表现对象的本质所在。③到了宋代谈"理"成为一时之风气。而宋人所说画理又包含四种：一是"尚真"，即画中景物，必须与天地间之常理相合，而评画之标准，亦建基于是也。二是"与形似对立"，是指针对无常形之物体，或是不存在的物体，则在凭想象入画时，当求其合理，不必论其形似。三是"巧思"，运用巧思，以期将不易表现之情景，衬托出来。四是"与常理不合"，为宋人所说"奥理""造理入神、迥得天意"之说。④纵观整个宋代的绘画无论是在绘画创作还是在绘画理论的建立上，都是以研究客观对象为依据，注重表现对象的特征与本质，极力探求艺术规律之内在法则。

陈洪绶在绘画过程中同样重视对象的自然特性，他的很多花鸟画作品

---

① 吴敢点校：《陈洪绶集》，浙江古籍出版社1994年版，第563页。
② 金维诺：《中国美术史论集》，黑龙江美术出版社2004年版，第1—20页。
③ 葛路：《中国绘画美学范畴体系》，北京大学出版社2009年版，第261—262页。
④ 王世襄：《中国画论研究》上册，广西师范大学出版社2010年版，第168—174页。

都是写生之作,1622年所画《早年画册》之《双蝶采花》①(图5-6)是他与李流芳同游岣嵝山后所画;进行人物创作时,"至绘经史,事状貌服饰,必与时代吻合……"②陈洪绶也刻意临仿宋人画作,1627年的《父子合册》中的《梅花小鸟》与约创作于同一年的《梅竹》,都是学习宋人画法,陈洪绶在1645年所画的《杂画册》中《枯枝黄鸟》③(图5-7)一册为仿宋徽宗之作,自题云:"张燕客云,似道君,信然,洪绶。"1651年的《摹古双册》中的《桃花小鸟》④(图5-8)自题:"悔和尚仿道君赠苍夫居士。"此册中的《莲石》⑤(图5-9)自题:"洪绶学崔白,贻林仲青法弟。"从以上作品的艺术水准看,陈洪绶在临仿时,已经纯熟掌握宋代绘画之技巧,准确地把握了时代风格特征。因此可以说,陈洪绶所谓"宋之理"当是指宋代绘画对于物象形态特征的精确表现,对于自然规律的严格探究,对于精致画面的精心考究。

图5-6 明 陈洪绶《早年画册》之《双蝶采花》

图5-7 明 陈洪绶《杂画册》之《枯枝黄鸟》

---

① [明]陈洪绶:《早年画册》之《双蝶采花》册 纸本 墨笔 壬戌(天启二年1622)22.2厘米×9.2厘米 美国纽约大都会博物馆藏。
② [清]徐沁《明画录》,卢辅圣编:《中国书画全书》第10册,上海书画出版社1993年版,第9页上栏。
③ [明]陈洪绶:《杂画册》之《枯枝黄鸟》册 纸本 水墨 乙酉(顺治二年1645)24.3厘米×31.2厘米 台北故宫博物院藏。
④ [明]陈洪绶:《摹古双册》之《桃花小鸟》册 绢本 设色 24.6厘米×22.6厘米 美国克利夫兰博物馆藏。
⑤ [明]陈洪绶:《摹古双册》之《莲石》册 绢本 设色 24.6厘米×22.6厘米 美国克利夫兰博物馆藏。

图 5-8　明 陈洪绶《摹古双册》之《桃花小鸟》

图 5-9　明 陈洪绶《摹古双册》之《莲石》

"元之格":"神、妙、能、逸"四格作为绘画的品评标准,首先是由唐武则天时期的李嗣真在《画品》中首先提出来的。到了开元年间,张怀瓘作《画断》提出神、妙、能三个标准来比较画的优劣。之后朱景玄在《唐朝名画录序》中又将"逸"重新加入其中,分"神、妙、能、逸"四品。宋代黄复修在《益州名画录》中将画家和画分为"逸格、神格、妙格、能格"。至元代,倪瓒直接提出作画的目的是要写"胸中之逸气""写图以闲咏""聊以自娱",而创作的手法是通过"逸笔草草,不求形似"之方法。这种"逸气"的追求在画面上突现的是平淡自然秀逸的风格,而这种"逸"格之追求也可看作是整个元代在创作方式与艺术创造上的时代特点。

陈继儒所说"宋人不能单刀直入,不如元画之疏"之中的"疏"是从画面的表现形式入手,未能一概元代绘画之风格特征。陈洪绶认为绘画不当以疏密面貌来分高低,而提出了"韵致"之说,认为宋代绘画"虽千门万户,千山万水,都有韵致"。他从时代风格的角度反驳了陈继儒的宋不如元之说。陈洪绶所提出的"元之格",就是从绘画风格角度来讨论的。

陈洪绶在《题为单继之画绢本山水》云:"张雨诗云:'曳杖烟林中,放脚云山里。'一时称其缥缈幽深之致,何如吾为继之写之尺素乎?写之无其缥缈幽深之致,吾亦不肯为继之写也。洪绶画于醉华亭,时庚午暮秋。"①可知陈洪绶在画山水之时，所追求"缥缈幽深之气息"与倪瓒之"逸气"具有相通之处。他所崇尚的"元之格"应该仍然是晚明画家共同崇尚的"逸"格。

由此看来，陈洪绶在画论中并不是完全否认陈继儒的崇元之说，主要是由于当时在理论上最具有建树及影响力最大的便是松江派宣扬的一套完整的南北宗论及文人画理论。陈洪绶借批驳松江派理论中的诸多对于画家及画风的不严谨的区分，为其理论奠定更为合理的根基。

陈继儒的崇元理论主要是就山水画而言，陈洪绶在明亡后绘画风格的成熟主要是在人物画上学习魏晋风格，因此可以说这篇画论是陈洪绶从人物画实践的角度，来谈唐宋元风格的不同趣味。即这篇画论的所指和能指发生了变化。陈洪绶目的是通过极力地宣言汉、唐、宋之绘画成就，达到振兴浙江画学之目的。"果深心此道，得其正脉，将诸大家辨其此笔出某人，此意出某人，高曾不乱，曾串如列，然后落笔，便能横行天下也。老莲五十四岁矣，吾乡并无一人中兴画学，拭目俟之。"这也可看作是陈洪绶开派立宗的宣言。不仅在绘画创作上陈洪绶有了成熟的理论体系，他还在绘画品评上提出自己的见解，从而形成一套完整的画论主张。

在中国绘画史上，对于绘画艺术品位的境界追求，当以谢赫提出的"六法"第一法则"气韵生动"为最高标准。各时期的艺术家及理论家都对"气韵"有自己的见解。在谢赫时代，绘画以人物为主，"六法"中的"气韵生动"用来形容所画的人物精神状态。到了唐末五代，荆浩在《笔法记》中指出："气者，心随笔运，取象不惑"；"韵者，隐迹立形，备仪不俗"，这是继承魏晋山水画传神论，并采用谢赫的"气韵"说，将"气韵"用作山水画之评价，从笔墨的角度上来进行讨论。此后画家便多以"笔墨"论"气韵"。北宋人刘道醇在《圣朝名画评》的序中提出"识画之诀"，在乎明"六要"而审"六长"。其中"六要"第一要是"气韵兼力"。"六要"主要是针对谢赫的"六法"而言的，但是又另有强调。其中"气韵兼力"就是在谢赫的"气韵生动"基础上，着重于力的表现。刘道醇是北方文人，评画重力的表现，这和南方文人重淡、重柔和清新不同。②之

---

① 吴敢点校：《陈洪绶集》，浙江古籍出版社1994年版，第562页。
② 陈传席：《中国绘画美学史》上册，中国人民美术出版社2002年版，第273页。

后，北宋郭若虚在《图画见闻志》中提出了"气韵生知论"："气韵本乎游心"，"人品既已高矣，气韵不得不高"。郭若虚认为"气韵"是画家天赋的才性和气质，非师资传授和技巧学习所能学习到的，郭若虚将表现客体的气韵全部转向了主体，并且强调气韵的高下与人品的高低有直接关系。到了晚明，画家讨论"气韵"即不出荆浩的"气韵"与"笔墨"之关系和郭若虚"气韵"与人品之关系的范围。

关于"气韵"与"笔墨"的讨论有陈继儒在《妮古录》中说："世人爱书画而不求用笔用墨之妙。有笔妙而墨不妙者，有墨妙而笔不妙者，有笔墨俱妙者，有笔墨俱无者。力乎，巧乎，神乎，胆乎，学乎，识乎，尽在此矣。总之，不出蕴藉中沉着痛快。"① 唐志契《绘事微言》："盖气者有笔气、有墨气、有色气，而又有气势、有气度、有气机，此间即谓之韵。"② 陈唐二人都强调画面中气韵要通过运笔运墨来表现。笔墨是体现画面中气韵的关键，两者有着必然的联系。

"气韵"与"人品"联系起来讨论则可说是晚明的一种风气。陈继儒《妮古录》："六一居士极好书，然书不能工。大都书有不可学处，亦犹画家气韵，必在生知。禅家所谓无师智不可强也。"③ 唐志契《绘事微言》："大抵聪明近庄重，便不佻。聪明近磊落，便不俗。聪明近空旷，便不拘。聪明近秀媚，便不粗。盖言天资与画近，自然嗜好亦与画近。"④ 陈唐两人都是直接继承的"气韵生知论"。

董其昌与李日华对此有所修正。董其昌《画眼》："画家六法，一曰气韵生动。气韵不可学，此生而知之，自然天授，然亦有学得处。读万卷书，行万里路，胸中脱去尘浊，自然丘壑内营，成立鄞鄂，随手写出，皆山水传神。"⑤ 李日华《紫桃轩又缀》卷二："余昔与沈无回论画曰：'必先

---

① ［明］陈继儒：《妮古录》，黄宾虹、邓实编：《美术丛书》第1册，江苏古籍出版社1986年版，第617上栏—下栏。
② ［明］唐契志：《绘事微言》，卢辅圣主编：《中国书画全书》第4册，上海书画出版社1993年版，第62页下栏。
③ ［明］陈继儒：《妮古录》，黄宾虹、邓实编：《美术丛书》第1册，江苏古籍出版社1986年版，第618页上栏—下栏。
④ ［明］唐契志：《绘事微言》，卢辅圣主编：《中国书画全书》第4册，上海书画出版社1993年版，第62页上栏—下栏。
⑤ ［明］董其昌：《画眼》，黄宾虹、邓实编：《美术丛书》第1册，江苏古籍出版社1986年版，第126页下栏。

多读书。读书多，见古今事变，多不狃狭劣见闻，自然胸次浩荡，山川灵奇，透入性地。时一洒落，何患不臻妙耶。'"① 董李二人虽也都认为人品、天赋为气韵的主要成分，属于先天，但后天可以以人力辅助：多读书多游历，有深湛之学识，空阔之胸怀，皆足以促进画境之造诣。

关于"气韵""笔墨""人品"的讨论，陈洪绶有自己的见解。在他 1619 年所画《松下独立图》的对开处，有其约十年后所题②："此为用笔用格用思之至也。若用墨之妙，在无墨处。解者当首肯。"结合画面可以看出，陈洪绶对于自己十年前的作品颇为满意，同时借机讨论"笔墨"之问题，此处"笔墨"的运用与"气韵"没有关系，而仅仅是单纯地从创作的角度讨论，作画时当辩证地看待二者之关系，即"若用墨之妙，在无墨处"。

既然"气韵"不是通过"笔墨"来体现的，那么，他对"气韵"是如何理解的呢？毛奇龄在《陈老莲别传》中记：

> 莲尝模周长史画，至再三，犹不欲已。人指所模画，谓之曰："此画已过周，而犹嗛嗛，何也？"曰："此所以不及者也。吾画易见好，则能事未尽也。长史本至能，而若无能，此难能也。吾试以为文言之：今夫为文者，非持论即摭事耳。以议属文，以文属事，虽备经营，亦安容有作者之意存其中耶？自作家者出，而作法秩然，每一文至，必衔毫吮墨，一若有作者之意先于行间，舍夫论与事，而就我之法，曰如是则当，如是则不当，而文亡矣。故夫画，气韵兼力，飒飒容容，周秦之文也；勾绰捉勒，随境蹔错，汉魏文也；驱遣于法度之中，钉前燕后，陵轹矜轶，拗裂顿斫，作气满前，八家也。故画有入神家，有名家，有当家，有作家，有匠者家，吾惟不离乎作家，以负此嗛也。"其论如此。③

陈洪绶对于"气韵"的追求，既与笔墨无关，也与人品无关。他的讨

---

① [明]李日华：《紫桃轩又缀》，[清]孙福清辑：《檇李遗书》卷二，孙福清望云仙馆光绪四年刻本，第 6a 页。
② 与 1629 年《自书诗册》中的风格近似，皆为张瑞图之书法风格。见翁万戈《陈洪绶集》第 123 页。
③ 吴敢点校：《陈洪绶集》，浙江古籍出版社 1994 年版，第 590—591 页。

论又回到了刘道醇从创作客体来讨论"气韵"的角度。在此陈洪绶将作品按艺术水平的高低分为三个层次，第一层次为"气韵兼力，飒飒容容，周秦之文也"。陈洪绶认为绘画作品的最高境界是刘道醇所提出的"气韵兼力"，在追求作品的生动韵致的同时着重于力的表现。他还将绘画创作与做文章相较，重点突出绘画与作文一样不应局限于法则规矩，应该自然而然地流露其真意，有如周秦时期的文章，无固定成法，却有"气韵兼力，飒飒容容"的精神气质。第二层次是"勾绰捉勒，随境堑错，汉魏文也"，被陈洪绶定为"名家"，虽不及第一层次的气韵风度的表现，但却也是能够表现出物象的自然状态，并没有被法则所困扰。第三层次是"驱遣于法度之中，钉前燕后，陵轹矜轶，挢裂顿斫，作气满前，八家也"，被陈洪绶定为"作家"，而此种绘画状态他已经非常不满，认为作品都被法则所局限，缺乏自然的神韵。根据绘画品评的三个层次，陈洪绶又将画家分为五种，他将自己定为"作家"一格，即是认为自己的作品虽然在技法上达到了如周昉等古代大师的水平，却没有达到他们表现对象之自然神韵气质的状态。所以是"吾画易见好，则能事未尽也。长史本至能，而若无能，此难能也"。

由此我们可以看到，陈洪绶提出的绘画品评标准与晚明其他画家的角度不同，他既不局限在用笔用墨的技法上，也不局限在人品的主体之上，他能够从绘画的本体，创作的客体来客观地看待绘画中"气韵"之境界，这一方面继承了刘道醇的"气韵兼力"之说，另一方面提倡创作不拘泥于法则，表现对象生动自然的精神气质，与谢赫的"气韵生动"所传达的艺术思想又是具有一致性的。

第二节　晋唐风格

明亡后，陈洪绶在绘画上确立了明确的目标，是要以"唐韵、宋理、元格"作为其绘画的追求，陈洪绶的绘画风格也趋于成熟。

陈洪绶此时创作的一些人物形象从造型上看，人体比例极不协调。1644年之前，无论是表现性格桀骜的杨慎，还是唐代端庄的仕女，无论是表现水浒人物的夸张动作，还是贯休样式的佛教人物，人物的身材比例表现得都十分自然协调。而 1644 年之后，陈洪绶所画的大部分高士及仕女形象都是头大身小，如 1649 年《南生鲁四乐图》（图 5-10）中的南生鲁及他对面端坐的仕女即体现了这一特点。

图 5-10　明 陈洪绶、严湛、陈字《南生鲁四乐图》（局部）

造成人物形象变化的主要原因在于，此一时期陈洪绶在人物精神气质的表现上有意识地将唐代与魏晋风格相结合。在 1644 年之前的创作中，陈洪绶的人物画有的学习宋元明人的各种风格样式，有的学习唐代人物画风格样式，人物面庞圆润，体态健硕，表现的精神气息是男性健康壮硕、女性端庄大方。1644 年之后，虽然在创作上陈洪绶仍旧是运用高古游丝描法，但是人物的精神气息更多地倾向于表现魏晋风格。如约画于 1650 年的《指蝶图》[①]（图 5-11），画中的男子，面庞圆厚、身材健硕是典型的唐代人物画的特点。在动态上，由于他身体向前微倾，衣纹飘动，即将唐代的端正转化为了魏晋的婉转。这样创作人物画的方式便将唐代与魏晋两种风格自然生动地融合了。

再看女性形象的处理，如约于 1647 年所画的《夔龙补衮》[②]（图 5-12）中的仕女形象、约画于 1650 年的《扑蝶仕女图》[③]（图 5-13），陈洪绶在人物头部的处理上沿用中期创作出的唐代仕女形象，人物发髻整齐，面庞饱

---

① ［明］陈洪绶：《指蝶图》轴 纸本 设色 辽宁省博物馆藏。
② ［明］陈洪绶：《杂画册》之《夔龙补衮》册 绢本 设色 30.2 厘米 ×25 厘米 故宫博物院藏。
③ ［明］陈洪绶：《扑蝶仕女图》轴 绢本 设色 93.7 厘米 ×45.7 厘米 上海博物馆藏。

满，眉宇开阔，神情似若有所思，且嘴角微微上扬，呈现笑意。在体态上则变唐代雍容华贵为魏晋纤细柔弱，这样的处理造成画中仕女在身材比例上的极不协调，形成了头大身小的仕女形象。但因为人物的动态多向前微倾，体态呈现弓状，使得仕女体态虽然是头大身小，却不是头重脚轻，仍然保持住了画面的重心，表现出强有力的量感与张力。融合唐代与魏晋风格的仕女形象即是陈洪绶晚期仕女画的主要特点。

图 5-11　明 陈洪绶《指蝶图》

图 5-12　明 陈洪绶《杂画册》之《夔龙补衮》

此一时期的佛教人物画，还是学习贯休佛教人物形象的特点，并将之运用到了高士、道士及妇人等形象中去。如 1645 年的《钟馗像》[1]（图 5-14）中的钟馗，约画于 1646 年的《华山五老》[2]（图 5-15）中的五老，1647 年《观音罗汉像》[3]（图 5-16）中的罗汉形象等都是学习贯休的罗汉画法。

---

[1]　[明]陈洪绶:《钟馗像》轴 纸本 设色 124.5 厘米 ×58.6 厘米 苏州博物馆藏。
[2]　[明]陈洪绶:《华山五老》卷 绢本 设色 首都博物馆藏。
[3]　[明]陈洪绶:《罗汉观音像》轴 绢本 设色 台北故宫博物院藏。

图 5-13　明 陈洪绶
《扑蝶仕女图》

图 5-14　明 陈洪绶
《钟馗像》

图 5-15　明 陈洪绶《华山五老》(局部)

图 5-16 明 陈洪绶　　　　　图 5-17 明 陈洪绶
　《观音罗汉像》　　　　　　　《溪山放棹图》

　　山水画方面，陈洪绶一方面有些作品仍然受到蓝瑛山水画风格的影响，如约 1650 年所画《溪山放棹图》①（图 5-17）树木的几何造型，画面的构图与蓝瑛画于 1640 年的《山水图》有着明显的继承关系。另一方面陈洪绶将元代黄公望与王蒙等蓬松枯淡的笔墨用含浑圆润的方式表现出来，形成了晚期自己的山水画面貌。约画于 1650 年的《为豫和尚画册》中的第二开《山水》②（图 5-18）用笔是典型的王蒙的牛毛皴，但是比王蒙的山石处理得更为含混模糊，山体更加柔软蓬松。约画于 1651 年的《摹古册》第七开《林逋放鹤》③（图 5-19）与约画于同年的《杂画册》第八开《高峰

---

①［明］陈洪绶：《溪山放棹图》轴 绢本 设色 101.2 厘米 ×45.7 厘米 上海博物馆藏。
②［明］陈洪绶：《为豫和尚画册》之《山水》册 绢本 设色 22.5 厘米 ×29.5 厘米 檀香山美术学院藏。
③［明］陈洪绶：《摹古册》之《林逋放鹤》册 绢本 设色 24.6 厘米 ×22.6 厘米 美国克利夫兰博物馆藏。

飞瀑》①（图5-20）中山水学吴镇的湿笔皴法，含混湿润，而山的外形呈现方形，形成了一种外紧内松的山石特点，画面中各类树木皆刻画精细入微，与山石的湿润混沌形成对比，具有很独特的视觉效果。这也体现了陈洪绶晚期山水画的个人面貌。

图5-18 明 陈洪绶《为豫和尚画册》之《山水》

图5-19 明 陈洪绶《摹古册》之《林逋放鹤》

5-20 明 陈洪绶《杂画册》之《高峰飞瀑》

此一时期的花鸟画作品依旧是以学习宋人花鸟画及写生为主。如约画于1649年的《百蝶图》②（图5-21）中蝴蝶、花卉皆品种繁多，描绘生动，都是写生之作。如约画于1651年的《摹古册》中的多幅花鸟便直接点明是学宋人法。《桃花小鸟》（图5-22）自题："悔和尚仿道君赠苍夫居士。"《莲石》（图5-23）自题："洪绶学崔白，贻林仲青法弟。"《折枝图》③（图5-24）自题："洪绶为苍夫道侣仿北宋人。"在花鸟画风格上基本是延续明亡前之画风。

图5-21 明 陈洪绶《百蝶图》（局部）

① [明]陈洪绶:《杂画册》之《高峰飞瀑》册 绢本 设色 30.2厘米×25厘米 故宫博物院藏。
② [明]陈洪绶:《百蝶图》卷 绢本 设色 31.7厘米×530.8厘米 藏地不详。
③ [明]陈洪绶:《摹古册》之《折枝图》册 绢本 设色 24.6厘米×22.6厘米 美国克利夫兰博物馆藏。

图 5-22 明 陈洪绶《摹古册》之《桃花小鸟》 　　图 5-23 明 陈洪绶《摹古册》之《莲石》 　　图 5-24 明 陈洪绶《摹古册》之《折枝图》

通过对陈洪绶明亡后的人物、山水、花鸟等作品的考察，我们可以发现，陈洪绶在人物画中取魏晋兼唐风格而形成的独特面貌，是他对"唐韵、宋理、元格"理论实践的结果。从而陈洪绶完成了作为绘画大师应有的完整理论系统及成熟的绘画风格。

结　语

　　陈洪绶作为遗民画家，虽然仅在清代生活了短短九年，但是其身后画名显赫，所传画派影响甚广。《清史稿本传》《清史列传本传》《松江府志》《绍兴府志》等清代官修传记中皆记其绘画事迹，且赞誉有加；陈洪绶的多位友人后辈朱彝尊、孟远、毛奇龄在为其所作传中，周亮工、张岱等文集中也记录了他好酒、风流、不畏权贵等诸多事迹；《无声诗史》《明画录》《吴越所见书画录》《国朝画征录》等画史论著对他的绘画给予了极高的评价。

　　这些文献将陈洪绶塑造成为一个天赋异禀、工诗善画，怀有满腔抱负之旷世异才，同时又是一个性情豪爽、好饮酒、好女色，不喜攀附权贵，散尽钱财接济乡里，风流倜傥豁达大义之人。通过对陈洪绶明亡后纵酒狎妓、恸哭不已，出家自称悔迟、老迟等行径的描绘，强调其遗民之经世大节。在绘画成就上也是不吝溢美之词，或称其绘画乃是"此天授也""前身因画师"的天份使然，或赞其"所作古人物，世所罕及""老莲人物，深得古法……亦复不让古人""中年遂成一家，奇思巧构，变幻合宜，人所不能到也。"这些正说明陈洪绶实现了"中兴画学"之理想。

　　面对如此一个成就斐然的遗民艺术家，后人即多折服于他诡形奇状的艺术风格、关注作品中富于文学内涵与遗民情愫的图像意义、津津乐道于他跌宕起伏的传奇人生。然细细品读陈洪绶留下的大量诗文，看到的是一个满怀抱负，却长期不得志，后期又病痛缠身的遗民，内心充斥着愤懑、苦涩、无奈、悔恨等诸多复杂的情绪。褪去后人赋予的神化光环，我们才能解读出一位有血有肉的艺术家的内心变化。

　　本书并未过多地讨论陈洪绶的作品，而是将陈洪绶由身份变化而引起的心理变化作为考察点，尽量还原他丰富的内心世界。明亡前，陈洪绶作为一个地位不高的文人，依违于文人与职业画家之分野，因功名无所获而被迫卖画的无奈心理和在保持文人身份与迎合市场、谋求生存的矛盾中所做的努力，让我们深切地体会到了陈洪绶生活上的不易，精神上的压力，以及艺术创作时的主动与被动。

作为不可抗拒的外因，应该说国家变故、身份转换、艺术创作的明确目的性成就了一代大师。明清易代使得作为遗民的文人在文化上被赋予了极高的荣誉，绘画不仅是遗民生存的手段，更加被看作是一种对汉文化的保存方式，因此拥有遗民身份的职业画家也获得较高的尊重。陈洪绶成为了名副其实的职业画家，他也极力认同自己职业画家之身份，并努力在画业上有所为。

由于时间精力所限，此书讨论的仅仅是陈洪绶个人在时代巨变之中命运与心理的巨大变化，若是能由陈洪绶作为突破口将那些具有良好教育背景而低位不高的画家做一个全面的考察，或许能够更加明晰地对明清易代与文人对于职业画家态度转变之间的关系进行梳理和判断。

我们是否可以这样认为，时代的变革，使陈洪绶这样一批带有"民族气节"的文人，完成了由文人画家向职业画家的转换，而他们所取得的成就又使职业画家的地位在实质上获得了提升。他们是后来的扬州八怪公开宣扬其职业画家之身份的前驱，即职业画家地位上升过程中的重要一环。当然，这样的推测还有待学者们的进一步研究。

参考文献

一、古代文献

1. 家谱、方志、史籍、刻本

［清］陈遹声辑述：《宅埠陈氏宗谱》，宣统刻本。

［清］来鸿瑨等纂修：《萧山来氏家谱》，萧山来氏会宗堂清光绪二十六年版。

《山阴祁氏家谱》，中国国家图书馆藏。

［清］陶元藻纂修：《会稽陶氏族谱》，中国国家图书馆藏。

《山阴祁氏世系表附录不分卷》，中国国家图书馆藏。

《光绪诸暨县志》，《中国地方志集成·浙江府县志辑41》，上海书店1993年版。

［清］徐元梅、朱文翰等纂修：《嘉庆山阴县志》，《中国地方志集成·浙江省专辑11》，上海书店1993年版。

［清］彭延庆修、姚莹俊纂，张宗海续修、杨士龙续纂：《民国萧山县志稿》，《中国地方志集成·浙江省专辑37》，上海书店1993年版。

绍兴县地方志编纂委员会校刊：《康熙稽县志》，绍兴县地方志编纂委员会1992年版。

［清］李亨特修，［清］平恕、徐嵩纂：《乾隆绍兴府志》，《中国地方志集成·浙江省专辑39》，上海书店1993年版。

《新绛县志》，北京大学图书馆藏《中国方志丛书》，台北成文出版社1976年版。

白化文、张智主编：《云门显圣寺志》，中国佛寺志丛刊，广陵书社2006年版。

白化文、张智主编：《云门志略》，中国佛寺志丛刊，广陵书社2006年版。

［清］张廷玉等撰：《明史》，中华书局1974年版。

《明熹宗实录》，中央研究院历史语言研究所影印校勘本 1962 年版。

《清实录》，中华书局 1985 年版。

《张深之正北西厢》，西泠印社 1993 年版，浙江省博物馆藏。

［明］李廷谟，山阴延阁主人订正:《延阁本北西厢》，明崇祯三年刻本，国家图书馆藏。

［明］周藩宪王著，孟称舜点评，朱曾莱订正:《古今名剧合选》，《新镌古今名剧柳枝集》，国家图书馆藏。

［明］孟称舜撰，陈洪绶点评:《新镌节义鸳鸯冢娇红记》二卷，明崇祯刻本。

2. 著作

［明］陈洪绶:《宝纶堂集》，康熙三十年刻本，《清代诗文集汇编》，上海古籍出版社 2011 年版。

吴敢点校:《陈洪绶集》，浙江古籍出版社 1994 年版。

［明］陈于朝:《苧萝山稿》，万历四十三年越郡陈氏刻本。

［明］来斯行:《槎庵诗集》，八卷明末百顺堂刻本。

［明］张岱著，夏咸淳点校:《张岱诗文集》，上海古籍出版社 1991 年版。

［清］张岱撰:《石匮书后集》，上海古籍出版社 2008 年版。

［明］张岱，云告点校:《琅嬛文集》，岳麓书社 1985 年版。

［明］祁彪佳:《祁忠敏公日记》，北京图书馆古籍出版编辑组编:《北京图书馆古籍珍本丛刊》，北京图书馆古籍出版 1998 年出版。

［明］祁彪佳著:《祁彪佳集》，中华书局 1960 年版。

［明］陈继儒:《白石樵真稿》，《四库禁毁丛刊》，北京出版社 2000 年版。

［明］陶崇谦:《镜佩楼诗选六卷》，清陶氏贤奕书楼抄本，中国国家图书馆胶卷。

［明］王叆:《匪石堂诗》，《上海图书馆未刊古籍稿本》，复旦大学出版社 2008 年版。

［清］卓尔堪选辑:《明遗民诗》十六卷，中华书局 1961 年版。

［清］吴山嘉录:《复社姓氏传略》，明代传记丛刊学林类。

《明进士题名碑录》，清刻本，国家图书馆藏。

［清］周亮工：《结邻集》，中国国家图书馆藏。

［清］周亮工辑：《尺牍新钞四》，商务印书馆发行中华民国二十五年六月初版。

［清］周亮工著、汪启淑撰：《印人传·续印人传》，江苏广陵古籍刻印社1998年版。

［清］洪业：《勺园图录考》，哈佛燕京学社引得编纂处1966年版。

［清］徐芳烈：《浙东纪略》，乐天居士辑：《痛史二十种》铅印本，商务印书馆民国六年版。

［清］邵廷采：《东南纪事》，《续修四库全书·史部·别史类》，上海古籍出版社。

［明］金堡：《徧行堂集》，《四库禁毁书丛刊》集部第127册、第128册，北京出版社2000年版，

［明］王绍徽：《东林点将录》，四库全书存目丛书编纂委员会编：《四库全书存目丛书》，济南齐鲁书社影印本1997年版。

［明］刘若愚：《酌中志》，《明代笔记小说》，上海古籍出版社2005年版。

［明］张岱著，夏咸淳、程维荣点校：《陶庵梦忆·西湖梦寻》，上海古籍出版社2001年版。

［明］徐渭，周中明校注：《四声猿》附《歌代啸》，上海古籍出版社1984年版。

［明］倪元璐：《倪文正公遗稿》，《四库禁毁丛刊》集部第50册，北京出版社2000年版。

［明］吴伟业：《梅村家藏稿》，台湾学生书局1975年版。

［明］李日华：《紫桃轩又缀》，［清］孙福清辑：《檇李遗书》，孙福清望云仙馆光绪四年刻本。

［清］吴其贞，邵彦点校：《书画记》，辽宁教育出版社2011年版。

张大千：《大风堂书画录》，民国铅本。

［清］李渔：《李渔全集》，浙江古籍出版社2010年版。

二、现代文献

1. 工具书、著述

卢辅圣主编：《中国书画全书》，上海书画出版社1993年版。

白化文、张智主编:《中国佛寺志丛刊》,广陵书社2006年版。

衡阳喻谦昧庵氏编辑:《新续高僧传》,台湾印经处印行。

季羡林、徐娟:《中国历代书画艺术论著丛编》,中国大百科全书出版社1997年版。

黄宾虹、邓实编:《美术丛书》,江苏古籍出版社1997年版。

故宫博物院、上海博物馆编:《南陈北崔——故宫博物院上海博物馆藏陈洪绶崔子忠书画集》,上海书画出版社2008年版。

文物出版社编:《中国古代书画图目》,文物出版社2001年版。

谢巍:《中国画学著作考录》,上海书画出版社1998年版。

《上海图书馆藏明代尺牍》,上海科学技术文献出版2002年版。

《中国书画图录》,日本京都国立博物馆1996年版。

黄惇主编:《中国书法全集》,荣宝斋1992年版。

四库全书存目丛书编纂委员会编:《四库全书存目丛书》济南齐鲁书社影印本1997年版。

四库禁毁书丛刊编纂委员会编,王钟翰主编:《四库禁毁丛刊》,北京出版社2000年版。

《中国历代禅师传纪资料汇编》,中国国家图书馆2005年。

张连、[日]古原宏伸编:《文人画与南北宗论文汇编》,上海书画出版社1989年版。

杨士安:《陈洪绶家世》,北京出版社2004年版。

黄涌泉编:《陈老莲版画选集》,中国古典艺术出版社1957年版。

黄涌泉编著:《陈洪绶年谱》,人民美术出版社1960年版。

《晚明变形主义画家作品展》,中国台北国立故宫博物院1977年版。

《古色——十六至十八世纪艺术的仿古风》,中国台北国立故宫博物院2003年版。

《刘宗周全集》,浙江古籍出版社2007年版。

陈传席:《明末怪杰——陈洪绶的生涯与艺术》,浙江人民美术出版社1992年版。

裘沙:《陈洪绶研究——时代、思想和插图艺术》,人民美术出版社2004年版。

吴敢:《丹青有神——陈洪绶传》,浙江人民出版社2008年版。

陈清香:《罗汉图像研究》,台北文津出版社1995年版。
郭孟良:《晚明的商业出版》,中国书籍出版社2011年版。
李一氓:《一氓书缘》,三联书店2007年版。
黄裳:《银鱼集》,三联书店1985年版。
沈津:《书丛老蠹鱼》,中华书局2011年版。
张能耿:《祁承㸁家世》,北京出版社2004年版。
朱则杰:《朱彝尊研究》,浙江古籍出版社1993年版。
胡益民:《张岱评传》,南京大学出版社2002年版。
佘德余:《都市文人——张岱传》,浙江人民出版社2006年版。
故宫博物院编:《徐邦达集》,紫禁城出版社2006年版。
蒋星煜:《西厢记的文献学研究》,上海古籍出版社1997年版。
顾诚:《南明史》,光明日报出版社2011年版。
谢正光、范金民编:《明遗民录汇辑》,南京大学出版社1995年版。
黄惇:《中国书法史·元明卷》,江苏教育出版社2002年版。
王庸:《中国书法简史》,北京高等教育出版社2004年版。
周群:《儒释道与晚明文学思潮》,上海书店出版社2000年版。
董捷:《明清刊〈西厢记〉版画考析》,河北美术出版社2006年版。
陈永革:《儒学名臣——刘宗周传》,浙江人民出版社2005年版。
陈传席:《中国绘画美学史》,中国人民美术出版社2002年版。
陈宝良:《明代儒学生员与地方社会》,中国社会科学出版社2005年版。
方志远:《明代城市与城市文学》,中华书局2004年版。
毕建勋、赵力主编:《学问与传承——薛永年教授70寿诞从学50载执教30年祝贺文集》,河北美术出版社2011年版。
郭孟良:《晚明的商业出版》,中国书籍出版社2011年版。
毛文芳:《图成行乐:明清文人画像题咏析论》,台湾学生书局2008年版。
陈平原、杜玲玲编:《追忆章太炎》,三联书店2009年版。
黄汝成:《日知录集释》,花山文艺出版社1990年版。
孔定芳:《清初遗民社会——满汉异质文化整合视野下的历史考察》,湖北人民出版社2009年版。

[美]高居翰:《气势撼人——十七世纪中国绘画中的自然与风格》,石头出版股份有限公司1982年版。

［美］翁万戈编著：《陈洪绶》，上海人民美术出版社1997年版。

2. 学位论文

冯勇：《陈继儒书法年表及相关问题研究》，南京师范大学2006年硕士学位论文。

赵素文：《祁彪佳研究》，浙江大学2003年博士学位论文。

朱天曙：《周亮工及其〈印人传〉研究》，南京艺术学院2006年博士学位论文。

孟晗：《周亮工年谱》，广西师范大学2007年硕士学位论文。

李灿朝：《明末清初越中文人及文学研究》，浙江大学2008年博士学位论文。

王磊：《米万钟其人其书》，山西师范大学2009年硕士学位论文。

吴庆晏：《孟称舜研究》，年华东师范大学2009硕士学位论文。

武影：《孟称舜戏剧研究》，安徽师范大学2005年硕士学位论文

王小梅：《从书画鉴定角度看蓝瑛绘画风格之流变》，中央美术学院1996年硕士学位论文。

万梦蕊：《明代〈水浒传〉传播初探》，华东师范大学硕士学位论文2006年。

［美］Anne Burkus（安璞）, *The Artefacts of Biography in Chen Hongshou's Pao-Lun-t'ang chi*, University of California, Berkeley, 1987.

［美］Tamara Heimarck Bentley, *Authenticity in a New Key: Chen Hongshou's Figurative Oeuvre, "Authentic Emotion," and the Late Ming Market*, Ph.D.diss., University of Michigan, 2000.

［美］Hsing-li Tsai, *Chen Hongshou's Elegant Gathering: A Late Ming Pictorial Manifesto of Pure Land Buddhism*, Ph.D.diss., University of Kansas, 1997.

3. 期刊论文

［日］小林宏光：《陈洪绶版画创作研究》，《朵云》第68集，上海书画出版社2009年版。

许文美：《论陈洪绶版画〈张深之正北西厢秘本〉中的仕女形象》，《朵云》第68集，上海书画出版社2009年版。

冯幼衡：《陈洪绶的仕女画——晚明女性内涵的反思与新境》，《故宫学

术季刊》2009 年第 27 卷第 2 期。

吕晓：《陈洪绶的〈陶渊明故事图〉——兼论陈洪绶与周亮工的交往》，《荣宝斋》2004 年第 5 期。

凌利中：《陈洪绶琐考》，《上海文博论丛》2008 年第 12 期。

董捷：《燕云读书札记——晚明版画史文献新证二则》，《新美术》2011 年第 4 期。

朱良志：《陈洪绶的"高古"》，《中国书画》2011 年第 4 期。

朱良志：《无生法忍与陈洪绶的高古画境》，《学海》2011 年第 4 期。

邱稚亘：《〈杨升庵簪花图轴〉在陈洪绶簪花人物画中的定位》，《朵云》第 68 集，上海书画出版社 2009 年版。

林宜蓉：《理想的顿挫与现世的抉择——陈洪绶"狂士画家"生命形态之开展》，《朵云》第 68 集，上海书画出版社 2009 年版。

王正华：《女人、物品与感官欲望：陈洪绶晚期人物画中江南文化的呈现》，《近代中国妇女史研究》第 10 期。

王正华：《从陈洪绶的〈画论〉看晚明浙江画坛》，《朵云》第 68 集，上海书画出版社 2009 年版。

王梁维：《中国画史上的戾家与行家》，《学术界》2001 年第 8 期。

李玉珉：《明末罗汉画中的贯休传统及其影响》，《故宫学术季刊》2004 年第 22 卷第 1 期。

石守谦：《由奇趣到复古——十七世纪金陵绘画的一个切面》，《故宫学术季刊》1998 年第 15 卷第 4 期。

曹连明：《闲话纸牌》，《紫禁城》1990 年第 6 期。

朱纪：《戳子·仿单·马吊牌》，《浙江工艺美术》2008 年第 9 期。

李乔：《笔挟风霜的〈点将录〉》，《炎黄春秋》2006 年第 8 期。

廖可斌：《〈水浒〉与明代的"〈水浒〉热"》，《浙江学刊》1990 年第 1 期。

王世华：《论魏忠贤专权》，《安徽师范大学学报》（哲学社会科学版）1980 年第 4 期。

齐鲁青：《明代〈水浒〉批评的理论演进轨迹》，《内蒙古大学学报》1996 年第 2 期。

李斌：《论陈眉公艺术形象的变迁》，《求索》2010 年第 7 期。

蒋寅：《遗民与贰臣：易代之际士人的生存或文化抉择——以明清之际为中心》，《社会科学论坛》2011年第9期。

周颢：《〈考古图〉及其类似古器物图谱与陈洪绶的绘画造型》，《国画家》2006年第9期。

陈昭珍：《明代书坊之研究》，《古典文献研究辑刊》，花木兰文化出版社2007年。

孔定芳：《论遗民之出处》，《历史档案》2009年第1期。

潘洪钢：《从冲突、妥协到融合——清初剃发易服过程中的几个小故事》，《紫禁城》2011年第7期。

李兰：《陈洪绶〈雅集图〉卷考》，《上海博物馆集刊》2012年第12期。

吴斌：《陈洪绶是节义之士？》，《武英书画》2015年第146期。（《武英书画》微信公众号）

刘晞仪：《陈洪绶"失节"问题和民本思想》，《武英书画》2015年第153期、第154期。（《武英书画》微信公众号）

附录

图表 1　陈洪绶版画《水浒叶子》中的水浒人物及赞语[①]

水浒人物	陈洪绶版画《水浒叶子》赞语
宋江	万万贯，呼保义宋江，刀笔小吏，尔乃好义
吴用	九万贯，智多星吴用，彼小范老，见人不畜，曳石悲歌，张元吴昊
卢俊义	九文钱，玉麒麟卢俊义，积粟千斛赀盗粮，积钱万贯无私囊
关胜	六十万贯，大刀关胜，轶伦超群，髯之后昆，拜前将军
小七	四十万贯，活阎罗阮小七，还告身，渔于津，养老亲
刘唐	三文钱，赤发鬼刘唐，民脂民膏，我取汝曹，泰山一掷等鸿毛
张清	三百子，没羽箭张清，唐卫士，烈炬死，庙貌而祀，一羊一豕
燕青	八百子，浪子燕青，子何不去，惜主不忍
张顺	四万贯，浪里白跳张顺，生浔阳，死钱塘
鲁智深	空没文，花和尚鲁智深，老僧好杀，昼夜一百八
武松	八万贯，行者武松，申大义，斩嫂头，啾啾鬼哭鸳鸯楼
呼延灼	二十万贯，双鞭呼延灼，将门之子，执鞭令史
李俊	七十万贯，混江龙李俊，居滨海，有民人
史进	八十万贯，九纹龙史进，众人皆欲杀，吾意独怜才
花荣	百万贯，小李广花荣，嗟嗟王人，嗟嗟贼臣
秦明	八文钱，霹雳火秦明，族尔家，乌乎义，忍哉匹夫终不贰
黑旋风	九十万贯，黑旋风，杀四虎，奚足闻，悔不杀封使君
柴进	九百子，小旋风柴进，哀王孙，孟尝之名，几灭门
雷横	三十万贯，插翅虎雷横，好勇斗狠，以危父母，赖兹良友
戴宗	一文钱，神行太保戴宗，南走胡，北走越
索超	一百子，急先锋索超，仗斧钺，将天罚

[①] 据李一氓旧藏本 上海人民美术出版社影印本 1980 年。

续表

水浒人物	陈洪绶版画《水浒叶子》赞语
杨志	三万贯,青面兽杨志,玩好不入,安用世及
董平	二百子,双枪将董平,一笑倾城,风流万户为董平
解珍	五百子,两头蛇解珍,赴义而毙,提携厥弟
朱仝	千万贯,美髯公朱仝,许身走孝子,黔面不为耻
穆弘	六万贯,没遮拦穆弘,斩木折竿,白昼入市,终不令仲孺得独死
石秀	七百子,拼命三郎石秀,防危于未然,见事于机先
徐宁	五文钱,金枪手徐宁,甲胄以卫身,好之以陷人
李应	五万贯,扑天雕李应,牵牛归里,金生粟死
林冲	七万贯,豹子头林冲,美色不可以保身,利器不可以示人
公孙胜	半文钱,入云龙公孙胜,出入绿林,一清道人
顾大嫂	五十万贯,母大虫顾大嫂,提葫芦,唱鹧鸪,酒家胡
朱武	二万贯,神机军事朱武,师尚父,友孙武
安道全	一万贯,神医安道全,先生国手,提囊而走
施恩	六百子,金眼彪施恩,武松不死,彼燕太子
扈三娘	四百子,一丈青扈三娘,桃花马上石榴群,锦伞英雄娘子军
樊瑞	七文钱,混世魔王樊瑞,鬼神为邻,云水全真
萧让	六文钱,圣手书生萧让,用兵如神,笔舌杀人
时迁	四文钱,鼓上蚤时迁,生吝施与,死而厚葬,尔乃取之。速朽之言良不妄
孙二娘	二文钱,母夜叉孙二娘,杀人为市,天下趋之以为利

图表2　王绍徽《东林点将录》中与水浒人物对应名单①

水浒人物	王绍徽《东林点将录》对应人物
宋江	总兵都头领天魁星及时雨大学士叶向高
吴用	掌管机密军师天机星智多星左谕德缪昌期
卢俊义	总兵都督头领天罡星玉麒麟吏部尚书赵南星
关胜	马军五虎将天勇星大刀手左都御史杨涟
小七	马步三军头领天败星活阎罗江西道御史方震孺
刘唐	马步三军头领天异星赤发鬼左通政司刘宗周
张清	马军八骠骑天捷星没羽箭陕西道御史蒋允仪
燕青	守护中军大将天巧星浪子左春坊谕德钱谦益
张顺	分守南京汛地头领天损星浪里白跳南京吏部郎中王象春
鲁智深	马步三军头领天孤星花和尚兵部左侍郎李瑾
武松	守护中军大将天伤星武行者左都御史邹元标
呼延灼	马军五虎将天威星双鎗将太仆寺少卿周朝瑞
李俊	守护中军大将天寿星混江龙大学士刘一燝
史进	守护中军大将天微星九纹龙大学士韩爌
花荣	马军八骠骑天英星小李广福建省道御史李应昇
秦明	马军五虎将天猛星霹雳火大理寺少卿惠世扬
黑旋风	正先锋天杀星黑旋风吏科都给事中魏大中
柴进	守护中军大将天贵星小旋风右都御史曹于汴
雷横	马军八骠骑天退星插翅虎浙江道御史夏之令
戴宗	总探声息走报机密头领天速星神行太保尚宝司丞吴尔成

---

① ［明］王绍徽:《东林点将录》,四库全书存目丛书编纂委员会编:《四库全书存目丛书》第107册,齐鲁书社影印本1997年版,第692—695页。

续表

水浒人物	王绍徽《东林点将录》对应人物
索超	马军八骠骑天空星急先锋山东道御史黄尊素
杨志	左右先锋天暗星青面兽浙江道御史房可壮
董平	马军五虎将天立星双鞭将河南道御史袁化中
解珍	马步三军头领天暴星两头蛇兵部右侍郎孙居相
朱仝	马军八骠骑天满星美髯公刑科给事解学龙
穆弘	马军八骠骑天凶星没遮拦吏科给事中刘宏化
石秀	马步三军头领天慧星拚命三郎刑部尚书王纪
徐宁	马步三军头领天佑星金鎗手右佥都御史徐良彦
李应	掌管钱粮头领天富星扑天雕礼部主事贺烺
林冲	马军五虎将天雄星豹子头左佥都御史左光斗
公孙胜	掌管机密军师天闲星入云龙左都御史高攀龙
顾大嫂	四方打听邀接来宾头领地阴星母大虫翰林院检讨顾锡畴
朱武	协同参赞军务地机星神机军师礼部员外郎顾大章
安道全	马步三军头领地灵星神医手云南道御史胡良机
施恩	马步三军头领地伏星金眼彪湖南道御史刘其忠
扈三娘	四方打听邀接来宾头领地慧星一丈青吏部员外郎孙必显
樊瑞	镇守南京正将地煞星混世魔王操江右佥都御史熊明遇
萧让	四方打听邀接来宾头领地文星圣手书生翰林院修撰文震孟
时迁	捧把帅字旗将校地贼星鼓上蚤内阁中书汪文言
孙二娘	四方打听邀接来宾头领地壮星母夜叉礼部右侍郎张鼐

图表 3 陈洪绶交游简表

一、越中五大家族

1. 本族——枫桥陈氏

姓名	生卒年	生平	备注
陈寔：始祖。	104—187	陈氏始祖，曾为汉太邱①	
陈寿：字元冈，陈洪绶十四世祖	1106—1178	绍兴五年（1135）寿公中特奏名进士除庆元路州学政教授，迁翰林经谕。绍兴二十年（1150）因上疏言胡寅无罪，不当斩，忤秦桧，遂以疾辞官。迁至枫桥②	
陈策：字汉臣，寿五世孙，陈洪绶九世祖	1298—1359	始事安阳韩性，后学于许白云为入室弟子。友同邑胡一中刻意讲学，绍兴路总管泰不华荐为稽山书院山长，不久辞归。元末伪汉據州，其将吴华屯干溪胁策受伪官不屈遇害③	
陈玭：字季玉，别号慕椿，陈洪绶八世祖	1332—1409	陈玭博览群书，为文每有惊人句。晚年造"日新楼"，藏古今图书及先世遗文。④ 开陈氏家族藏书之先河	

---

① 陈炳荣主编：《诸暨枫桥宅埠陈氏宗谱》，萃伦堂珍藏版 2008 年版，第 4 页。
② 陈炳荣主编：《诸暨枫桥宅埠陈氏宗谱》，萃伦堂珍藏版 2008 年版，第 10 页。
③ 陈炳荣主编：《诸暨枫桥宅埠陈氏宗谱》，萃伦堂珍藏版 2008 年版，第 93 页。
④ 陈炳荣主编：《诸暨枫桥宅埠陈氏宗谱》，萃伦堂珍藏版 2008 年版，第 105—106 页。

续表

姓名	生卒年	生平	备注
陈翰英：字廷献，号松斋，陈洪绶五世祖	1426—1515	景泰癸酉（1453）举人，官南雄府同知。曾平流贼江太师，修城守郡等。李东阳为之撰《政绩记》①	
陈元功：字应武，一字康伯，号柏轩，陈翰英第四子，陈洪绶四世祖	1494—1534	累试不第，正德八年（1513）应例仕德藩典膳。构"阳明书屋"，种梅千树，所著《柏轩集》《东泉日草》等②	
陈衮：字懋贤，号文峰，间称碧崖，陈洪绶高祖	1487—1553	正德丁卯（1507）补邑弟子员，庚午（1510）为补增广生，癸酉（1513）饩于泽宫。嘉靖壬午（1522）后援例入太学，乙酉（1525）应顺天乡试亦不偶。后不复举子业③	
陈鹤鸣：字子声，自号闻野，陈洪绶曾祖	1526—1603	官扬州经历，累诰封通奉大夫，广东布政使司左布政使④	
陈性学：字所养，号还冲，陈洪绶祖父	1546—1613	万历丁丑（1577）进士，官至陕西左布政使。所著颇丰，有《边防筹略》《西台疏草》《光裕堂集》《紫英山房藏稿》等⑤	

---

① 陈炳荣主编：《诸暨枫桥宅埠陈氏宗谱》，萃伦堂珍藏版 2008 年版，第 93—94 页。
② 陈炳荣主编：《诸暨枫桥宅埠陈氏宗谱》，萃伦堂珍藏版 2008 年版，第 174 页。
③ 陈炳荣主编：《诸暨枫桥宅埠陈氏宗谱》，萃伦堂珍藏版 2008 年版，第 111 页。
④ 陈炳荣主编：《诸暨枫桥宅埠陈氏宗谱》，萃伦堂珍藏版 2008 年版，第 174—175 页。
⑤ 陈炳荣主编：《诸暨枫桥宅埠陈氏宗谱》，萃伦堂珍藏版 2008 年版，第 114—116 页。

续表

姓名	生卒年	生平	备注
陈于朝：字叔达，号蠹溟，陈洪绶父亲	1573—1606	陈于朝少时与徐渭成忘年交，书法得到徐渭的指点。喜屠隆之贝典、好陈继儒之文。后崇信佛氏，主张三教合一之论。① 与屠隆通信往来，探讨佛教问题。专门写信请求借屠隆家中所藏大师画像临摹②	
陈氏：陈性学幼女	1579—1659	三十一岁守寡，守节五十年，八十一岁卒。其夫骆方至生于1580年，儿子骆绍，字周臣，生于1603年。陈骆两家从陈鹤鸣与骆问礼（骆方至祖父）开始便为莫逆之交，两家多有联姻③	陈洪绶为陈氏画《宣文君授经图》祝寿
陈心学：字怀宇，与性学同辈		嘉靖甲子（1564）补博士员。④ 山阴文人徐渭有诗称颂其文采⑤	
陈善学：字渊止，号豫庵，陈洪绶之三叔	1579—1635	万历壬子（1612）举人，官五河县知县⑥	明崇祯元年戊辰（1628）六月，陈洪绶为陈善学作人物山水册十二幅⑦

---

① 陈炳荣主编：《诸暨枫桥宅埠陈氏宗谱》，萃伦堂珍藏版2008年版，第179—180页。
② ［明］陈于朝：《苧萝山稿》卷四，万历四十三年越郡陈氏刻本，第46b—47b页，第60a—60b页，第63a—64页。
③ 关于陈洪绶姑母的考证详见吴斌《陈洪绶是节义之士？》，《武英书画》第146期。民国会庆堂《枫桥骆氏宗谱》藏浙江大学西溪校区图书馆。陈氏生平见《枫桥骆氏宗谱》第五本收录来宗道所写《陈儒人传》。关于骆方至，《枫桥骆氏宗谱》第三本收录陈性学撰写的《灌河公传》。
④ 陈炳荣主编：《诸暨枫桥宅埠陈氏宗谱》，萃伦堂珍藏版2008年版，第119页。
⑤ 陈炳荣主编：《诸暨枫桥宅埠陈氏宗谱》，萃伦堂珍藏版2008年版，第120页。
⑥ 陈炳荣主编：《诸暨枫桥宅埠陈氏宗谱》，萃伦堂珍藏版2008年版，第120页。
⑦ ［清］金瑗：《十百斋书画录》，卢辅圣主编：《中国书画全书》第7册，上海书画出版社1993年版，第606页上栏。

续表

姓名	生卒年	生平	备注
陈洪绪：一名胥邕，字亢侯，陈洪绶之兄	1593—1642	杭州府学增庠生，例贡，同修宗祠，纂族谱。组织刊刻陈于朝《苎萝山稿》，为来斯行刊刻《粤游诗》，还刻有《花蕊夫人宫中词》。《粤游诗》和《花蕊夫人宫中词》两书由陈洪绶作序	
陈胥宛：陈洪绶之妹		嫁来宗道之子来咨諏	
胡净鬘：陈洪绶妾，扬州人		善画草虫花鸟①	
陈洪诺：字季良，号良庵，陈于埠幼子，陈洪绶堂弟	？—1658	明邑庠生②	
楼月德：字端清，陈良庵妻	1599—1651		陈于来题陈洪绶画《楼月德像》，记楼月德事迹
陈庚卿：陈洪绶同族兄弟			《宝纶堂集》有《赠陈庚卿入国子学序》
陈义桢：字不害，幼名尾豹，陈洪绶长子	1626—？	早逝	

---

① 陈炳荣主编：《诸暨枫桥宅埠陈氏宗谱》，萃伦堂珍藏版2008年版，第103页。
② 陈炳荣主编：《诸暨枫桥宅埠陈氏宗谱》，萃伦堂珍藏版2008年版，第134—135页。

续表

姓名	生卒年	生平	备注
陈峙桢：更名稷，字子谷，幼名师子，陈洪绶仲子	1628—？	太学生	
陈楚桢：字子晋，幼名羔羊，陈洪绶三子	1630—？		
陈字：初名儒桢，小名鹿头，字无名，又字名儒，号小莲，陈洪绶四子	1634—？	太学生，考授州同知。为陈洪绶画风重要传人。收集陈洪绶散佚诗文，编为《宝纶堂集》①	
陈芝桢：字子政，陈洪绶五子	1635—？	早逝	
陈道桢：字仲玉，陈洪绶六子	1637—？	早逝	
陈道蕴：陈洪绶女	1623—	善画，陈洪绶画风之传人②	

2. 妻族——长河来氏

萧山来氏源于春秋莱国（今山东黄县东）。公元前507年被灭，故去草为"来"。其祖来廷绍者，字平山，河南鄢陵人，系北宋刑部侍郎来之邵之曾孙，举家南迁。廷绍中宋光宗绍熙四年（1193）陈亮榜进士，南宋嘉泰二

---

① 黄涌泉：《陈洪绶年谱》人民美术出版社1960年版，第157—158页。陈炳荣主编：《诸暨枫桥宅埠陈氏宗谱》，萃伦堂珍藏版2008年版，第98页。
② 陈炳荣主编：《诸暨枫桥宅埠陈氏宗谱》，萃伦堂珍藏版2008年版，第103页。

年（1202），以直龙图阁学士进阶宣奉大夫、出知绍兴府事，未至府治而卒于萧山祇园僧舍，长子来师安始居长河，其后裔遂在此聚居繁衍。

姓名	生卒年	生平	备注
来斯行：字道之，别号马湖，来氏四房第十四世，陈洪绶岳父	1567—1633	登万历丙午（1606）丁未（1607）榜，授刑曹。典试西粤，历升登莱道。因仲子燕禧擒徐鸿儒而升少参，移贵阳总宪。平田阿秧之乱，晋福建右布政使。所著有《胶莱末议》《槎庵小乘》《经史典奥》《槎庵诗集》等①	陈于朝《苧萝山稿》有来斯行所写《奠章》详记陈洪绶与来氏成婚经过。② 来斯行为陈洪绶画作题诗多首。③ 曾鲸绘制《方伯马湖来公像赞》
来彭禧：字商老，来斯行长子	1691—1670	斯行历仕途，得其（彭禧）筹佐居多。以太学生恩例授太平通判，晚称商山老人。疏于财，不屑龌龊为生计。肆筵广席，谈辩风生。长笺大疏未尝假手。善书法。喜作诗，效白傅体④	陈洪绶写《行书归萧山诗扇页》⑤

---

① 《民国萧山县志稿》卷十四，《中国地方志集成·浙江府县志辑11》，上海书店1993年版，第581下—582上页。[清]来鸿瑢等纂修：《萧山来氏家谱》《家乘贰》卷二，萧山来氏会宗堂清光绪二十六年，第3a—5a页。
② [明]陈于朝：《苧萝山稿》《奠章》，万历四十三年越郡氏刻本，第9a—13a页。
③ [明]来斯行：《槎庵诗集》卷八，明末百顺堂刻本，第4b页。
④ 《民国萧山县志稿》卷十五，《中国地方志集成·浙江府县志辑11》，上海书店1993年版，第589页上栏。[清]来鸿瑢等纂修：《萧山来氏家谱》《家乘贰》卷二，萧山来氏会宗堂清光绪二十六年，第27a—30a页。
⑤ 《南陈北崔——故宫博物院上海博物馆藏陈洪绶崔子忠书画集》，上海书画出版社2008年版，第43页。

续表

姓名	生卒年	生平	备注
来吕禧：字西老，来斯行季子		工诗善绘事。游于京，无所遇，借丹青自给，名稍稍四驰。然性懒，家稍有赢余，不复肯措笔。绢素叠积，阅列肆中。觅青田冻石之佳者，市以归，摩挲玩弄。少焉，和墨伸纸，点染数笔，成一木一石，则旋卷而庋之阁，曰："可饮酒矣。"故人病其简慢，索画不可即得，必阅月逾时，求者稍阑珊矣①	《越画见闻》记："来吕谦字西老，萧山人，善花鸟师陈洪绶。"② 来吕谦为来吕禧之误
来宗道：字子由，号路然，来氏五房第十四世	1574—？	万历癸卯（1603）甲辰（1604）联隽选授庶常。万历乙卯（1615）以检讨典试闽闱。万历戊午（1618）以右善典试南闱。天启乙丑（1625）以谕德奉使肃藩，天启丙寅（1626）转南礼部尚书，天启丁卯（1627）转北礼部尚书。后因阉党之罪被贬为庶民③	来宗道作《陈于朝墓志铭》④

---

① 《民国萧山县志稿》卷二十一，《中国地方志集成·浙江府县志辑11》，上海书店1993年版，第671页上栏。
② ［清］陶元藻：《越画见闻》，卢辅圣主编：《中国书画全书》第10册，上海书画出版社1993年版，第774页下栏。
③ ［清］来鸿瑨等纂修：《萧山来氏家谱》《家乘贰》卷二，萧山来氏会宗堂清光绪26年，第6a—9a页。
④ 陈炳荣主编：《诸暨枫桥宅埠陈氏宗谱》，萃伦堂珍藏版2008年版，第179页。

续表

姓名	生卒年	生平	备注
来咨诹：来宗道之子		来咨诹原配为钱氏，另有两个副室：一许氏，一陈氏①	
来亢生：名绍曾，字茗山，一字亢生，与陈洪绶同辈		为崇德县学训导。来集之撰《崇德儒学训导亢生君传》②	
来鲁直：来氏五房第十四世，与来宗道同辈		来鲁直之文学才情受到来宗道、来斯行等人的敬佩。虽未能获取功名，但是其书法文章却为时人所重。为人风流倜傥，有孝心义行③	陈洪绶曾应鲁直之子来咨隆之请，为来鲁直及其夫人画《来鲁直小像》及《来鲁直夫人行乐图》
来风季：讳道巽，来氏大房第十六世，与陈洪绶同辈	1585—1636	来风季年幼丧双亲，比陈洪绶年长二十多岁，两人为忘年交④	陈洪绶在十九岁时跟随来风季学《离骚》，并为之画《九歌》十一幅。崇祯十一年（1638）来钦之作《楚辞述注》以九歌图为插图，陈洪绶为之写序

① 李一氓：《书崇祯来钦之刊陈洪绶绘插图本〈楚辞〉后》，《一氓书缘》，三联书店2007年版。
② [清] 来鸿璟等纂修：《萧山来氏家谱》《家乘贰》卷二，萧山来氏会宗堂清光绪二十六年，第23b页。
③ [清] 来鸿璟等纂修：《萧山来氏家谱》《赠言贰》卷四，萧山来氏会宗堂清光绪二十六年。
④ [清] 来鸿璟等纂修：《萧山来氏家谱》《家乘贰》卷二，萧山来氏会宗堂清光绪二十六年，第42a页。

续表

姓名	生卒年	生平	备注
来蕃：字成夫，为来家第二房第十五世	1698—1655	《明遗民诗》卷十五记："来氏族甲第大，蕃鄙其轩冕，独居贫乏。鹑衣百结，每行游，书笔自携纳满袖。纍纍俨五石匏。遇故人当意，拱挹避道左。语不当意，去。尝与其徒谈古今兴废得失，及汉魏以来理学艺文人物，彻三昼夜。及遇轩冕与不当意人，终日不出一语，问之间亦不对。以故值蕃者多卜其语嘿，以示臧否。幼精六书，为文雄博颉骜，每道东汉人物，盖以自况。"①	来蕃入蕺山弟子籍②
来集之：字元成，来氏四房第十六世	1604—1682	崇祯庚辰（1640）进士。司李皖城，时张献忠乱，来集之披诚开导，给予全饷，镇兵乃安。南明福王时，官至太常寺少卿。南明弘光政权覆灭后，隐居倘湖之滨，课耕读以自给③	

3. 好友——山阴张氏

张岱家族即历史悠久，其祖张浚《宋史》有传，为魏国公，卒后又赠太师，谥号忠献。其后多出显贵，如张浚五世孙为张震，乾道己丑

---

① ［清］来鸿瑨等纂修：《萧山来氏家谱》《赠言四》卷四，萧山来氏会宗堂清光绪二十六年。
② ［明］董玚：《蕺山弟子籍》，《刘宗周全集》第六册附录，浙江古籍出版社2007年版，第614页。
③ ［清］来鸿瑨等纂修：《萧山来氏家谱》《赠言三》卷四，萧山来氏会宗堂清光绪二十六年。

（1169）年登进士，为右司郎官。其子张远猷为绍兴府知府，至此张氏家族聚居于此。

姓名、字号	生卒年	生平	备注
张天复：字复亨，号内山，一号初阳，晚年更号镜波钓叟	1513—1574	二十岁为秀才，嘉靖二十六年（1547）成进士，三十九年（1560）官至江西右参政。嘉靖四十一年（1562）以考察左调云南副使。得罪云南沐氏，在平定云南独立时，被诬"逮对云南""累羁侯者月余"而被捕入狱。出狱后颓废放浪，六十二岁猝死①	
张元汴：号阳和，与陈洪绶四世祖陈元功一辈	1538—1588	嘉靖三十五年（1556）为诸生，三十七年（1558）举于乡。与徐渭深交。参编了《绍兴县志》《会稽县志》②	
张汝霖：号雨若，张元汴子	1557—1625	张汝霖年少时便能指出徐渭文章之误。为官时颇蓄声妓。磊块之余，辄以丝竹陶写。在夫人去世后，他尽遣姬妾，独居在天镜园，藏书万卷③	
张耀芳：字尔弢，号大涤，张汝霖长子	1574—1632	喜好帖括，沉浸其中四十年④	

---

① 佘德余：《张岱家世》，北京出版社2004年版，第9—10页。
② 佘德余：《张岱家世》，北京出版社2004年版，第17—18页。
③ ［明］张岱著，云告点校：《琅嬛文集》，岳麓书社1985年版，第160—164页。
④ ［明］张岱著，云告点校：《琅嬛文集》，岳麓书社1985年版，第164—167页。

续表

姓名、字号	生卒年	生平	备注
张岱：又名维城，字宗子，又字石公，号陶庵、天孙，别号蝶庵居士，晚号六休居士，张汝霖孙、张耀芳子	1597—1679	在二十余岁左右考中秀才。但省试几次都败北。有具体记载的是1636年三月到杭州乡试，因为"格不入试"而败北。① 张岱青年时期喜结诗社，又喜戏剧。明亡后隐居剡溪山。著述极多②	张岱在《祭周戬伯文》："余好诗词，则有王予庵、王白岳、张毅儒为诗学知己。余好书画，则有陈章侯、姚简叔为字画知己……"③
张平子：名峄，为张岱二弟④		生平不详	《宝纶堂集》有《张平子品山拈序》，陈洪绶1630年为张峄乔迁新居而作画。⑤ 平子入蕺山弟子籍⑥

---

① 胡益民：《张岱评传》，南京大学出版社2002年版，第38页。
② ［明］张岱著，夏咸淳点校：《张岱诗文集》，上海古籍出版社1991年版，第418—419页。
③ ［明］张岱著，云告点校：《琅嬛文集》，岳麓书社1985年版，第274—275页。
④ 佘德余：《张岱家世》，北京出版社2004年版，第69页。张氏兄弟中张峄与张陛的排名，主要依据佘德余《张岱家世》一书，作者未见原始文献，姑且引用。
⑤ 黄涌泉编著：《陈洪绶年谱》，人民美术出版社1960年版，第42页。
⑥ ［明］董玚：《蕺山弟子籍》，《刘宗周全集》第六册附录，浙江古籍出版社2007年版，第614页。

续表

姓名、字号	生卒年	生平	备注
张岷：字山民，张岱之季弟	1605—1665	张岷在文学上古诗深厚古拙，出入晚唐。喜收受古书善本、鉴别古玩。每见张岱之文章都能做到："必彻髓洞筋，搔着痛痒。"① 张岱有《季弟山民像赞》②	
张陛：字登子，号小隐山人，张岱之弟		以贡生授内阁撰文中书兼翰林侍书。顺治二年（1645）补镇江推官。八年（1651）抵广东任四会县令，旋调博罗。康熙十五年（1676）授延平府同知，署邵武府，兼沙邑令，后卒于官③	吴其贞《书画记》卷五记有其收藏之画，可一窥其收藏之行为，又可补张陛之生平④
张联芳：字尔葆，又字葆生，号二酉，张汝霖仲子	？—1643	官扬州司马，分署淮安。崇祯癸未（1643），李自成破河南，练乡兵守清江浦，以积劳致疾而卒。张尔葆擅长花鸟与山水画。花鸟学黄荃一路。因受到舅舅朱石门影响，痴迷收藏。在龙山造一精舍藏其鼎彝玩好。死后，其子张萼初将家藏散尽⑤	陈洪绶为张尔葆之女婿，且随其习画

---

① 佘德余：《张岱家世》，北京出版社2004年版，第70页。
② ［明］张岱著，云告点校：《琅嬛文集》，岳麓书社1985年版，第249页。
③ 佘德余：《张岱家世》，北京出版社2004年版，第72页。
④ ［清］吴其贞，邵彦点校：《书画记》，辽宁教育出版社2000年版，第196页。
⑤ ［明］张岱著，云告点校：《琅嬛文集》，岳麓书社1985年版，第168—170页。

续表

姓名、字号	生卒年	生平	备注
张萼初：字介子，又字燕客，张尔葆子	？—1646	因张萼初为家中的独子，被母亲溺爱，而养成了"躁暴鳌拗"的性格。七岁入学能书，过口即能成诵。喜欢修补古器。参加抗清，于1646年以死殉国①	《宝纶堂集》有赠萼初之诗，且两人有书画往来②
张佳：字宜仲，又字名子，生平不详		《张岱诗秕》卷四中有《赠名子弟（病易四年）二首》。祁彪佳《寓山注》有其诗③	明亡后，在经济上接济陈洪绶。《宝纶堂集》有诗为记
张墨妙：为张氏家族九山伯子（九山伯待考）④		生平不详	顺治五年（1648）的正月初八，陈洪绶画《古木竹石图》相赠⑤
释弘礼：字具德，绍兴人，为张岱族弟	1600—1668	初为锻工，后跟随临济宗三峰月臧禅师研习佛法。受刘宗周之请主持广孝寺，又至庆云、地藏、天宁等寺弘扬佛法。后主持灵隐寺，灵隐寺于1640年被大火所毁，弘礼广募钱财，重新修建，于1660年方完工⑥	陈洪绶《问道图》中专绘弘礼具德肖像

① [明]张岱著，云告点校：《琅嬛文集》，岳麓书社出版1985年版，第183—186页。
② [明]陈洪绶：《杂画册》之《枯枝黄鸟》册 纸本 水墨 设色 24.3厘米×31.2厘米 台北故宫博物院藏。
③ 佘德余：《张岱家世》，北京出版社2004年版，第74页。
④ 佘德余：《张岱家世》，北京出版社2004年版，第74页。
⑤ 《大风堂书画录》，民国铅本，"陈章侯枯木竹石"第35b页。
⑥ 衡阳喻谦昧庵氏编辑：《清杭州灵隐寺沙门释弘礼传》，白化文、张智主编：《中国佛寺志丛刊》，广陵书社2006年版，第8661—8663页。

4. 好友——梅墅祁氏

梅墅位于绍兴城南,离城七公里,地尽柯桥,南傍古鉴湖,北滨浙东古运河,村中祁姓约占三分之一。梅墅在绍兴并不大,但历史悠久,汉时为梅福隐居之地。祁氏祖先为陕西韩城人,有名安禄,字天爵士,号关望者,于宋建炎中,随高宗赵构南渡至绍兴,始居梅墅。祁氏第四世、第五世连续为进士为之后祁家成为名门望族打下基础。八世祁汝森开始藏书,开祁氏一门藏书之先河。

姓名	生卒年	生平	备注
祁承㸁:字尔光,初号越凡,更号夷度,称旷翁,又称密士老人,为祁汝森子	1563—1628	万历二十八年(1600)寄籍顺天参加乡试中举。万历三十二年(1604),参加会试,获进士衔。万历三十三年(1605)选宁国令。万历三十五年(1607)调常州任知县。后又至沂州、宿州任官。天启二年(1622)九月任兵部员外郎。喜藏书,建藏书楼曰澹生堂。著有《澹生堂书约》《聚书训》。编写购书目《名存录》《苦购录》《广梓录》。编辑《国朝征信丛录》,其中手抄数百卷①	
祁麟佳:字元孺,祁承㸁长子	?—1636	郡庠生。喜戏剧,参与戏剧创作,有《太室山房四剧》,由祁彪佳作序授梓。有诗稿《问天遗草》②	

---

① 张能耿:《祁承㸁家世》,北京出版社2004年版,第26—60页。
② 张能耿:《祁承㸁家世》,北京出版社2004年版,第140—141页。

续表

姓名	生卒年	生平	备注
祁凤佳：字德公，增贡生，祁承㸁次子	？—1643	对藏书最为用心。黄宗羲《天一阁藏书记》记："祁氏旷园之书，初庋家中，不甚发现。余每借观，惟德公知其首尾，按目录而取之，俄顷即得。"①	
祁鸿孙：字奕远，祁凤佳长子	1611—1657	年十七补弟子员。祁鸿孙为戏曲行家，蓄有家优。甲申（1644）之变，祁鸿孙参加郑遵谦组织的江上义师抗清，鲁王监国绍兴时，授兵部尚书职，清吏司员外郎，进阶奉直大夫，赐节盖印绶，出监江上四十八营军事。义师失败后，卒于吴门②	《宝纶堂集》中有多首两人唱和诗词，记明亡以后，祁鸿孙对陈洪绶经济上的资助。陈洪绶《松溪图扇》上有两人共同贺寿之题款③
祁骏佳：字季超，号渥水，祁承㸁三子	1604—1681	明崇祯元年（1628）岁贡，崇祯六年（1633）拔贡入礼部，举进士不第，即将贡牒焚毁，以示不复进去之心。归家后，携家人入居云门山谷万竹园。明亡后，祁骏佳信佛。喜戏剧，创作剧本《鸳鸯锦》④	祁骏佳在绍兴曾请严湛临摹陈洪绶佛像。⑤ 明亡后，祁骏佳为陈洪绶主要赞助人

---

① 黄裳：《银鱼集》，三联书店1985年版，第324页。
② 张能耿：《祁承㸁家世》，北京出版社2004年版，第160—164页。
③ [美]翁万戈编著：《陈洪绶》上册，上海人民美术出版社1997年版，第75页。
④ 张能耿：《祁承㸁家世》，北京出版社2004年版，第143页。
⑤ [明]祁彪佳撰：《祁忠敏公日记》，北京图书馆古籍出版编辑组编：《北京图书馆古籍珍本丛刊》第20册，北京图书馆1998年版，第833页下栏。

续表

姓名	生卒年	生平	备注
祁彪佳：字虎子，又字幼文、弘吉，号世培，别号远山堂主人、寓山居士	1602—1645	天启二年（1622）进士，天启三年（1623）冬，得福建兴化推官。崇祯七年（1634），因得罪首府周延儒而被迫归养绍兴，此间始建"寓园"，并写《越中园亭记》。崇祯十七年（1644）四月，祁彪佳与史可法同迎福王入南都金陵。福王五月监国，祁彪佳升任都察院右佥都御史，留为江南巡抚。后遭马士英诬陷，被迫于顺治元年（1644）十二月引疾归。顺治二年（1645）南都被清兵攻破，祁彪佳拒绝清廷礼聘，此年六月沉水自杀。① 著有《远山堂曲品》和《远山堂剧品》	祁彪佳曾邀陈洪绶观戏。② 还与陈洪绶等人共聚商讨国事。③ 祁彪佳入蕺山弟子籍④
祁理孙：字奕庆，号杏庵，祁彪佳次子	1627—1675	年十五补郡弟子员。甲申（1644）之变后，祁理孙跟随祁彪佳谋议军事。弘光二年（1645）祁彪佳殉节，祁理孙因家中有母亲而未殉节。祁鸿孙参加浙江义军后，祁理孙与祁班孙亦在家中容纳大量抗清复国之士。明亡后山阴梅墅成为以魏耕为首的反清集团之活动据点。祁理孙为藏书家，《奕庆藏书楼书目》5卷流传至今。晚年崇佛，藏书多为沙门赚去。著有《水月斋指月录》三十二卷⑤	《宝纶堂集》中多有陈洪绶在甲申之后与祁理孙往来之诗

① ［明］祁彪佳：《祁彪佳集》，中华书局1960年版，第235—241页。
② ［明］祁彪佳撰：《祁忠敏公日记》，北京图书馆古籍出版编辑组编：《北京图书馆古籍珍本丛刊》第20册，北京图书馆1998年版，第699页上栏。
③ ［明］祁彪佳撰：《祁忠敏公日记》，北京图书馆古籍出版编辑组编：《北京图书馆古籍珍本丛刊》第20册，北京图书馆1998年版，第1075页下栏。
④ ［明］董玚：《蕺山弟子籍》，《刘宗周全集》第六册附录，浙江古籍出版社2007年版，第614页。
⑤ 张能耿：《祁承㸁家世》，北京出版社2004年版，第167—173页。

续表

姓名	生卒年	生平	备注
祁承勳：字尔雅，祁承爜胞弟		庠生，明崇祯元年（1628）选贡。曾任四川潼川州同知，后任陕西布政司都事。著有《梅园小集》①	
祁豸佳：字止祥，号雪瓢，祁承勳长子	1594—1683	屡次参加考试都名落孙山。明亡后隐居山阴梅市。以书画为生。喜欢音律之学。创作剧本《眉头眼角》《玉犀记》等。造"柯园"②	《宝纶堂集》卷五有《寄祁止祥》《祁止祥》两诗，表明两人好友关系
祁熊佳：字文载，祁承勳次子		崇祯九年（1636）天顺举人，崇祯十三年（1640）进士，曾任福建南平知县，召为兵科给事中。辅助福王。清顺治二年（1645）鲁王监国绍兴，祁熊佳参与抗清。抗清失败后，祁熊佳嗜禅，家居数十年以寿终③	《宝纶堂集》有《过祁文载叔侄即用其韵》一诗。祁熊佳入蕺山弟子籍④

5. 绍兴陶氏家族

会稽陶氏为一大望族，源出浔阳，始祖陶岳（1306—1385），字宗杨，行幸五，是晋朝大将军陶侃之孙靖节先生陶渊明的后裔。唐朝末年，连遭战乱，其祖先从浔阳迁居新建。元顺帝时，陶岳离开赣地，在堰南落户。陶岳有子五人，耕读传家，其三子名义，明代诸生，后至台州任鹭州书院山长。成化元年（1465），六世孙陶性中举；弘治三年（1490）陶怿考中进士，官至刑部主事；弘治八年（1495），七世孙陶谐得中解元，次年会试又中进士，累官兵部尚书。

---

① 张能耿：《祁承爜家世》，北京出版社2004年版，第62页。
② 张能耿：《祁承爜家世》，北京出版社2004年版，第150—156页。
③ 张能耿：《祁承爜家世》，北京出版社2004年版，第156—158页。
④ [明]董玚：《蕺山弟子籍》，《刘宗周全集》第六册附录，浙江古籍出版社2007年版，第614页。

姓名	生卒年	生平	备注
陶允嘉：字幼美，号兰风，为会稽陶氏东长房实斋公愷次三支派第十世	1556—1622	任凤阳府通判，加朝列大夫，福建都转运盐使司同知。① 书法得徐渭之称赞。爱好古玩收藏②	
陶崇谦：字长吉，号愚溪，陶允嘉之子	1582—1629	贡生，授运判。③ 有才华，跟随陶望龄与陶奭龄学习④	陶崇谦与张尔葆为姻亲。陶崇谦《镜佩楼诗选》有多首与张尔葆唱和之诗⑤
陶渚：字去病，号秋原，为陶崇谦之子		诸生⑥陶渚在明亡后创立了"废社"，成员有姜绮季、祁理孙、陶履平、陶朗雯等人	陈洪参与过"废社"活动。⑦ 陶渚《文漪堂诗》中有多首写给陈洪绶之诗⑧

---

① ［清］陶元藻：《会稽陶氏族谱》卷八，中国国家图书馆藏，第141a—b页。
② ［清］陶元藻：《会稽陶氏族谱》卷十七，中国国家图书馆藏，第27b—31b页。
③ ［清］陶元藻：《会稽陶氏族谱》卷八，中国国家图书馆藏，第141b页。
④ ［清］陶元藻：《会稽陶氏族谱》卷十八，中国国家图书馆藏，第19a—21a页。
⑤ ［明］陶崇谦：《镜佩楼诗选》，［清］陶介亭编：《清陶氏贤奕书楼丛书》第8册，卷六（抄本），中国国家图书馆藏，第8a页。
⑥ ［清］陶元藻：《会稽陶氏族谱》卷八，中国国家图书馆藏，第30a—32a页。
⑦ ［明］陈洪绶：《宝纶堂集》卷六，康熙三十年刻本，《清代诗文集汇编》，上海古籍出版社2011年版，第709页下栏。
⑧ ［明］陶崇谦：《文漪堂诗》，［清］陶介亭编：《清陶氏贤奕书楼丛书》第11册（抄本），中国国家图书馆藏，第36a页。

续表

姓名	生卒年	生平	备注
陶允宜：字懋中，号兰亭，与陶允嘉为叔伯兄弟	1550—1613	隆庆庚午（1570）经魁，万历甲戌（1574）会魁，历官兵部员外郎	陈于朝有《寄陶兰亭司寇》一信①
陶承学：字子述，号泗桥，陶家南次房介庵公愫长支派中的第九世	1518—1598	嘉靖癸卯（1543）举人，丁未（1547）进士，历官礼部尚书，进阶资德大夫，正治上卿，钦赐舆廪，赠太子太保。遣官祭葬。赐谥恭惠，崇祀乡贤②	
陶望龄：字周望，号石篑，陶承学三子	1562—1609	万历乙酉（1585）乡试第二，己丑（1589）会试第一，殿试一甲三名。历官国子监祭酒，赐谥文简，专祠特祀，并祀乡贤。③ 陶望龄与公安派袁氏三兄弟，四川黄辉等人为好友，在北京聚会谈禅，在当时影响极大	来斯行《槎庵诗集》有《谒陶石篑先生》④
陶奭龄：字君奭号石梁，陶承学四子	1571—1640	万历癸卯（1603）举人，广东肇庆府推官，升山东济宁知州，崇祀乡贤。⑤ 与刘宗周讲学于绍城"石篑祠"及"阳明祠"	来斯行《槎庵诗集》中有多首写给陶奭龄之诗⑥

① ［明］陈于朝：《苧萝山稿》卷四，明万历四十三年越郡陈氏刻本，第59a—60a页。
② ［清］陶元藻：《会稽陶氏族谱》卷十一，中国国家图书馆藏，第2a—5b页。
③ ［清］陶元藻：《会稽陶氏族谱》卷十一，中国国家图书馆藏，第3a页。
④ ［明］来斯行：《槎庵诗集》卷五，明末百顺堂刻本，中国国家图书馆藏，第7b页。
⑤ ［清］陶元藻：《会稽陶氏族谱》卷十一，中国国家图书馆藏，第3b页。
⑥ ［明］来斯行：《槎庵诗集》卷二，明末百顺堂刻本，中国国家图书馆藏，第5a—5b页。卷五，第13b—14a页。

续表

姓名	生卒年	生平	备注
陶履平：字水师，号曙斋，陶奭龄长子，出嗣望龄		官监生考授正七品，①"不就试而归。归则专精著书五经，皆有解义。又尝补字彚订诗余，生平慕唐白居易为人，所作诗近之，而古体尤胜。年七十七犹编缀先世遗稿，未尝少倦"②	陶履平为"废社"成员。陈洪绶写给陶履平信札《行书致水师札》二通③
陶祖龄：字篯祖，号石镜，陶承学五子		廪贡生，封文林郎行人司行人④	
陶履卓：字岸生，号醇庵，陶祖龄次子		崇祯乙亥（1635）拔贡生，壬午（1642）举人，癸未（1643）会魁，授行人司行人，改授翰林院检讨⑤	两人没有直接交往材料。陈洪绶为王毂《匪石堂集》作序，陶岸生作诗评。⑥陶履卓入蕺山弟子籍⑦

---

① ［清］陶元藻：《会稽陶氏族谱》卷十一，中国国家图书馆藏，第3a页。
② ［清］陶元藻：《会稽陶氏族谱》卷十四，中国国家图书馆藏，第6b—7a页。
③ 藏故宫博物院。
④ ［清］陶元藻：《会稽陶氏族谱》卷十一，中国国家图书馆藏，第3a页。
⑤ ［清］陶元藻：《会稽陶氏族谱》卷十一，中国国家图书馆藏，第4b页。
⑥ ［明］王毂：《匪石堂诗》，《上海图书馆未刊古籍稿本》第四十六册，复旦大学出版社2008年版，第31—32页，第38—39页。
⑦ ［明］董玚：《蕺山弟子籍》，《刘宗周全集》第六册附录，浙江古籍出版社2007年版，第614页。

续表

姓名	生卒年	生平	备注
陶朗雯：字天章		未参加科考，为布衣。① 且工书善画②	陶朗雯是"废社"成员。《宝纶堂集》有陈洪绶赠诗

二、五大家族之外的友人

1. 蕺山书院师友、云门十才子、复社友人

姓名	生卒年	生平	备注
刘宗周：本名刘宪章，字宗周，别号念台，又号念太子、念台先生，晚年更号"克念子"，又号蕺山长，蕺山长者，浙江绍兴府山阴县人	1578—1645	明万历二十九年（1601）成进士。母丧，居七年始赴补。天启元年（1621）为礼部仪制司添注主事。首次弹劾魏珰。天启五年（1625）第一次被革职为民。崇祯元年（1628）升任顺天府尹。崇祯三年（1630）回籍调养，后与陶石梁于石篑书院讲学。因为多次上疏直陈朝纲利弊，崇祯九年（1636）第二次被革职为民。崇祯十五年（1642）第三次被革职为民。崇祯十七年（1644），福王监国南京，拜命左都御史职。弹劾马士英，因福王不听劝谏，刘宗周九月返回绍兴。顺治二年（1645）六月杭州失守，绝食而亡。③ 创蕺山学派	1618年前，陈洪绶从学刘宗周。陈洪绶卒后，配享刘宗周祠堂

---

① ［清］陶元藻：《会稽陶氏族谱》卷十四，中国国家图书馆藏，第10b—11a页。
② ［清］陶元藻：《越画见闻》，卢辅圣主编：《中国书画全书》第10册，上海书画出版社1993年版，第769页上栏。
③ ［清］张廷玉等撰：《明史·列传第一百四十三·刘宗周》第22册，中华书局1974年版，第6573—6590页。

续表

姓名	生卒年	生平	备注
王毓芝：字紫眉，为刘宗周之女婿①		生平待考	《宝纶堂集》有两人唱和之诗。明亡后陈洪绶的赞助人。王毓芝入蕺山弟子籍②
赵广生：字公简，山阴人		为文高古曲折。有集六卷行世③	《宝纶堂集》有两人唱和之诗。赵广生入蕺山弟子籍④
祝渊：字开美，海宁人	1614—1645	崇祯六年（1633）举于乡。崇祯十五年（1642），刘宗周论救姜埰、熊开元，直言犯帝怒，革职。时祝渊会试入都，素不识宗周，抗疏论救，且自愿为刘宗周门生。崇祯十六年（1643）从宗周南下至山阴。明亡投缳而卒⑤	祝渊随宗周南还时，陈洪绶作诗文送别。祝渊入蕺山弟子籍⑥

---

① 黄涌泉编著：《陈洪绶年谱》，人民美术出版社1960年版，第80页。
② [明]董玚：《蕺山弟子籍》，《刘宗周全集》第六册附录，浙江古籍出版社2007年版，第614页。
③ [清]徐元梅、朱文翰等纂修：《嘉庆山阴县志》，《中国地方志集成·浙江省专辑》第37册，上海书店1993年版，第721页下栏。
④ [明]董玚：《蕺山弟子籍》，《刘宗周全集》第六册附录，浙江古籍出版社2007年版，第614页。
⑤ [清]张廷玉等撰：《明史·列传第一百四十三·祝渊》第22册，中华书局1974年版，第6590页。
⑥ [明]董玚：《蕺山弟子籍》，《刘宗周全集》第六册附录，浙江古籍出版社2007年版，第614页。

续表

姓名	生卒年	生平	备注
董玚：初名瑞生，字叔迪，后更玚，号无休		董玚年七岁毕读五经，十岁能缀文。喜欢研究军事。少时从学刘宗周，预证人会，后乃较录其遗集。晚为浮屠，而不读佛书，亦不居禅室，以蔬食终其身。年七十八卒①	"云门十才子"之一。陈洪绶《宝纶堂集》有多首写与董玚之诗
沈綵：字素先，会稽人		崇祯六年癸酉（1633）科顺天举人。称能文，敦节义。祖樘父肃祀乡贤，咸称为世君子儒②	陈洪绶《宝纶堂集》多首诗记与沈綵交往
王疃：本名资治，后改疃，字予安，号石衲，又号道樗，出家后号大俍，绍兴长桥人	1587—1667	少孤，由叔父舜鼎抚养成人。南明时曾任兵部职方武库司郎中	"云门十才子"之一。《宝纶堂集》有两人唱和之诗。陈洪绶为王疃《匪石堂诗》作序，集中有多首两人唱和之诗词③。王疃入蕺山弟子籍④

---

① [清]王蓉坡、沈墨庄纂：《道光会稽县志稿》，《中国地方志集成·浙江省专辑》第41册，上海书店1993年版，第100页下栏。

② 绍兴县地方志编纂委员会校刊：《康熙稽县志·举人志》卷二十，绍兴县地方志编纂委员会1992年版。

③ [明]王疃：《匪石堂诗》，《上海图书馆未刊古籍稿本》第四十六册，复旦大学出版社2008年版，第31—32页。

④ [明]董玚：《蕺山弟子籍》，《刘宗周全集》第六册附录，浙江古籍出版社2007年版，第614页。

续表

姓名	生卒年	生平	备注
赵甸：字禹功，号壁云，山阴人		诸生。甲申（1644）后决意进取，逍遥云门间。与陶履平为友。无妻子，终身淡如。善画山水，得云林笔意。尝修显圣寺志①	"云门十才子"之一。入蕺山弟子籍②
王雨谦：初名佐，字延密，号田夫，又号白岳山人		善刀法。癸酉（1633）举于乡。九十卒。善画，规模董巨，清远脱俗，与王作霖辈为方外友，与蔡子佩辈为诗友，结同秋社。年八十犹能舞百二十斤大刀。③《越画见闻》记其为山阴孝廉，著有《白岳山人诗文》等集④	"云门十才子"之一，没有王雨谦与陈洪绶交往之材料，其子王崿为陈洪绶弟子
王崿：字小眉，王雨谦之子		山阴诸生。工墨竹，每作万竿烟雨，雅秀绝伦⑤	师陈洪绶
鲁集：字仲集，号瞿庵，会稽人		画特浓郁，善作雨景，由其胸有书卷，故厚而深⑥	"云门十才子"之一，陈洪绶《宝纶堂集》有多首赠鲁集之诗

---

① ［清］徐元梅、朱文翰等纂修：《嘉庆山阴县志》，《中国地方志集成·浙江省专辑》第37册，上海书店1993年版，第714页下栏。

② ［明］董玚：《蕺山弟子籍》，《刘宗周全集》第六册附录，浙江古籍出版社2007年版，第614页。

③ ［清］徐元梅、朱文翰等纂修：《嘉庆山阴县志》，《中国地方志集成·浙江省专辑》第37册，上海书店1993年版，第707页下栏—第708页上栏。

④ ［清］陶元藻：《越画见闻》，卢辅圣主编：《中国书画全书》第10册，上海书画出版社1993年版，第776页上栏。

⑤ ［清］陶元藻：《越画见闻》，卢辅圣主编：《中国书画全书》第10册，上海书画出版社1993年版，第776页上栏。

⑥ ［清］陶元藻：《越画见闻》，卢辅圣主编：《中国书画全书》第10册，上海书画出版社1993年版，第773页下栏。

续表

姓名	生卒年	生平	备注
江浩：字道闇，钱塘人	？—1649	诸生，读书为文章喜好奇伟倜傥之言。关心国事，进万言书。清兵攻破杭州后在黄山为僧。① 有《婕庵集》	《宝纶堂集》有《梦道闇祉叔过予永枫庵记事》。江浩入蕺山弟子籍②
魏学镰：字子一		崇祯癸未（1643）进士，入翰林。魏学镰之父魏大中，为六君子之一，被魏珰害死狱中。魏学镰能够伏阙讼父冤，并白兄学洢死孝状，又沥血上疏劾阮大铖、傅櫆交通逆奄诸罪③	陈洪绶《行书致研祥札》中可知陈洪绶与魏学镰、江浩、王祺、冯文昌（研祥）等往来。魏学镰入蕺山弟子籍④
王祺：字祉叔，号止庵	1598年—？⑤	怀宁令蒙亨子，少补诸生。贯串经史著述不辍。崇祯壬午（1642）到北京应岁，后因时事之变而归，在荒山穷谷中与禅僧为友。书画家⑥	《宝纶堂集》赠王祺诗多首

---

① ［清］吴山嘉录：《复社姓氏传略》，《明代传记丛刊·学林类6》，明文书局印行1991年版，第270页。

② ［明］董玚：《蕺山弟子籍》，《刘宗周全集》第六册附录，浙江古籍出版社2007年版，第615页。

③ ［清］吴山嘉录：《复社姓氏传略》，《明代传记丛刊·学林类6》，明文书局印行1991年版，第299—230页。

④ ［明］董玚：《蕺山弟子籍》，《刘宗周全集》第六册附录，浙江古籍出版社2007年版，第615页。

⑤ 北京翰海拍卖一轴《山水》，为水墨绢本。钤印：王祺、字祉叔，款识：己酉上巳庆□山樵王祺识时年七十有一。（北京翰海拍卖有限公司2007季春第57期拍卖会中国书画第二场）由此推知王祺生于万历二十六年（1598），与陈洪绶同岁。

⑥ ［清］吴山嘉录：《复社姓氏传略》，《明代传记丛刊·学林类6》，明文书局印行1991年版，第281页。

续表

姓名	生卒年	生平	备注
冯文昌：字砚祥，号吴越野民，嘉兴人，后移居杭州		"司成开之孙也。次子褒仲，赘于栖里沈氏，遂徙家依之。晚年复居河渚，以守司成之墓。著有《吴越野民集》。砚祥既工诗，兼好古书画，有宋刻《金石录》十卷，极宝爱之。手跋其后，又为刻印，文曰'金石录十卷人家'"①	陈洪绶有写给冯文昌的《行书致研祥札》
吕福生：字吉士	1598—？	生平待考	陈洪绶有《吕吉士诗序》，可知吕福与陈洪绶同岁，两人1618年订交

2. 戏剧友人

姓名	生卒年	生平	备注
李廷谟：字告辰，号延阁主人，山阴人		李廷谟极为推崇徐渭的《四声猿》，校注并专门出资刊印《四声猿》剧本，为崇祯间沈景麟校刻本的《四声猿》作叙	陈洪绶为李廷谟订正的《徐文长先生批评北西厢记》是目前所知陈洪绶的戏剧版画插图中年代最早的一种

---

① ［清］何琪撰：《唐栖志略》清光绪七年（1881）钱塘丁氏重校刊本标点。来源为余杭方志馆，网址：http://www.yhsz.gov.cn/newsshow.aspx?artid=45&classid=48

续表

姓名	生卒年	生平	备注
卓人月：字珂月，小字长耳，别号蕊渊，浙江仁和塘栖人	1606—1636	卓人月从天启辛酉（1621）开始连续六次参加乡试不第，为诸生。崇祯乙巳（1629）参加尹山大会，入复社。喜研戏剧及词学。著有杂剧《花舫缘》《新西厢记》（不存，仅见序）等。与徐士俊合辑《古今词统》。有《蠡篱集》《蕊渊集》《蟾台集》存世。他与江浩、孟称舜、王祺为友人①	张岱《岣嵝山房》记："天启甲子，余与赵介臣、陈章侯、颜叙伯、卓珂月、余弟平子读书其中。"② 天启五年托付江浩征集其四年的文字，成《辛壬癸甲集》③
孟称舜：字子塞、子若、子适，号卧云子、花屿仙史，会稽人	约1599—1684	崇祯时为诸生，用心于著述及进行戏剧创作。是复社成员之一。甲申（1644）国变，与其二子避乱于嵊县，长子死于兵祸。于清顺治六年（1649）被举为贡生，为松江训导，"励风俗，兴教化"，修葺学宫，创建学田④	陈洪绶为孟称舜《孟叔子史发》作序。陈洪绶写给李廷谟的信《短札致三兄》中反映了陈、孟、李交往之情况⑤

---

① 郎净：《卓人月年谱》，《古籍整理研究学刊》2011 年 7 月第 4 期。
② ［明］张岱著，夏咸淳、程维荣校注：《陶庵梦忆·西湖梦寻》，上海古籍出版社 2001 年版，第 196 页。
③ 郎净：《卓人月年谱》，《古籍整理研究学刊》2011 年 7 月第 4 期。
④ 吴庆晏：《孟称舜研究》，华东师范大学博士论文 2009 年，第 5—11 页。
⑤ ［美］翁万戈编著：《陈洪绶》上册，上海人民美术出版社 1997 年版，第 128 页。

续表

姓名	生卒年	生平	备注
王业浩：字士完，余姚人		万历癸丑（1613）进士，由襄阳令入为御史。忤魏忠贤，削夺归。崇祯改元，擢右通政，击粤寇，加兵部侍郎世袭锦衣，再晋尚书，卒赐祭葬，赠太子太保，荫一子①	为孟称舜《娇红记》作序，或与陈洪绶相识
马权奇：字巽倩，又字奕绪		受易董中峰玘曾孙懋策门下。事母极孝。辛未（1631）成进士，授工部主事，司琉璃厂。与阉宦相抵牾，为所中，后事白，得释。家素贫，复不能事家人产业。惟饮酒读书，手丹铅不辍，国变避兵，死于田间，所著有《易经解》《诗经志》《麟经志》《老子解》《名臣言行录》诸书②	马权奇为《张深之先生正北西厢》作序，陈洪绶代书。崇祯癸酉（1633）夏，孟称舜编辑《古今名剧合选》，马权奇点评《酩江集》中《残唐再创》一种
张道浚：号深之，山西沁水人		其祖父张五典曾任大理寺卿，其父张铨曾任巡按御史等职。张道浚荫其父锦衣卫佥事，先升南镇府司佥事指挥同知，再升为都督同知。张道浚组织武装抗击李自成农民起义军。后因"离任冒功"之罪被降调浙江海宁。张道浚著诗文集《丹坪内外集》，曾主修过《沁水县志》。在浙江海宁他结识了海宁文人谈以训、郭浚等③	刊刻了《张深之正北西厢》，其中请马权奇写序，陈洪绶代马权奇书并作插图六幅

---

① ［清］徐元梅、朱文翰等纂修：《嘉庆山阴县志》，《中国地方志集成·浙江省专辑》第37册，上海书店1993年版，第703页上栏。

② ［清］李亨特修，［清］平恕、徐嵩纂：《乾隆绍兴府志》，《中国地方志集成·浙江省专辑》第39册，上海书店1993年版，第252页上栏。

③ 蒋星煜：《西厢记的文献学研究》，上海古籍出版社2007年版，第326—327页。

续表

姓名	生卒年	生平	备注
韩霖：字雨公，号寓庵居士，山西绛州人	约1596—1649	天启元年（1621）中山西乡试，曾获山西巡抚宋统殷的举荐，未入仕。韩氏家族是明末集体皈依天主教的家族之一。韩霖皈依天主教后名多墨（Thomas），并写有《铎书》，宣扬天主教思想。与耶稣会士高一至与金尼阁在平阳府城和太原购屋建堂。韩霖跟随徐光启学兵法、跟随高则圣学铳法，有较多军事著作。崇祯十六年（1643），应山西巡抚蔡懋德之请，在山西太原三立书院讲学。崇祯十七年（1644），与大学士李建泰自请兵攻打李自成，稍后又投降闯军。以"参谋"之衔从李自成攻入北京，获授礼政府从事一职。崇祯十七年（1644）四月，李自成撤离北京，韩霖脱离闯军，举家避居邻县稷山。顺治六年（1649），韩霖与两子同遭土贼杀害①	韩林十五至二十岁左右跟随兄长至娄东与黄道周、董其昌交游。② 后又周游各地收集书籍。《张深之正北西厢》成书于1639年，推韩霖于1639年间到浙江。为《张深之正北西厢》参订词友之一

① 孙尚扬、肖清和等校注：《〈铎书〉校注》，华夏出版社2008年版。
② 徐昭俭修，杨兆泰纂：《新绛县志》卷五《文儒传》，北京大学图书馆藏《中国方志丛书》，台北成文出版社1976年版，第401页。

续表

姓名	生卒年	生平	备注
顾璞：字筑公，一字山臣，武林人		顾璞为杭州篆刻家。立品高迥，不屑颇从俗流，作印耻雷同①	祁彪佳与顾璞为好友，②顾璞为《张深之先生正北西厢》参订词友之一

3. 官场师友

姓名	生卒年	生平	备注
黄道周：字幼玄，一字螭若，号石斋，漳浦铜山（今福建省东山县）人	1585—1646	天启二年（1622）进士，崇祯十一年（1638）上疏弹劾杨嗣昌、陈新甲等，并在平台与崇祯皇帝争论而被贬调江西按察司照磨。崇祯十三年（1640）被遣戍广西。乙酉年（1645）南都破亡后拥立唐王朱聿键，与郑芝龙不和，十二月在婺源战败被俘，押解至南京，从容就义③	陈洪绶是黄道周之门人

---

① ［清］周亮工、汪启淑：《印人传》卷二，《印人传续》，江苏广陵古籍刻印社1998年版，第6b—7a页。
② 赵素文：《祁彪佳研究》，浙江大学2003年博士研究生论文，第182页。
③ ［清］张廷玉等撰：《明史·列传第一百四十三·黄道周》第22册，中华书局1974年版，第6592—6601页。

续表

姓名	生卒年	生平	备注
倪元璐：字玉汝，号鸿宝，又号园客，浙江上虞人	1593—1644	万历三十六年（1608），未经童子试而直应、郡县、监司三试，皆为第一名，秋应浙江乡考为举人。天启二年（1622）第四次参加会试，与黄道周、王铎等三十五人同选为翰林院庶吉士。历迁南京司业，右允中。崇祯十五年（1642）诏起兵部右侍郎兼侍读学士。崇祯甲申，李自成陷京师，倪元璐自缢。① 书画俱工，尝喜写文石，以水墨生晕，极苍润古雅之致②	陈洪绶为倪元璐画《焦石图》，倪元璐《倪文贞公文集》中有诗记此画
王思任：字季重，又字遂东，浙江山阴人	1574—1646	"万历乙未进士，以南刑部主事左迁袁州。推官魏忠贤，使伻走语，笑不应。崇祯二年再降松江教授。升助教工部主事。在九江黄梅告急，力请往救，擒贼首，闯天星，以京察罢归。马士英将走绍兴，上疏太后，请斩之，仍为檄以讨。鲁王监国，擢礼部右侍郎，屡疏极言官乱民乱饷乱士乱之失，乞休不听，曰江上之事，不臘矣。未几失守，构亭凤林祖墓旁，曰孤竹庵，绘像曰采薇图。巡按御史王应昌请拜新命，思任复书谢之，绝食七日卒，目不瞑。时丙戌九月廿二日。"③ 作画仿米家数点云林一抹，饶有雅致④	陈洪绶与王思任等人共同合作为利宾作扇面题诗

① ［清］张廷玉等撰：《明史·列传第一百四十三·倪元璐》第22册，中华书局1974年版，第6835—6841页。
② ［清］陶元藻：《越画见闻》，卢辅圣主编：《中国书画全书》第10册，上海书画出版社1993年版，第769页上栏—下栏。
③ ［清］徐元梅、朱文翰等纂修：《嘉庆山阴县志》，《中国地方志集成·浙江省专辑》第37册，上海书店1993年版，第699页下栏。
④ ［清］陶元藻：《越画见闻》，卢辅圣主编：《中国书画全书》第10册，上海书画出版社1993年版，第769页下栏。

续表

姓名	生卒年	生平	备注
唐九经：字敏一，会稽人，一作籍宛平		长州知县，淮州推官、监藩镇军事御史。① 天启四年甲子（1624）科举人，② 崇祯十年丁丑（1637）科刘同升榜进士。③ 明亡后，御史王应昌以督学八闽荐九经，九经辞不赴。工书，有《狮子林帖》④	唐九经与陈洪绶书画往来频繁，⑤ 切磋画艺
周文炜：字赤之，号坦然，又号如山，河南祥符人		国子监生。天启三年（1623）官诸暨主簿，天启五年（1625）左迁王府官，以病弃官回南京。其著述甚丰，有《四留堂诗集》《旅尘集》及《适倦集》等⑥	在诸暨为官时与陈洪绶数次同游五泄⑦

---

① 《明进士题名碑录》第七册，清刻本，第32b页。

② 绍兴县地方志编纂委员会校刊：《康熙稽县志》卷二十，《选举志·举人》，绍兴县地方志编纂委员会1992年版。

③ 绍兴县地方志编纂委员会校刊：《康熙稽县志》卷二十，《选举志·进士》，绍兴县地方志编纂委员会1992年版。

④ [清]徐元梅、朱文翰等纂修：《嘉庆山阴县志》，《中国地方志集成·浙江省专辑》第37册，上海书店1993年版，第709页下栏。

⑤ 《南陈北崔——故宫博物院上海博物馆藏陈洪绶崔子忠书画集》，上海书画出版社2008年版，第99—101页。《南陈北崔》著录陈洪绶《杂画册》（四开）此画为陈洪绶为张登子的别业南华馆所画。按陈洪绶的行踪和唐的题跋可推断为陈死前（壬辰（1652）春）最后一次返乡时所作，顾松交（顾松老）名咸予，时为山阴县令。张陞别业在绍兴也较为合理。

⑥ 孟晗：《周亮工年谱》，广西师范大学2007年硕士论文，第3—4页。

⑦ [清]周亮工：《读画录》，卢辅圣主编：《中国书画全书》第7册，上海书画出版社1993年版，第948页上栏。

续表

姓名	生卒年	生平	备注
周亮工：字元亮，又字减斋、伯安，号栎园、陶庵、学陶等，河南祥符人	1612—1672	崇祯十三年（1640）考中第三甲一百二十八名。次年任山东维县令。崇祯十六年（1643），举天下孝廉卓吏十人入京，周亮工在其列。次年周亮工授为浙江道监察御史。授职后，李自成攻陷北京。欲投环自杀，为家人救下。在南明马士英手下任职，因马欲弹劾刘宗周，而带父母隐居牛首山。顺治二年（1645），周亮工降清，以原官身份招抚两淮。次年调扬州兵备道，任海防兵备参政。顺治四年（1647）被提升为福建按察使。后因"莫须有"罪名入狱。冤情大白后以"金宪"起用，补青州海防道。康熙八年（1669）漕运总都颜保弹劾其纵役侵扣诸款，得旨革职查办。次年获释。后生"拂衣之志"。周亮工著书四十余种，其子周在浚刊刻《删订赖古堂诗》，将其焚之。现存世《赖古堂集》为周在浚搜辑遗稿而成。著《读画录》记李日华至章榖七十六人传。《印人传》记印人六十九人①	周亮工十三岁与陈洪绶定交。周亮工京都谒选之际与陈洪绶关系更近一步。② 周亮工为陈洪绶赞助人之一

① 朱天曙：《周亮工及其〈印人传〉研究》，南京艺术学2006年研究生博士论文，第7—36页。
② ［清］周亮工：《读画录》，卢辅圣主编：《中国书画全书》第7册，上海书画出版社1993年版，第948页上栏。

续表

姓名	生卒年	生平	备注
金堡：字卫公，又字道隐，法名性因、今释，又号舵石翁，仁和（今杭州）人	1614—1681	崇祯十三年（1640）进士，曾官临清知周。因得罪上司，被迫引疾病归故。顺治二年（1645）杭州失守后，金堡偕原都督同知姚志卓起兵抗清，势孤而败。后唐王在福建自立，号隆武帝，金堡被授兵科给事中，因为母服丧，坚辞不受。永历二年（1648），金堡赴广西，佐桂王，任礼科给事中。年末，桂林为清兵所破，金堡削发为僧，初取名性因，之后投到广州雷锋寺函是和尚门下，又名澹归。金堡在这之后于广东韶州辟丹霞寺任住持，又名今释，号舵石翁①	为周亮工的好友②
黄澍：字仲霖，次公，劬庵，浙江钱塘籍，安徽休宁人		丙子（1636）举浙闱，丁丑（1637）登进士，授河南开封推官，以固守功，擢御史，巡按湖广，监左良玉军。甲申（1644）弘光立。六月二十日丙子澍同承天守佣太监何志孔入朝，求召对。既入见，澍面纠马士英权奸误国，泪随语下，上大感动③	陈洪绶为黄澍作过多幅作品。④乙酉（1645）黄澍曾与黄道周在徽州有过一战⑤

---

① 孟晗：《周亮工年谱》，广西师范大学2007年硕士论文，第35—36页。
② [清] 金堡：《徧行堂集》卷二十四，《四库禁毁书丛刊》集部第127册，北京出版社2000年版，第531页上栏。
③ 陈寅恪：《柳如是别传》，三联书店2009年版，第1084页。
④ [清] 周亮工：《读画录》，卢辅圣主编：《中国书画全书》第7册，上海书画出版社1993年版，第948页下栏。
⑤ 陈寅恪：《柳如是别传》，三联书店2009年版，第1084页。

续表

姓名	生卒年	生平	备注
伍瑞隆：字开国，又字铁山，号鸠艾山人，亦署鸠艾二山道民，香山人	1585—1666	天启辛酉（1621）解元，后至观察。善写牡丹，工书。著有《怀仙亭草》①	与周亮工、金堡等同结社为好友。陈洪绶《宝纶堂集》有《前题寄伍铁山》
杨思圣：字犹龙，巨鹿人		"顺治丙戌进士，选庶吉士，授编修，历升侍读学士。简任山西按察使，老吏挟狱词前立，挑灯披览，不三月，了积狱三百六十案，无滥无枉，人服其神。擢四川左布政使，蜀当新□，百事草创，思圣首以招徕为务，纲举目张，翕然从之，入觐，还，卒于途。"擅长书法②	
郑遵谦：字履公，余姚临山卫人		1645年，潞王降清后，郑遵谦的父亲郑之尹也亲赴杭州剃发降清。郑遵谦决意起兵反清，并在此年闰六月初十日树立大旗，招兵誓师，有众数千人。郑之父劝其投降，毫无动摇。鲁监国政权成立后，郑遵谦被任为义兴伯。丙戌（1646）五月，郑遵谦领导的义师在杭州溃败。郑遵谦随同鲁王走舟山。③ 时郑彩专政，郑杀大学士熊汝霖，又指示部将吴辉，诈邀郑遵谦，郑被擒，跳海死	《宝纶堂集》中有三首与郑遵谦之诗

---

① 孟晗：《周亮工年谱》，广西师范大学2007年硕士论文，第36页。
② 孟晗：《周亮工年谱》，广西师范大学2007年硕士论文，第66页。
③ [清] 邵廷采：《东南纪事》，《续修四库全书·史部·别史类》第332册，上海古籍出版社2002年版，第55页下栏—56页上栏。

续表

姓名	生卒年	生平	备注
张学曾：字尔唯，号约庵，山阴人		官太守①	陈洪绶《宝纶堂集》卷九有《饮张尔唯寓中》
南生鲁		山东起家，曾任武职。又曾任两浙观察使。且在京城也任过职，在京城喜交际士人	陈洪绶与严湛、陈字共同合作《南生鲁四乐图》②

4. 书画师友、传派弟子、书画藏家

姓名	生卒年	生平	备注
陈继儒：字仲醇，号眉公、眉山道人、麋公、顽仙、削仙、扫花头陀、白石山樵、雪堂，自号空青，松江华亭人	1558—1639	二十一岁为诸生，曾经两赴乡试，不第。年二十九焚弃儒衣冠，与徐益孙结隐于小昆山。锡山顾宪成讲学，招之，弗往，声名日隆。陈继儒工诗文书画。著作极多，诗文集有《陈眉公先生全集》六十卷（崇祯末刻），文集有《白石樵真稿》二十四卷	与董其昌为好友。陈于朝与陈继儒有书信往来。③ 明万历四十三年乙卯（1615）年左右陈洪绪为陈于朝刊刻《苎萝山稿》，邀陈继儒作序。④ 陈继儒为陈洪绶所画《仿吴道玄乾坤交泰图》《早年画册》作跋

---

① [清]周亮工：《读画录》，卢辅圣主编：《中国书画全书》第7册，上海书画出版社1993年版，第955页上栏。
② [明]陈洪绶、严湛、陈字：《南生鲁四乐图》卷 绢本 设色 30.8厘米×289.5厘米苏黎世利特伯格博物馆藏。
③ [明]陈于朝：《苎萝山稿》卷四，万历四十三年越郡陈氏刻本，第67a—67b页。
④ [明]陈于朝：《苎萝山稿》序，万历四十三年越郡陈氏刻本。

续表

姓名	生卒年	生平	备注
蓝瑛：字叔田，号蝶叟，晚号石头陀，别号署西湖外史，吴农山，浙江钱塘人	1585—1664	出身寒微，幼年即放弃学业，专注绘业。二十余岁到华亭孙克弘家，结交了书画家董其昌、陈继儒、收藏家周敏仲，得以观赏、临摹古迹。后结识杨文骢、马士英画名更显	蓝瑛为陈于朝好友，陈洪绶十岁即见蓝瑛与孙杖。陈洪绶母亲去世，蓝瑛与孙杖作悼词。①《宝纶堂集》中有《寄蓝田叔》三首
孙杖：字子周，一字漫士，号竹痴，钱塘人		"工书法，画写生花鸟直逼黄筌赵昌，尤工墨竹钩勒。"② 画史对于孙杖记述简略，孙杖与蓝瑛合作的画作有多幅存世	陈洪绶的花鸟画即受孙杖影响。蓝瑛与孙杖一起过江专程至陈家为王氏拜寿，王氏去世后两人又专程吊唁。孙杖有悼陈于朝诗一首③
曾鲸：字波臣，晚号蔗园老人，福建莆田人	1568—1650	早年曾居浙江桐乡县，后寓南京。曾鲸善肖像画。从学颇多，形成"波臣派"。所画人物有董其昌、陈继儒等，其中画浙江籍人士张遂宸、倪元璐、黄道周等	陈洪绶与曾鲸于崇祯七年（1634）在汪汝谦"不系园"中雅集④

---

① ［明］陈于朝：《苧萝山稿》《奠章》，万历四十三年越郡陈氏刻本，第13b—15a页。
② ［清］徐沁：《名画录》，卢辅圣主编：《中国书画全书》第10册，上海书画出版社1993年版，第30页上栏。
③ ［明］陈于朝：《苧萝山稿》《奠章》《挽诗》，万历四十三年越郡陈氏刻本，第13b—15a页，第3a页。
④ ［明］张岱著，夏咸淳、程维荣校注：《陶庵梦忆·西湖梦寻》，上海古籍出版社2001年版，第58—59页。

续表

姓名	生卒年	生平	备注
汪汝谦：号然明，号松溪道人，补充出生地	1577—1655	生三年而孤，在兄长承蒙故业的基础上，读书游历。天启三年（1623），于西湖上造"不系园""随喜庵"等。崇祯十一年（1638）秋，有广陵白门之游。崇祯十四年（1641），有福建之行。崇祯十五年（1642），归居西湖。顺治元年后力图修复西湖韵事。著有《春星堂集》《绮咏续集》等。① 汪汝谦为书画收藏家，吴其贞《书画记》中记有其藏品多幅	汪氏与程嘉燧、董其昌、陈继儒、吴伟业、吴孔嘉、蓝瑛、祁彪佳有交往。② 陈洪绶参加汪汝谦"不系园"雅集
许豸：字玉史，一曰玉斧，号平远，福建侯官人	1595—1640③	明崇祯四年（1631）进士。历户部郎、浙江宁绍道、提学副使、左参政。④ 著有《春及堂诗》及《仓储汇核肤筹》诸集	许豸喜收藏陈洪绶佛画⑤
许友：字有介，更名眉，字介寿，福建侯官人，许豸子	约1620—1663	好画竹，善篆刻。《读画录》记其画事⑥	学陈洪绶书法⑦

① 陈虎：《汪汝谦研究》，安徽大学2013年硕士论文，第7—12页。
② 凌利中：《陈洪绶琐考》，《上海文博论丛》2008年第12期。
③ 赵素文：《祁彪佳研究》，浙江大学2003年博士研究生论文，第241页。
④ 单锦珩：《李渔交游考》，《李渔全集》第十九卷，浙江古籍出版社2010年版，第151页。
⑤ 赵素文：《祁彪佳研究》，浙江大学2003年博士研究生论文，第214页。
⑥ ［清］周亮工：《读画录》，卢辅圣主编：《中国书画全书》第7册，上海书画出版社1993年版，第955页上栏。
⑦ ［清］周亮工、王启淑撰：《印人传·续印人传》卷一，江苏广陵古籍刻印社1998年版，第4a—5a页。

续表

姓名	生卒年	生平	备注
沈颢：一作灏，字朗倩、朗臞，号石天、石长天、石天洞长，吴县（今苏州）人	1586—1661	幼读书颖悟，少为县学庠生，乡试屡试不捷，遂绝意仕进，以诗文、书画自娱。书法真、草、隶篆无所不能；画工山水，法近沈周，晚年笔意挺秀，点色清妍，兼写梅花。深知画理。著有《枕瓢集》《焚砚集》《浣花闲话》《蟭阿杂俎》《沈石天杂著》《画麈》《画传灯》①	陈洪绶为沈颢画《隐居十六观》
堵廷棻：字芬木，无锡人		著有《九友堂集》。芬木画梅，多得章侯法②	与周亮工为莫逆交
严湛：字水子，山阴人，陈洪绶弟子		善人物花鸟。洪绶得意之笔常请其设色。深得师门器重。朱彝尊谓老莲赝本"多系其徒严水子、山子、司马子羽悲所仿"。致水子自款作品，传世极少③	
陆薪：字山子，山阴人，陈洪绶弟子（《越画见闻》作陆柴）		善人物花鸟，不越章侯故辙。陆薪画迹，传世绝少④	

---

① 谢巍：《中国画学著作考录》，上海书画出版社1998年版，第415页。
② 黄涌泉编著：《陈洪绶年谱》，人民美术出版社1960年版，第160页。
③ 黄涌泉编著：《陈洪绶年谱》，人民美术出版社1960年版，第160—161页。
④ 黄涌泉编著：《陈洪绶年谱》，人民美术出版社1960年版，第161页。

续表

姓名	生卒年	生平	备注
司马霱：字子羽，一作子雨，余姚人，陈洪绶弟子		善白描人物，尝仿李龙眠笔，鉴别家几不能辨①	
魏湘：字季芳，一作几方，自号红兰老人，诸暨籍坞人，魏夏弟也，陈洪绶弟子		善画，工花鸟草虫，尤精狮凤，间仿陈老莲作佛像蛮狮，几可乱真②	《乾隆绍兴府志》云：今陈洪绶赝本，多出魏湘及沈五集之手。湘数传有魏开蕃者，亦以设色知名于时③
沈五集：字梵陵，山阴人，陈洪绶弟子		山水、人物、花鸟临摹殆遍，而出于蓝。洪绶赝本，多出其手④	
祝天祺：字希张，会稽人（一作山阴人），天祥弟，陈洪绶弟子		工画，苍秀有腕力，亦北苑一派，偶画松，枯枝直上八九尺，权丫处略作针叶，盖趋新避熟者也。写生颇有逸趣，山水淋漓疏爽，不落蹊径，题款也古拙可爱⑤	
丁枢：字辰所。山阴人，陈洪绶弟子		善写照，运思落笔直臻神妙⑥	

---

① 黄涌泉编著：《陈洪绶年谱》，人民美术出版社1960年版，第161页。
② 黄涌泉编著：《陈洪绶年谱》，人民美术出版社1960年版，第161—162页。
③ 黄涌泉编著：《陈洪绶年谱》，人民美术出版社1960年版，第161—162页。
④ 黄涌泉编著：《陈洪绶年谱》，人民美术出版社1960年版，第162页。
⑤ 黄涌泉编著：《陈洪绶年谱》，人民美术出版社1960年版，第162—163页。
⑥ 黄涌泉编著：《陈洪绶年谱》，人民美术出版社1960年版，第163页。

续表

姓名	生卒年	生平	备注
王崿：字小眉，山阴诸生，陈洪绶知友王雨谦子		工墨竹，每作万竿烟雨，雅秀绝伦。人物、山水、花鸟师陈洪绶①	
林廷栋：字仲青，号苍夫居士		生平不详	明亡后，陈洪绶在杭州的赞助人。顺治八年（1651）四、五月为林廷栋画《溪山清夏图卷》并在此卷上跋画论一则。陈洪绶在林家画《陶渊明归去来图》送周亮工
戴茂齐		生平不详	与陈洪绶相交二十年的友人。陈洪绶为戴茂齐父写《新安戴龙峰先生传》。为其家人作画多幅

---

① 黄涌泉编著：《陈洪绶年谱》，人民美术出版社1960年版，第163页。

5. 其他友人

姓名	生卒年	生平	备注
明盂：字三宜，号愚庵	1599—1665	年十四断肉味志，离俗旨。曾问佛法于云栖礼莲、憨山大师。后参云门湛然大师，年二十五岁传曹洞宗第三十三世衣钵，弟子千人。崇祯癸酉（1633），至云门显圣寺讲华严经。崇祯乙亥（1635），应陶奭龄和祁彪佳的邀请到樊江说法。此年又入祁骏佳读书的化鹿庵问道，编辑《法炬录》若干卷。后主持显圣寺。顺治四年（1647），明盂离开显圣寺。顺治六年（1649），至杭州西湖建一室，名为愚庵。次年又再住云门显圣寺，游祁氏梅墅、五泄山。后归钱塘，年六十七①。	《祁忠敏公日记》中记明盂与陶奭龄、祁彪佳、祁骏佳诸多往来。陈洪绶《宝纶堂集》有《柬愚庵》
商道安：字絅思			《宝纶堂集》有多首明亡后商道安接济陈洪绶的诗
朱集庵		生平待考	明亡后，与陈洪绶一起避难会稽山中，《宝纶堂集》有多首与朱集庵诗

---

① 《愚庵先老和尚行实》，中国历代禅师传纪资料汇编（中），中国国家图书馆2005年版，第389页。

续表

姓名	生卒年	生平	备注
吴期生		生平待考	《宝纶堂集》有《寄谢祁季超赠移家之赀复致书吴期生为余卖画地时余留其山庄两月余》

图表 4　越中各大家族族谱简表

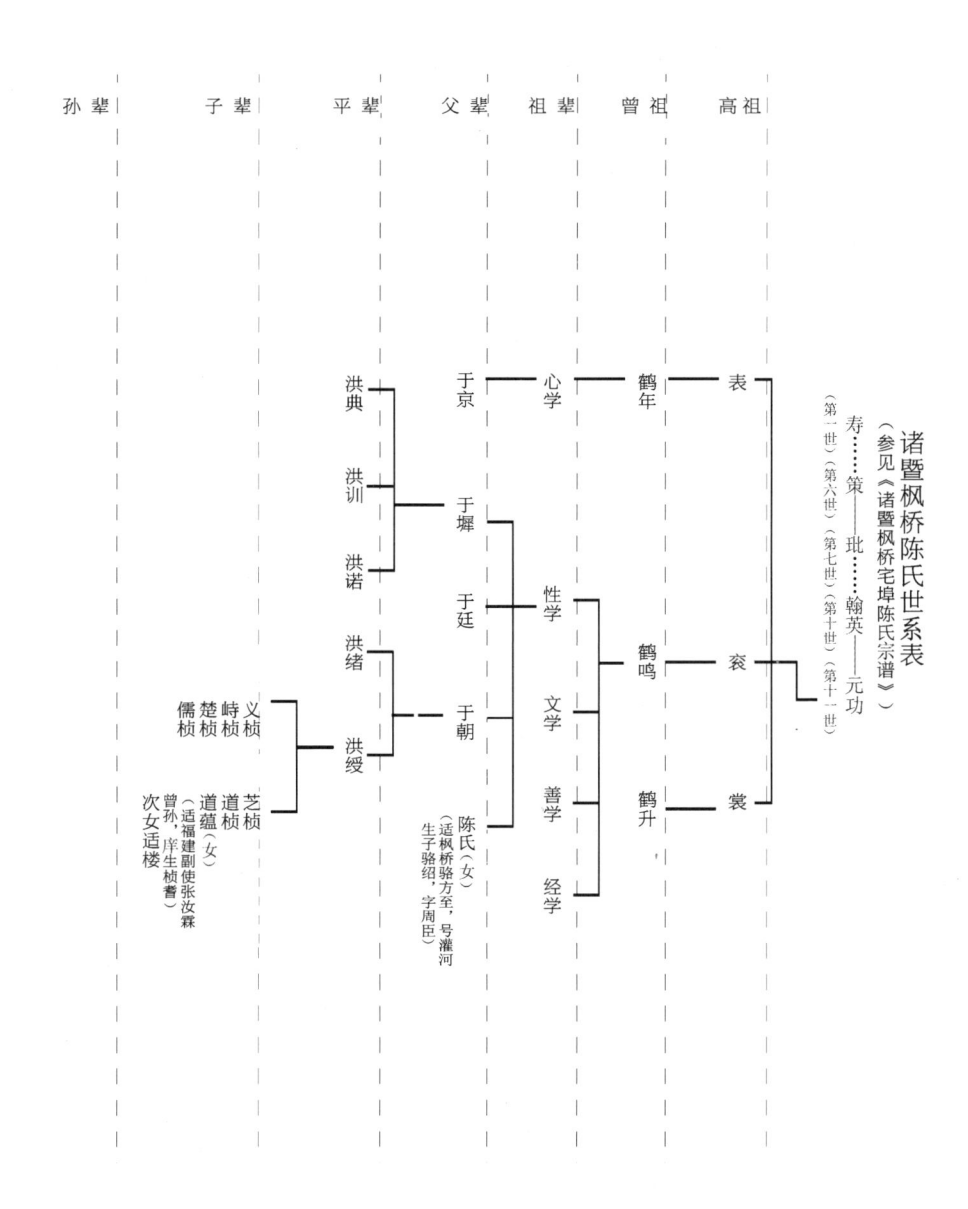

诸暨枫桥陈氏世系表
（参见《诸暨枫桥宅埠陈氏宗谱》）

寿（第一世）——策（第六世）——玭（第七世）——翰英（第十世）——元功（第十一世）

高祖	曾祖	祖辈	父辈	平辈	子辈	孙辈
表	鹤年	心学	于京	洪典		
				洪训		
	衮	性学	于埠	洪诺		
	鹤鸣	文学	于廷			
		善学		洪绪	义桢	
	裳	经学	于朝		峙桢	
	鹤升		陈氏（女）（适枫桥骆方至，号灌河生子骆绍，字周臣）	洪绶	楚桢	
					儒桢	
					芝桢	
					道桢	
					道蕴（女）（适福建副使张汝霖曾孙，序生桢耆）	次女适楼

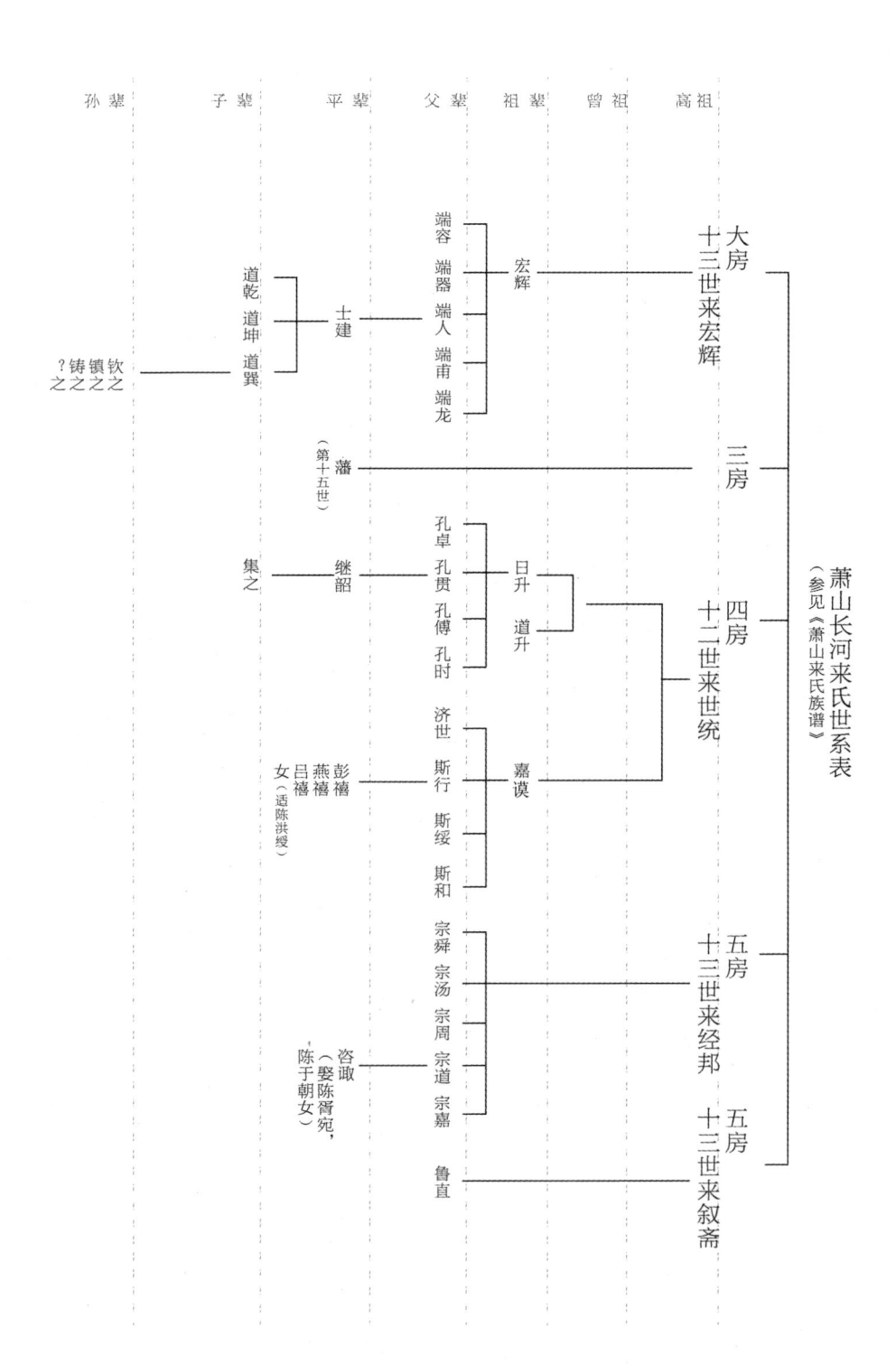

萧山长河来氏世系表
（参见《萧山来氏族谱》）

高祖	曾祖	祖辈	父辈	平辈	子辈	孙辈
大房 十三世来宏辉		宏辉		端容、端器、端人、端甫、端龙	士建	道乾、道坤、道巽 → ?之、铸之、镇之、钦之
三房				潘（第十五世）		
四房 十二世来世统			日升／道升	孔卓、孔贯、孔傅、孔时	继韶	集之
			嘉谟	济世 — 斯行、斯绥、斯和		彭禧、燕禧、吕禧、女（适陈洪绶）
五房 十三世来经邦				宗舜、宗汤、宗周、宗道、宗嘉		
五房 十三世来叙斋				鲁直	咨诹（娶陈宵宛，陈于朝女）	

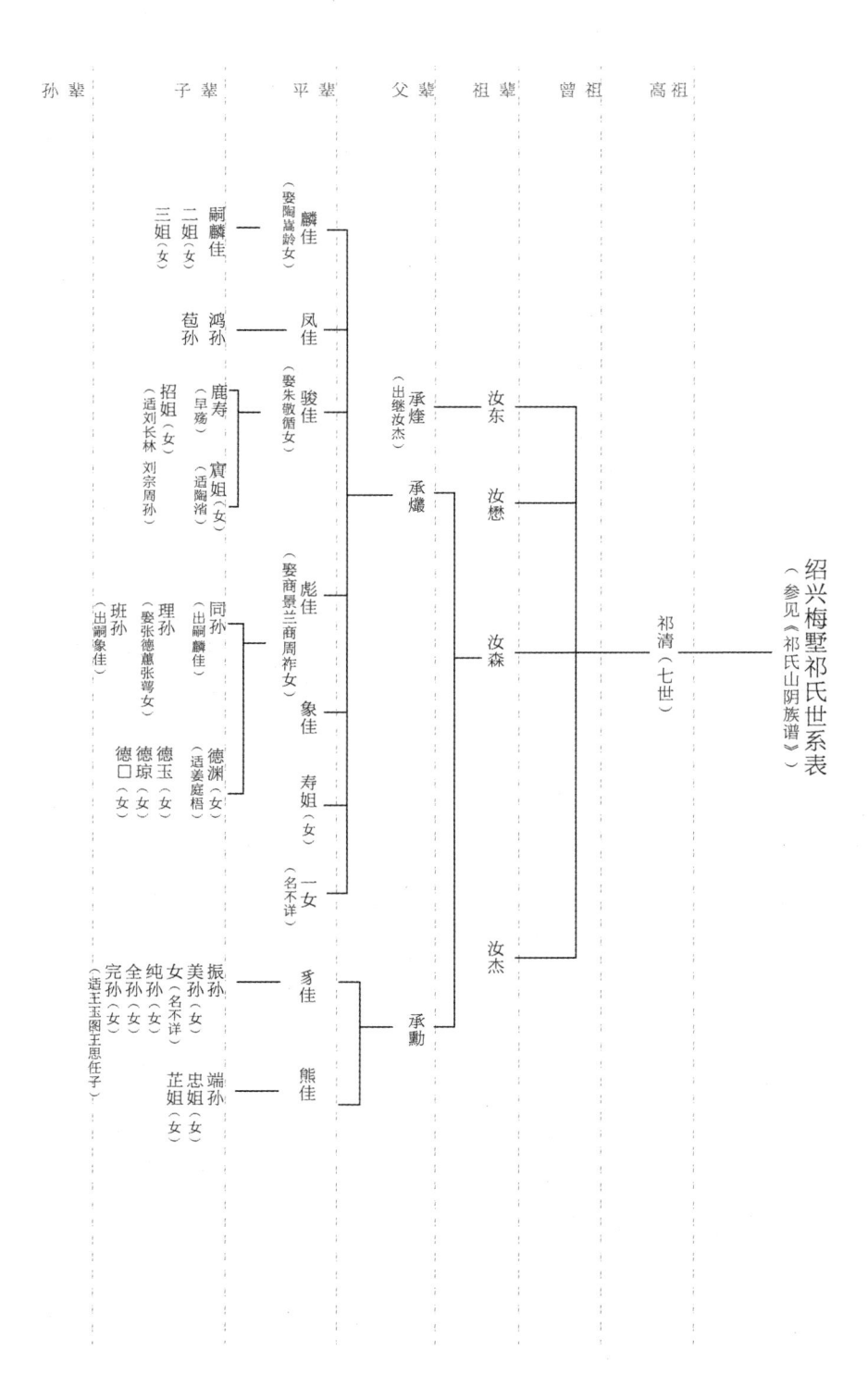

绍兴梅墅祁氏世系表
（参见《祁氏山阴族谱》）

高祖	曾祖	祖辈	父辈	平辈	子辈	孙辈
祁清（七世）		汝东	承煃（出继汝杰）	麟佳（娶陶嵩龄女）	嗣麟佳 二姐（女） 三姐（女）	
		汝懋	承燧	凤佳	鸿孙 苞孙	
				骏佳（娶朱敬循女）	鹿寿（早殇） 寅姐（女）（适陶渝） 招姐（女）（适刘长林 刘宗周孙）	
		汝森		彪佳（娶商景兰商周祚女）	同孙（出嗣麟佳） 理孙（娶张德蕙张萼女） 德渊（女）（适姜庭梧） 德玉（女） 德琼（女） 德口（女）	班孙（出嗣象佳）
				象佳		
				寿姐（女）		
				一女（名不详）		
		汝杰	承勋	豸佳	振孙 美孙（女） 纯孙（女）（名不详） 全孙（女） 完孙（女）（适玉图玉思任子）	
				熊佳	端孙 忠姐（女） 芷姐（女）	

附 录

会稽陶氏族谱

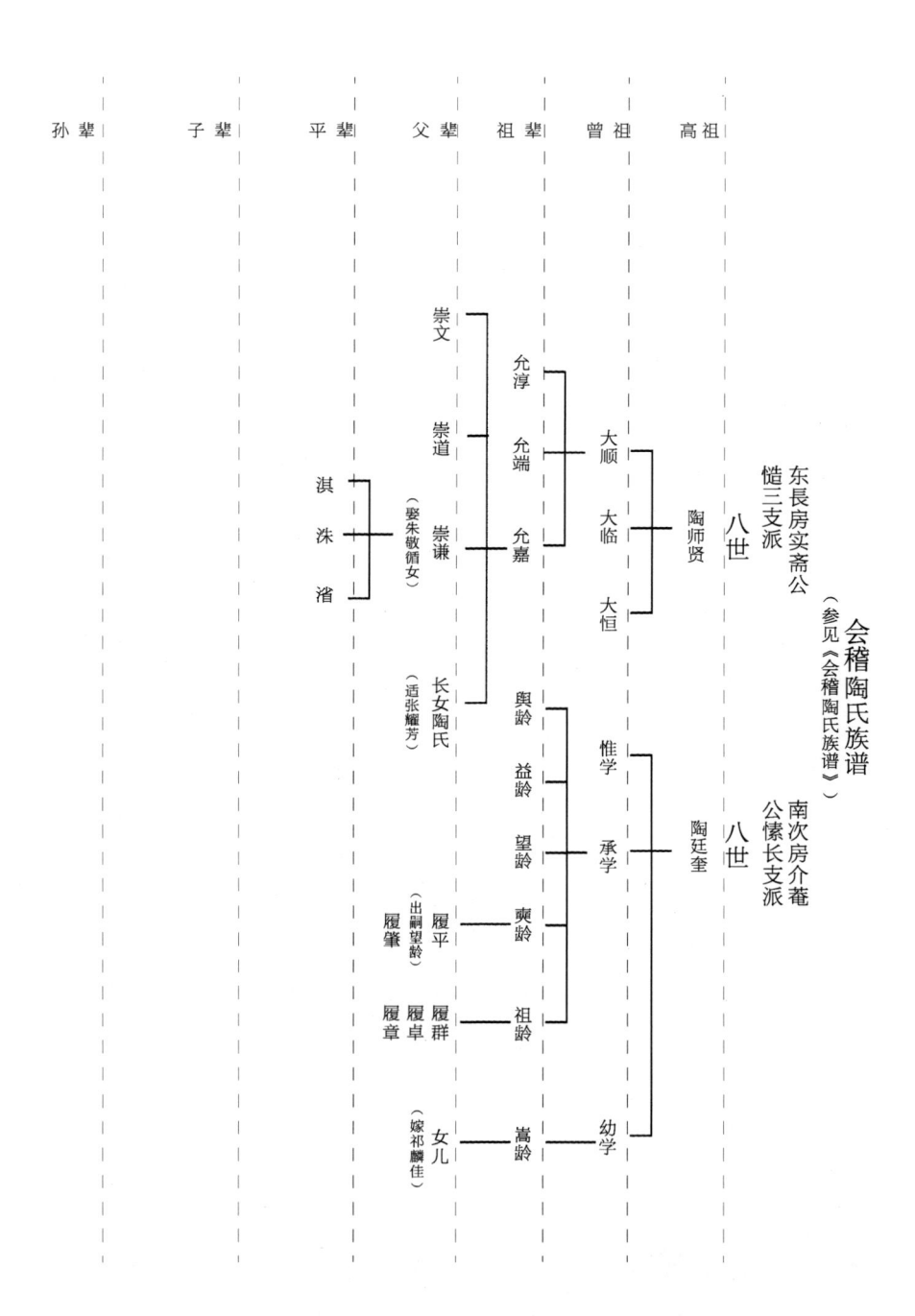

（参见《会稽陶氏族谱》）

东长房实斋公恺三支派 八世

高祖	曾祖	祖辈	父辈	平辈	子辈	孙辈
陶师贤	大顺	允淳	崇文			
	大临	允端	崇道			淇
	大恒	允嘉	崇谦（娶朱敬循女）			洙
						湝

南次房介菴公愫长支派 八世

高祖	曾祖	祖辈	父辈	平辈	子辈	孙辈
陶廷奎	惟学	承学	舆龄	长女陶氏（适张耀芳）		
			益龄			
			望龄			
			奭龄	履平（出嗣望龄）	履肇	
			祖龄	履群	履卓	
					履章	
	幼学		嵩龄	女儿（嫁祁麟佳）		

山阴张氏世系表

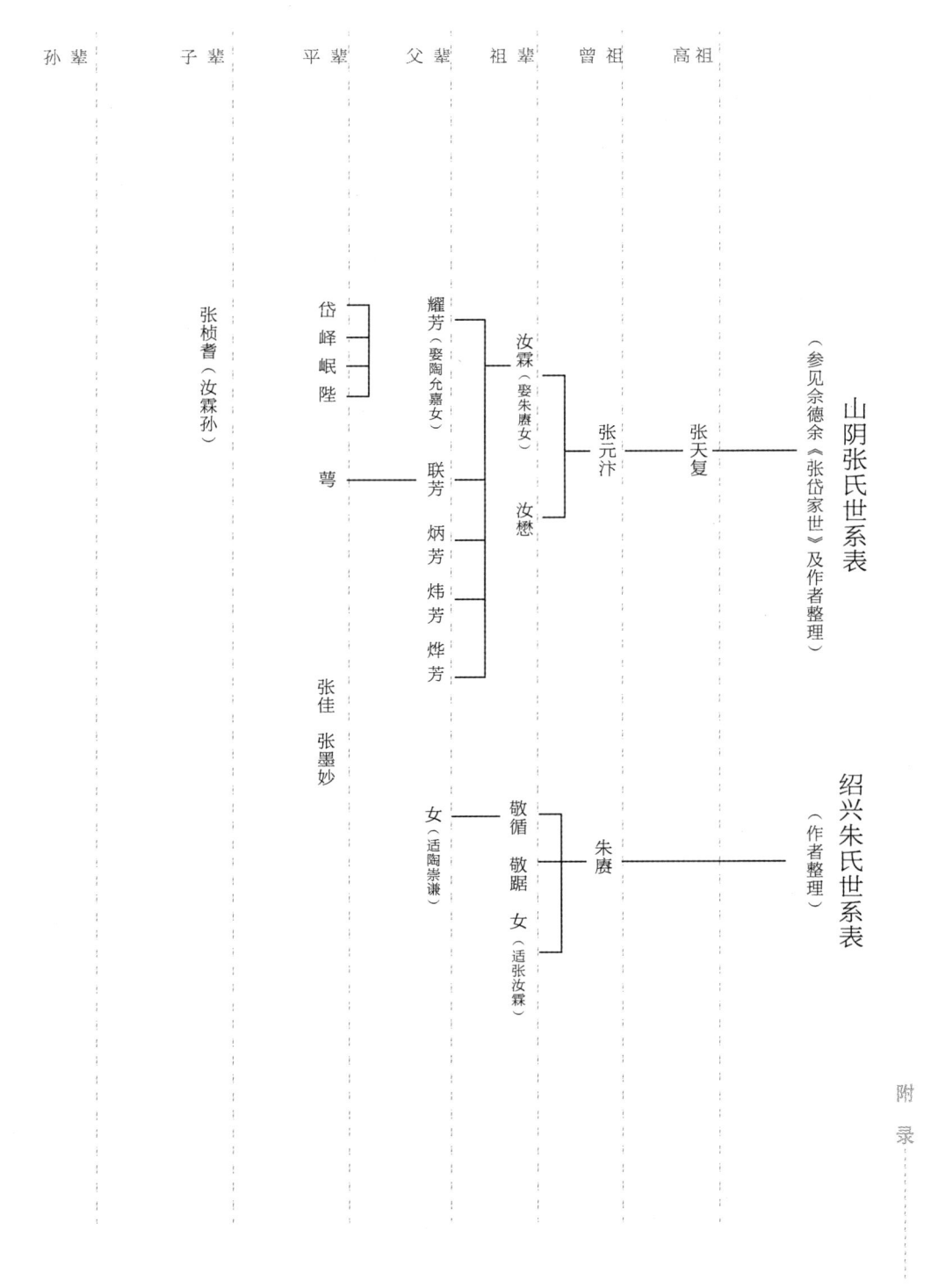

（参见佘德余《张岱家世》及作者整理）

孙辈	子辈	平辈	父辈	祖辈	曾祖	高祖
张桢耆（汝霖孙）	岱、岵、岷、陛	耀芳（娶陶允嘉女）	汝霖（娶朱赓女）	张元汴	张天复	
	萼	联芳、炳芳、炜芳、烨芳	汝懋			
	张佳、张墨妙					

绍兴朱氏世系表

（作者整理）

				女（适陶崇谦）	敬循	朱赓
					敬踞 女（适张汝霖）	

附 录

251

图表 5 越中各大家族通婚关系表

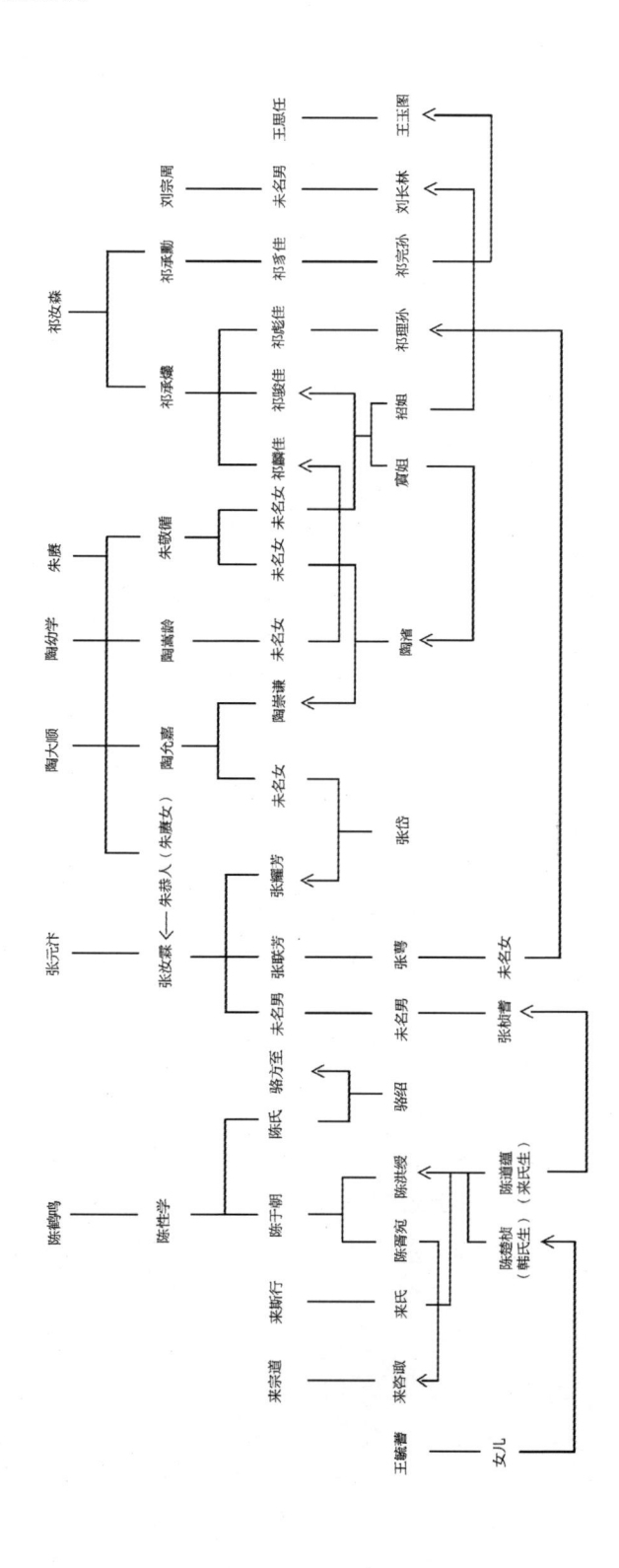

后 记

很庆幸，我的博士论文有机会出版，可以对书中的多处讹误进行修正，借此后记再次表达我对老师、学长和朋友们最真诚的谢意。

感谢我的恩师薛永年先生，是他将我领入美术史研究的领域。他的谆谆教诲、悉心指导让我对学术一词有了深刻的理解。他深厚的学养与博大的胸襟都将使我受益终身。对薛先生的感谢无法言说，仅能通过继续努力来回报恩师之情。

感谢邵彦老师对我论文的帮助。她以学者的素养，毫无学术芥蒂地与我探讨论文的写作，提供宝贵的意见和一手资料，使我的论文得以顺利完成。她的学术精神是令我最为感动的收获。

感谢我的同门，黄小峰师兄在深夜为我查找、传送资料，在百忙中为我指导论文；与吕晓师姐在学术上的探讨使我获益良多；与杜娟师姐、安永欣师姐、余洋师姐、李明师兄、王健师兄、吴映玟师姐、郑艳、张震、赵琰哲、姜鹏等同门的交流与相处，真正感到百般的温馨，是我在北京学习期间最美好的回忆。

感谢美院22号楼的校友们，张欣、傅莹莹、邵小莉、徐慧、卫艳、陈粟裕、谢萌、许万里、易祖强、万千个、黄敏庆、殷勤。感谢在北京的朋友，张跃全家、张丹全家、王晓雪全家、徐铁军等。感谢万国华老师、袁龙水老师、张会元老师、张鉴瑞老师、段敏老师、万木春老师、王燕老师、封治国、陈圣燕、夏莹、李锐、彭帆江、吕作用、梅娜芳、方园等。感谢马志明老师、杨卫军书记、卢世主博士对此书出版的支持。感谢张兰芳老师对此书做的大量校勘工作。

最后感谢我的家人，他们给了我无限的力量，让我能够有勇气面对一切磨炼！希望我的老师、学长、朋友及家人能够永远的健康和幸福！

2016 年 7 月 4 日于南昌